KB148542

세계사
5⁰⁰⁰년

이가은 지음 서양편

그린비

세계사
5000년
—
서양편

책머리에

한때 잘나가던 한국 경제가 흔들리면서(?) 몇 년 앞으로 다
가온 새로운 천년기에 대한 관심도 거의 사라진 것처럼 보인다.
불안감이 없지는 않았지만 흥분과 기대 속에 거리 곳곳에 서있는
카운트 다운 시간표를 바라보던 눈길은 이제 하루하루 삶을 걱정
하는 발걸음에 채여 흩어지고 있다. 마치 내일은 없는 것처럼.

하지만 조금만 길게 보면, 진리인 산이 높으면 골도 깊다는 말
처럼 사람들의 삶은 다양한 역사적 흐름을 거쳐 왔다는 것을 알 수 있다.
가까운 아니 여전히 진행중인 20세기만 보더라도 타민족에 대한 식민지 지배와
그에 맞서는 독립 투쟁, 새로운 세계를 꿈꾸었던 사회주의 실험, 두 차례에 걸친 세계
대전, 오늘을 상기시키는 30년대의 대공황, 인류가 이전까지 이루었던 것보다 더 커다란 경제
발전을 가져왔던 제2차 세계 대전 이후의 호황, 70년대 이후의 경기 침체, 현실 사회주의의 몰락과
인종주의/민족주의의 대두 등등 수많은 우여곡절을 거쳐 인류는 여기까지 왔다. 이렇게 오늘은 오
늘로서만 존재하는 것이 아니라 과거 속에서 존재하며, 그것을 뚫고 나온 것이다. 그리고 내일을
향해 갈 것이다.
그렇다면 역사를 본다는 것은, 더 정확하게 말하면 역사를 학습한다는 것은 과거만을 보는 것이 아
니라 긴 호흡으로 현실을 바라보는 것이다. 물론 역사가 오늘의 문제에 직접적인 해답을 줄 수는

없을 것이다. 하지만 과거에 어떤 상황에서 이러저러한 문제에 부딪힌 사람들이 그것에 어떻게 대응했는가는 우리에게 소중한 자산이다. 이것이 오늘의 삶에 녹아들 때 우리는 비로소 내일을 말할 수 있을 것이다.

5000년의 '서양 역사'를 다루고 있는 이 책은 과거라는 눈을 통해 오늘을 바라보고자 하는 사람들이 어떻게 하면 손쉽게 인류의 가장 소중한 자산인 인간의 역사 자체에 접근할 수 있을까 하는 관점에서 쓴 것이다. 그래서 오리엔트 문명의 탄생부터 현실 사회주의의 몰락까지 주요한 획을 그었던 사건과 일련의 흐름을 간략하게 서술하는 방식을 택했다. 물론 이런 간략한 서술 때문에 역사의 어떤 풍부함이 지워지는 것은 불가피한 것이었다. 그렇기 때문에 이 책은 역사를 공부하려는 사람들에게 어쩌면 첫걸음에 불과할지도 모른다. 대신 독자들의 역사적 상상력을 자극하기 위해 사진을 많이 넣었다. 이를 통해 당시 사람들의 숨결을 느낄 수 있기를!

책의 구성과 관련하여 한 가지 더 이야기하자면 5000년의 역사가 균등하게 다루어지지 않았다는 점이다. 15세기 이후의 근대 사회가 절반이 훨씬 넘는 비중을 차지하고 있는데, 이는 당연하게도 그 중요성 때문에 그렇다. 그것은 현재 인간들의 삶을 조직하는 자본주의의 생성과 발전에 관한 것이다. 15세기에 서유럽에서 탄생한 자본주의는 인류 역사 전체에서 보면 아주 짧은 기간인 400년 만에 지구상의 거의 모든 지역을 통합했으며, 자신의 의도대로 세상을 주조했다. 따라서 근대 자본주의의 공과와 운명을 판단하고 예측하는 것은 우리 앞에 놓인 피할 수 없는 문제가 되었다.

이제 한편으로 훈훈하고 아름다운, 하지만 다른 한편으로 잔인하고 치졸한 인간의 역사 속으로 들어갈 시간이다. 그 속에서 무엇을 얻을지는 정말로 열려진 문제이리라.

— 1998년 7월, 이가은

차 례

오리엔트와 지중해에서 꽃핀 고대 문명

유럽의 탄생과 다양한 중세 문명

근대로의 가교

4 근대 사회의 형성과 발전

5 서양의 패권과 현대사의 전개

당연한 이야기이지만 우리가 말하는 '역사'란 바로 '인간'
의 역사를 말한다. 그리고 인간이 자신의 역사를 문자로 기록한
이후를 역사 시대라고 하며, 그 이전을 선사 시대라고 부르는데,
역사 시대는 문명이라는 말과 동의어로 쓰이고 있다.

역사의 주인공인 인간은 문명이 시작되었다고 하는 5000년
전에 갑자기 나타난 것은 물론 아니다. 인간의 조상은 그보다 훨
씬 이전부터 지구상에 살아왔다. 그럼 이 역사의 주인공인 인간
이 지구를 활동 무대삼아 살게 된 것은 언제부터일까? 그리고
인간은 처음부터 오늘날과 같은 모습으로 존재했을까?

인류의 기원을 찾아서

오늘날 대부분의 사람들은 '진화론'을 받아들이고 있다. 모
든 생물은 자연 도태와 적자 생존의 원리에 따라 원시 생물에서
고등한 생물로 진화해 왔다는 이 이론은 영국의 찰스 다윈이 쓴

「종의 기원」에 체계화되어 있다. 그리고 다윈을 지지하는 많은 학자들은 머지 않아 인류의 기원으로 거슬러 올라갈 수 있는 '잃어버린 고리'(missing link)가 발견되리라고 예언했다.

1891년 당시 네덜란드령 동인도(현재의 인도네시아 등지)의 자바 섬에서 화석화된 사람뼈의 일부가 발견되었다. 자바 원인(原人)이라 이름 붙여진 이 화석은 인류의 기원을 밝힐 수 있는 '잃어버린 고리'로서, 선사 인류학의 커다란 발견이었다. 그 후 선사 시대의 사람뼈 화석들이 세계 각지에서 발견되어 인류의 탄생과 진화에 대한 대략적인 지도를 그릴 수 있게 되었다.

현재까지 발견된 화석 가운데 가장 오래된 것은 약 400백만 년 전부터 등장한 오스트랄로피테쿠스('남방의 원숭이'라는 뜻)이다. 아프리카에서 발견된 이 오스트랄로피테쿠스는 두 발로 서서 걸어다녔기 때문에 인류의 조상이라고 인정하고 있다. 이 인류의 조상은 직립 보행 후 두뇌가 발달했으며, 자유로워진 손을 이용해 도구를 만들어 사용했다.

앞에서 말한 자바 원인과 베이징 원인, 독일의 하이델베르크 원인 등은 약 50만 년 전에 살았으며, 언어 능력뿐만 아니라 불을 사용한 것으로 추정하고 있다. 현생 인류의 아종(亞種)으로 분류되는 네안데르탈 인은 약 20만 년 전 유럽 일대에 나타났다.

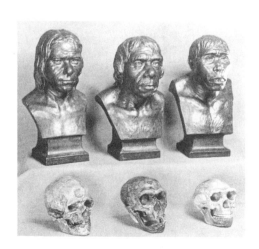

이들은 현생 인류와 두뇌의 크기가 비슷했으며, 죽은 사람을 매장하는 등의 종교 행위도 했다.

한편 현재 인류의 직접 조상이라고 생각되는 현생 인류가 등장한 것은 약 4만 년 전이다. 프랑스의 크로마뇽 인으로 대표되는 현생 인류는 두뇌의 크기, 생김새, 골격 등이 오늘날 지구상에 살고 있는 인류와 크게 다를 바 없었다. 이들은 여성 나상과 동물상 등의 조각, 동굴 벽화 등을 남겼는데, 이러한 조각과 회화는 다산과 수렵의 성공을 기원하는 주술적인 의미가 담겨 있다.

농업 혁명

인류의 조상은 여느 동물들과 마찬가지로 과실 채집, 동물 수렵, 어로 등 '획득 경제'를 통해 살아갔다. '획득 경제' 시기는 상당히 오랫동안 계속되어 인류는 언제나 기아의 공포에 시달려야 했다.

그러나 지금으로부터 약 1만 년 전쯤 기후가 따뜻해지면서 인류는 농경과 목축 등 '생산 경제'로 전환했다. 인간은 자연에 대해 수동적으로 받기만 하는 자세를 버리고 적극적으로 자연을 이용하게 되었으며, 스스로의 힘으로 생활을 꾸리고 발전시키게 되었다. 이리하여 오스트랄로피테쿠스의 등장 이래 약 400만 년 동안 느린 속도로 걸어 온 인류는 급속히 발전할 수 있는 전기를 마련하게 되었다.

이로부터 수천 년이 지나면서 고대 문명이 탄생하고, 이제 인류는 선사 시대를 지나 역사 시대로 들어서게 되었다. 식량 생산이 지닌 의의가 이렇게 크기 때문에 학자들은 이를 '농업 혁명'이라고까지 부른다.

농업이 처음 시작된 곳은 지금의 이란 남서부의 메소포타미아에서 아나톨리아 고원 남부, 시리아, 팔레스타인에 이르는 '비옥한 초승달 지대'이다. 여기에 그리스 반도와 도서 지역을 더해 서아시아에서 동지중해에 이르는 지역에서 농경이 발생했다.

초기 농경은 빗물을 이용했으며 비료는 거의 사용하지 않았고, '약탈 농법'이었기 때문에 경지와 촌락도 자주 옮겨다녔다.

또 다른 지역과의 교역이 이루어져 문화가 전파되기 시작했다.

도시와 계급의 발생

빗물에만 의존하던 농업에 관개 농경이 도입되면서 생산력
이 비약적으로 발전했고, 사람들은 정착 생활을 하며 집락을 이
루었다. 이 관개 농경과 집락이 처음으로 이루어진 곳은 티그리
스 강, 유프라테스 강 유역의 메소포타미아 남부 지역이었다. 그
리하여 기원전 3500년경부터 인구가 빠르게 증가했다.

사람들은 농업의 신인 지모 신의 신전을 중심으로 커다란
집락인 도시를 건설했으며, 청동으로 무기를 만들기 시작했다.
한편 식량 생산이 늘면서 사유 재산에 대한 관념이 생겨났다. 금
속기가 발전함에 따라 빈부의 차이가 커졌으며, 신관·무인(귀
족)·평민(농업과 상공업 종사자)·노예 등으로 계급이 나뉘었다.
상류 계급인 신관과 무인은 생산에 직접 종사하지 않는 계급이
었다. 이들은 평민으로부터 공납이라는 형태로 세금을 걷었으며,
이를 기록하기 위해 문자를 만들었다.

이렇듯 고대 도시 문명이 형성되면서 선사 시대가 끝나고
인류는 역사 시대로 접어들게 되었다. 고대 문명은 관개 농경에
기초했기 때문에 아열대의 습윤, 온난한 기후, 비옥한 토지과 물
이 많은 지역에서 발전했다. 티그리스 강과 유프라테스 강의 메
소포타미아 문명, 나일 강의 이집트 문명, 인도의 인더스 강 유
역의 인도 문명, 중국의 황하 유역의 황하 문명이 이른바 '4대
문명'이다.

제 1 부

오리엔트와 지중해에서 꽃핀 고대 문명

불　과 도구 그리고 언어를 사용하게 되면서 인류는 분명 동물과는 구별되는 존재가 되었다. 하지만 상당히 오랫동안 원시적인 상태에 머물러 있던 인류가 문자 사용법, 예술과 과학, 그리고 더욱 중요하게는 사회 조직이라고 할 만한 것, 한마디로 문명을 세운 것은 기원전 3500년경이었다. 지구상의 몇몇 곳에서 거의 비슷한 시기에 문명이 탄생했는데, 그 가운데 하나가 오리엔트 문명이다.

오늘날의 이란에서부터 지중해와 나일 강까지 뻗어 있는 이 지역에서는 기원전 3000년에서 기원전 300년 사이에 히타이트 인, 페니키아 인, 히브리 인들의 작은 국가뿐만 아니라 이집트, 아시리아, 바빌로니아, 페르시아 등의 대제국들이 명멸하였다.

기원전 600년 이후 서양 문명의 중심은 오리엔트에서 지중해로 넘어간다. 페르시아와의 전쟁에서 승리한 이후 절정을 구가한 폴리스의 민주 정치와 예술, 철학은 이후 서양 문명의 중요한 원천이자 고향이 된다. 기원전 300년 이후 성숙한 모습을 보여준 로마는 이탈리아 반도의 작은 도시 국가에서 출발하여 지중해를 자신의 호수로 삼는 대제국으로 발전했다. 이 과정은 도시라는 환경에서 꽃필 수 있었던 고전 고대 문명의 성숙과 확대였고, 그것이 더이상 가능하지 않았을 때 고대 문명은 중세 봉건 사회에 그 자리를 내줄 수밖에 없었다.

람세스 3세의 신전에 새겨진 적군 병사의 상(像). 침입자들에 대한
이집트의 승리를 연상케 한다. 이민족의 지배로부터 이집트를 구하기
위해 람세스는 6년 동안에 세번을 싸워 모두 이겼다.

1. 고대 오리엔트 :
가장 오래된 문명의 무대

여러 민족이 번갈아 지배한 메소포타미아

고대 오리엔트는 가장 오래된 문명의 발상지로서 서아시아(오늘날의 소아시아, 팔레스타인, 시리아, 이라크, 이란, 아라비아 등)에서부터 이집트에 이르는 지역을 말한다. 오리엔트는 '해가 뜨는 곳' 즉 동쪽을 가리키는 말인데, 이는 고대 이탈리아 반도에서 보았을 때 이 지역이 동쪽이었기 때문이다. 이곳은 티그리스 강, 유프라테스 강, 나일 강 유역의 비옥한 토지를 바탕으로 일찍부터 곡물 농업이 이루어져 대규모 집락이 만들어졌으며, 이로 인해 높은 수준의 문명이 생겨날 수 있었다.

메소포타미아란 '두 강 사이의 땅'이란 뜻으로, 티그리스 강과 유프라테스 강 유역을 가리킨다. 오늘날의 이라크에 해당하는 이곳은 지형적으로 개방되어 있는 곳이기 때문에 수많은 민족의 이주와 정복, 그리고 이에 따른 지배자의 교체가 반복되어 만들어진 복잡한 역사를 간직하고 있다.

수메르 신전
기원전 2900~기원전 2750년 경에 우르 근방에 있었던 수메르의 신전을 복원한 것이다. 중앙 상단에 라가시 시의 주신 닌기르스의 화신인 사자의 머리를 한 독수리가 좌우에 사슴을 거느리고 있다.

수메르 인의 도시 국가

기원전 3000년경 수메르 인이 티그리스 강과 유프라테스 강 하류 지역에 도시 국가를 여럿 건설했다. 이 도시 국가들의 중심에는 신전이 있었고, 도시를 둘러싼 성벽 밖에는 농경지와 목장이 있었다. 도시 국가는 신의 대리자로 받들어진 왕이 다스렸으며, 그밖에 승려와 귀족·상인·수공업자 등이 도시의 주민을 이루고 있었다.

수메르 인은 청동기, 채색 토기, 원통형 인장(印章) 등을 만들었으며, 농경과 제사를 위해 천문학과 역법을 발전시켰다. 또 쐐기 모양의 표시로 글자를 나타내는 설형문자를 만들었는데, 자신들의 수많은 전설과 일화를 보존하기 위해 갈대로 만든 펜으로 점토판 위에 설형문자를 적고 불에 구워 남기기도 했다. 수메르 인의 문자는 아직까지도 완전하게 해독되지 않고 있지만, 설형문자는 그 후 메소포타미아에서 흥망했던 여러 민족들에게 계승되었다.

단명한 아카드 인의 국가

수메르 북부에 아카드라는 셈 족 계통의 유목 민족이 살고 있었다. 이들은 기원전 2350년경 수메르 인의 도시 국가를 정복하고 메소포타미아와 시리아의 일부 지역을 통일했다.

통일 제국을 건설한 아카드의 사르곤 왕은 정복 지역에 총독과 군대를 파견해 통치했다. 하지만 이러한 중앙집권적 체제 속에서도 도시 국가의 기본적 틀은 유지되었다.

그러나 아카드 인의 통일 제국은 그리 오래 가지 못했다. 정복당한 수메르 인의 저항과 반란이 끊질기게 일어나 이를 막기 위해 불필요한 국력이 낭비되었기 때문이다. 그리하여 약 200

년 만에 막강했던 아카드 제국은 동북쪽의 구티 족으로부터 침입을 받아 멸망하고 말았다. 그 후 수메르 인의 우르 왕국이 다시 들어서긴 했지만 힘이 그리 강력하지 못해 메소포타미아는 옛날처럼 작은 도시 국가들의 각축장이 되었다.

사르곤 왕의 청동 두상
비천한 태생이었던 사르곤은 교활함과 용맹함으로 결국 아카드의 왕이 되었다. 무자비한 팽창 정책을 펼쳤던 그는 메소포타미아를 통일했지만 계속되는 반란에 시달리다 결국 멸망하고 말았다. 하지만 근동 지역에서 최초라 할 수 있는 그의 제국은 이후의 지배자들에게 하나의 모델이 되었다.

함무라비 법전의 바빌로니아 왕국

이런 메소포타미아 지역에서 다시 세력을 떨친 민족은 셈계 유목민인 아모르 인이다. 이들은 기원전 1830년경 유프라테스 강 하류 지역에 바빌론이라는 도시를 세우고 메소포타미아의 패권을 꿈꾸었다. 이것을 바빌론 제1왕조 혹은 고(古)바빌로니아 왕국이라고 부른다.

바빌로니아 왕국의 여섯 번째 왕이 함무라비(재위 기원전 1729~기원전 1686년)이다. 그는 메소포타미아 지역의 수많은 나라들을 정복하고 그 일대를 통합해 거대한 국가를 건설했다. 강력한 권력을 행사한 그는 어마어마한 운하 공사를 벌여 치수와 관개에 이용했다.

함무라비는 또한 아모르 인 고유의 관습법과 아카드 인의 성문법 등을 집대성하여 「함무라비 법전」을 편찬했다. 282개 조로 이루어진 이 법전은 중앙집권적 통치 체계를 강화하기 위한 것으로서, '눈에는 눈, 이에는 이'라는 보복의 원칙과 귀족·평민·노예 등 신분을 세 가지로 구분하고, 범법자의 신분에 따라 형벌을 달리 하는 신분제의 원칙에 근거하고 있다는 점이 특징이다.

함무라비 법전
1901년 프랑스 탐험대에 의해 수사 지역에서 발견되었다. 돌기둥의 윗부분에는 함무라비 왕이 태양신으로부터 법전을 받는 장면이 조각되어 있으며, 아랫부분에는 설형문자로 쓰여진 282개 법 조항이 촘촘히 적혀 있다.

철기 문명의 히타이트 인

기원전 2000년경부터 중앙아시아의 인도유럽 어족계 유목민인 아리아 인의 이동이 시작되었다. 이 가운데 히타이트 인은 기원전 1700년경 소아시아에 통일 왕국을 건설해 점차 세력을 넓혀갔다. 매우 호전적이었을 뿐만 아니라 최초로 철제 무기를 제

기제의 피라미드와 스핑크스
고대 이집트 인의 놀라운 건축술을 보여주는 피라미드는 여전히 신비로운 인류의 유산이다. 신성한 파라오의 무덤으로 만들어진 피라미드는 이집트 지배자들의 영광을 드높여주었을 뿐만 아니라 이집트 국가 자체의 힘을 과시한 것이기도 했다.

작하고 사용한 히타이트 인은 메소포타미아로 진출해 바빌로니아 왕국(제1왕조)을 멸망시켰다(기원전 1530년경).

'나일 강의 선물' 이집트

메소포타미아와 함께 가장 오래된 문명이 발전한 곳이 나일 강 유역의 이집트이다. 이집트는 비가 적게 오는 지역이어서 모든 생활을 나일 강물에 의존하고 있었다. 홍수로 인해 매년 6월이 되면 나일 강의 물이 불어나기 시작해 9~10월이 되면 최대 수량에 이르렀으며, 다음해 1월이 되면 하천 바닥이 보일 정도로 물이 줄어들었다.

그러나 그 사이 나일 강 상류에서 운반되어 온 비옥한 흙이 퇴적되면서 이집트에는 훌륭한 농경지가 만들어지게 되었다. 이것을 본 그리스의 역사가 헤로도투스(기원전 485년경~기원전 425년)는 「역사」에서 '이집트는 나일 강의 선물'이라고 쓰기도 했다.

파라오의 제국 이집트의 변천

기원전 4000년기에 햄 족에 의해 40여
개의 '노모스'(nomos, 노모스는 주[州]에 해
당하는 그리스 어로서 '운하로 구획된 토지'라
는 뜻이며 각각의 지도자를 둔 독립적인 부족이
었다)가 형성되었다. 이곳도 메소포타미아의
경우와 마찬가지로 나일 강의 치수와 관개를
위해 전제 권력과 관료 기구가 발달했다.

기원전 3000년경에는 노모스를 통합한
통일 국가가 형성되었으며(제1왕조), 그 역대

왕을 파라오('커다란 집'이라는 뜻)라고 불렀다. 제1왕조부터 기
원전 6세기 후반 페르시아에 정복되기까지 26개의 왕조가 흥망
했으며, 이 왕조들을 초기 왕조, 고왕국, 중왕국, 신왕국, 후기
왕조 등의 다섯으로 나눈다.

고왕국 시대에 이집트는 고대 국가 체제를 완성했는데, 그것
은 동양식 전제주의 국가였다. 지배자인 파라오는 신적인 존재로
서 절대 권력을 장악하고 있었다. 전국토는 그의 소유였으며, 상
업이나 농업 등 모든 경제 활동도 마찬가지로 그의 통제 하에
있었다. 이런 파라오를 보좌하기 위해 그의 밑에는 승려와 관료
들이 있었다.

파라오의 절대 권력을 잘 보여주는 것이 바로 피라미드이다.
이집트 신화인 오시리스 신화에 따르면, 사람이 죽은 후에 영혼
은 일단 사람의 몸을 떠나지만 파라오나 귀족의 경우 그 영혼이
다시 시체로 돌아와서 죽은 후에도 삶이 계속된다고 믿었다. 피
라미드는 이러한 믿음에 기반해 죽은 이가 살아갈 수 있는 집으
로 건축된 것이다. 현재 카이로 근교의 기제에 가면 세계 최대
규모인 쿠프 왕의 피라미드가 남아 있다.

신왕국 시대에 이르러 이집트는 시리아까지 세력을 넓혔다.
아멘호테프 4세(이크나톤, 재위 기원전 1375~기원전 1358년)는

태양신 아톤
이크나톤이 왕비 네페르티티와 함께 태양신 아톤을 모시고 있는 장면. 유일신을 모시려 한 그의 종교 개혁은 국민들 사이에 뿌리내린 다신교 신앙을 대체하지 못해 실패하고 말았다.

네페르티티의 두상
종교 개혁을 벌인 이크나톤은 예술에서도 혁명이라고 할 만한 것을 주도했다. 그는 자연주의적 예술을 후원했는데, 이는 자연을 신의 작품으로 보았기 때문이다. 이집트 초기의 과장과 왜곡을 거부하고 사실적인 묘사에 치중한 네페르티티의 두상은 미묘한 여성다움을 보여주고 있다.

기존의 다신교를 금지하고 태양신 아톤을 신봉하는 유일신을 국민들에게 강제했다. 그리고 자신의 이름을 '아톤에게 이로운 자'라는 뜻의 이크나톤으로 고쳤다. 또 수도를 테베에서 아마르나로 옮겼다. 하지만 유일신을 숭배하려던 그의 종교 개혁은 실패해 당대에 그치고 말았다.

이집트는 그 사이 대외적인 위세가 크게 쇠퇴해 소아시아의 히타이트 왕국과의 전쟁에서 패하고(카데시의 전투, 기원전 1286년) 시리아 방면에서 철수할 수밖에 없었다.

나일 강에 꽃핀 고대 이집트의 문화

관개 농업의 필요 때문에 이집트에서는 천문학과 측량술이 발전했으며 산수와 기하학도 발전했다. 이 기하학의 발달은 거대한 피라미드 건축과도 관련이 있다. 그리고 나일 강이 매년 범람하는 것을 관찰하고, 태양력을 만들어 사용했다. 이집트의 의술 또한 마술적인 요소가 있긴 했지만 환자에 대한 구체적인 관찰에 입각해 당시로서는 상당한 수준에 도달했다.

이집트에서는 신성문자로 알려진 그림문자가 사용되었는데, 나일 강변에서 자라는 파피루스로 만든 종이에 갈대 펜으로 적어 기록을 남겼다.

이집트의 예술은 피라미드, 스핑크스, 신전 등 거대한 규모를 자랑하는 건축물에서부터 벽화, 장식품, 조각, 금은 세공품에 이르기까지 매우 다양하다. 이집트 예술의 특징은 어떤 예술적인 창작물에 대한 실험과 발전보다는 종교적인 관습을 지속시키는 것에 더욱 중점을 두어 이미 확립된 전통이나 양식을 그대로 따르는 경향이 있었다. 하지만 아마르나 시대에 이르러 전통적인 틀을 깬 자연주의 경향의 예술이 나타나게 되었다. 이는 자연과 진리를 중시하는 아톤의 가르침이 예술에도 반영된 것이라 할 수 있다. 이크나톤의 왕비 네페르티티의 두상은 이 시대 예술의 걸작품으로 꼽히고 있다.

동부 지중해 연안

오늘날도 마찬가지이지만 동부 지중해 연안의 시리아, 팔레스타인 지방은 이집트와 메소포타미아를 연결하는 교통의 결절점이자 동부 지중해를 이용하는 해상 무역의 요지였다. 이곳에서는 셈 계 유목민족의 활동이 두드러지게 나타났다.

상업 민족 페니키아

페니키아 인은 12세기경부터 시리아의 지중해 연안에 티루스, 시돈 등의 상업 도시를 세우고 해상 무역을 활발히 전개했다. 그들은 지중해 무역을 독점하게 되면서 카르타고(기원전 9세기)를 비롯한 수많은 식민 도시를 지중해 연안 곳곳에 세우기도 했다. 선박 건조에 탁월한 솜씨를 보인 페니키아 인은 별을 이용한 야간 항해술을 처음으로 고안했다. 또한 표음문자인 알파벳을 만들어 사용했고, 이를 그리스 인에게 전파했다. 이후 알파벳은 로마 인을 거쳐 전세계로 퍼졌다.

헤브라이 인과 유대교

유목민이었던 헤브라이 인은 기원전 2000년 중엽부터 메소포타미아 중부로부터 팔레스타인으로 이주해왔다. 그 중 일부는 이집트로 이주해 노예로서 고된 생활을 하기도 했다.

이집트에서 노예 생활을 하던 헤브라이 인들은 지도자 모세

문자의 의미	이집트 문자	페니키아 문자	그리스 문자	라틴 문자	로마 문자
황소의 머리	⌖	⋉ (ʾa) Aleph	AA (a) Alpha	A	A
집	⬭	9 (b) Beth	B (b) Beta	B	B
모서리	⌐	1 (g) Gimel	Γ (g) Gamma	C/G	C/G
창	⟊	△ (d) Daleth	△D (d) Delta	D	D
기뻐하다	⟊	⻌ (h) He	⻌E (ě) Epsilon	E	E

알파벳의 변천

동부 지중해 무역의 주역이었던 페니키아 인들은 상업적 실용성이라는 필요에 의해 알파벳을 고안했다. 상형문자나 설형문자와 비교했을 때 알파벳의 편리함은 이루 말할 수 없는 것이었다.

모세 상

두라 에우로포스에 있는 오래된 유대교 교회의 프레스코 화. 유대인들은 모세의 지도를 받아 이집트에서 탈출했는데, 그 밑바탕에는 유일신 야훼가 유대 민족과 함께 한다는 믿음이 자리하고 있었다.

와 함께 이집트에서 탈출해(엑소더스) 팔레스타인으로 돌아왔다. 팔레스타인으로 돌아오던 중 모세는 시나이 반도에서 유일신 야훼(여호아)로부터 계시를 받는다. 이때가 기원전 13세기로서, 이 일을 전하는 것이 구약 성서의 「출애굽기」이다.

기원전 1000년경 헤브라이 인은 왕국을 형성했으며, 다윗 왕과 솔로몬 왕 때 가장 번영했다. 그러나 솔로몬 왕이 죽은 후 헤브라이 인의 왕국은 이스라엘 왕국과 유다 왕국으로 분열하고 만다.

북쪽의 이스라엘 왕국은 기원전 8세기 후반 아시리아 제국에게 정복당했으며, 남쪽의 유다 왕국은 기원전 6세기 전반 신바빌로니아에게 멸망당했다. 이때 수많은 헤브라이 인이 신바빌로니아의 수도인 바빌론으로 잡혀가 노예가 되고 말았다(바빌론 유수). 그 후 신바빌로니아가 멸망함으로써 헤브라이 인들은 해방되지만 나라를 다시 세우지는 못하고 세계 각지로 흩어져 살게 되었다(디아스포라).

'출애굽', '바빌론 유수', '이산' 등 민족의 고난 속에서도 예언자의 가르침에 따라 유일신 야훼에 대한 신앙이 점차 강해졌다. 더 나아가 유일신으로부터 유대인만이 구제를 받을 수 있다는 '선민 사상'과 이를 위해 메시아를 기다리는 신앙이 강해졌다. 이것이 유대교인데, 다신교가 일반적이었던 오리엔트 지역에서 매우 특이한 것이라 할 수 있다.

오리엔트의 통일

'제국' 아시리아

기원전 1000년 전반부터 오리엔트는 서서히 통일로 향해 나아갔는데, 그 첫걸음을 내딛은 것이 아시리아였다.

기원전 2000년기 초에 메소포타미아 북부에 등장한 셈 계의 아시리아는 철제 무기, 전차, 기병 등을 받아들인 뒤 주변 세력에 대한 공세를 취했다. 그리하여 기원전 7세기 전반에는 메소포타미아와 이집트에 걸친 오리엔트 세계 전체를 통일하고 지배하기에 이르렀다.

아시리아는 여러 이민족을 전제적으로 지배한 최초의 '제국'이라 할 수 있다. 다른 민족에 대해 무거운 세금을 물리고 강제 노동과 병역 의무를 부과했으며, 자신들의 신앙을 강요하기도 했다.

따라서 이러한 압제에 대한 저항이 그치지 않았다. 그리하여 아시리아 제국은 기원전 7세기말 페르시아 고원의 메디아와 바빌론의 칼데아 왕조 연합군의 공격을 받아 수도 니네베가 함락당함으로써 무너지고 말았다. 이후 오리엔트는 이집트와 리디아를 포함해 네 나라가 대립하는 시대로 들어서게 된다.

오리엔트의 대제국 페르시아

네 나라로 나뉘어 대립하던 오리엔트를 다시 통일한 나라는 페르시아 고원에 있던 인도유럽 어족의 페르시아였다. 페르시아의 키루스는 메디아를 쳐 왕위를 빼앗았으며, 리디아를 정복한 후 바빌론마저 점령했다. 그리고 캄비세스 때에는 이집트까지 정복했다.

오지 벽돌로 만든 용의 모습
바빌론의 이시타르(풍요와 생식의 여
신) 신전의 문에 있던 부조이다. 아시
리아 멸망 이후 바빌론은 아시리아 제
국의 일부를 장악했다.

페르시아는 다리우스 1세 때 동쪽으로는 인더스 강 유역부
터 서쪽으로는 이집트, 소아시아까지 영토를 확장해 오리엔트 전
체를 완전히 통일한 대제국으로 발돋움하게 되었다.

다리우스는 이 광대한 제국을 20개의 주로 나누었다. 그리
고 중앙 정부에서 총독을 파견했을 뿐만 아니라 '왕의 눈', '왕
의 귀'라 불리는 감찰관을 수시로 파견해 중앙집권적 체제를 더
욱 강화했다. 또한 금화와 은화를 주조하고 세제를 정비했으며,
수도인 수사에서 각지로 연결되는 도로를 건설하여 제국의 구석
구석까지 지배의 손길을 미쳤다.

종교로는 광명신과 암흑신의 대립과 항쟁을 설교하는 조로
아스터 교를 믿었지만, 다른 민족들에 대해서는 그들의 신앙을
인정하기도 했다. 이렇게 복속된 민족들의 제도, 종교, 풍습 등
을 어느 정도 인정해 주었기 때문에 페르시아 제국은 아시리아
에 비해 더 오래 존속할 수 있었다.

정복 전쟁을 계속한 다리우스 1세는 소아시아를 넘어 서쪽
의 그리스 본토를 몇 차례에 걸쳐 침공했지만 그때마다 실패하
고 말았다.

페르시아 전쟁이라고 불리는 이 최초의 동서 문명의 충돌은

이후 세계사의 흐름을 좌우할 정도로 중요한 것이었다. 오리엔트적 전제 국가의 침략을 막아낸 아테네를 비롯한 그리스의 폴리스들은 고대 민주주의를 만끽했으며, 이를 바탕으로 찬란한 고대 지중해 문명을 꽃피울 수 있었다.

기원전 4세기에 들어서자 각지의 총독들의 반란이 끊이지 않아서 혼란스럽던 페르시아 제국은 이후 그리스 세계를 통일한 알렉산드로스 대왕에게 정복되었다(기원전 330년).

페르세폴리스의 궁전
다리우스가 건설한 궁전으로서 복속당한 민족의 사신들이 페르시아 왕에게 조공을 바치는 모습이 부조되어 있다. 소아시아에서 인더스 강 유역에 이르는 광대한 제국이었던 페르시아는 각지의 특산물을 조공으로 받았다. 예를 들어 스키타이 인에게서는 말을, 아라비아에서는 낙타를, 인도에서는 금을 받았다.

2. 고대 그리스 : 폴리스의 민주 정치

미노아의 묘석

미노아 문명은 기원전 3000년경 소아
시아에서 크레타로 이주해 온 사람들
에 의해 건설되었으며, 미노스 왕 때
최고 전성기를 이루웠다. 이 묘석은 한
전사의 무덤을 장식한 것으로서, 그가
생전에 전차를 소유하고 있었음을 보
여주고 있다.

에게 해에서 일어난 문명의 파도

지중해 동부의 발칸 반도와 소아시아 사이에 있는 해역을
에게 해라고 부른다. 이곳은 기원전 3000년기초부터 오리엔트
문명의 영향을 받아 초기 청동기 문명이 이루어졌다. 특히 기원
전 20세기부터 기원전 12세기까지 꽃핀 문명을 에게 문명이라고
한다. 초기 중심지는 에게 해 남부의 크레타 섬이었다. 하지만
이 크레타 문명을 세운 민
족이 어떤 민족인지는 아직
도 불명확하다. 이 크레타
문명은 전설상의 왕 미노스
의 이름을 따서 미노아 문
명이라고도 불린다.

기원전 1900년경에 초기 그
리스 어를 사용하는 인도유

럽 어족의 일파가 그리스 반도로 남하해왔다. 그리스 반도에 정
착해 공동체를 형성한 그들은 기원전 1600년경 이후 미노아 문
명으로부터 영향을 크게 받는다. 그리스적 요소와 미노아적 요소
가 융합된 이 문명을 가리켜 당시 그리스의 중심 도시였던 미케
네의 이름을 따서 미케네 문명이라고 부른다. 이후 이들은 미노
아 문명을 멸망시키고(기원전 1400년경) 에게 해의 지배 세력이
되었다.

황금 마스크
미케네 유적을 발굴한 독일의 슐리만
은 이 마스크를 미케네 왕 아가멤논의
데드 마스크라고 추측했다.

　　크레타 문명과 거의 같은 시기에 소아시아에서는 트로이 문
명이 성립했는데, 기원전 1200년경 트로이의 왕자 파리스에게
빼앗긴 스파르타 왕비 헬레네를 되찾기 위해 침공한 마케네의
왕 아가멤논이 이끄는 그리스 연합군을 맞아 패전 끝에 멸망하
고 말았다. 이 트로이 전쟁은 기원전 8세기의 그리스 시인인 호
머의 「일리아드」에 상세히 묘사되어 있다.

고대 민주주의의 터전인 폴리스

　　기원전 1200년경부터 발칸 반도를 남하한 도리아 족은 파괴
와 혼란을 일삼았으며, 이 때문에 미케네 문명은 완전히 파괴된
다. 이후 300년 동안을 그리스 역사의 '암흑 시대'라고 한다. 이
때 도리아 족을 피해 이주한 그리스 인들의 일부가 아테네가 위
치한 아티카 지방으로 모여들었으며, 또 일부는 에게 해의 섬들
과 소아시아 지방으로 이주했다.

　　철기가 보급되면서 생산력이 높아진 기원전 8세기 중반부터
그리스 인들은 귀족이 중심이 되어 모여 살면서 정치적·군사적
공동체라 할 수 있는 폴리스(도시 국가)를 각지에 건설했다.

　　폴리스의 중심이 되는 도시는 대체로 해안에서 그리 멀지
않은 평지에 위치했다. 성벽으로 둘러싸인 도시의 중심부에는 수
호신을 모시는 신전(아크로폴리스)이 있는 언덕 혹은 작은 산이
있었다. 그 옆에 아고라라는 광장이 있었는데, 이곳은 시장인 동
시에 정치를 포함한 모든 공공 활동이 이뤄지는 장소였다. 그리

아테네의 아크로폴리스
가장 높은 곳에 위치한 아크로폴리스
는 자연적 요새이자 신전이었다. 페르
시아 전쟁 때 파괴되었다가 페리클레
스에 의해 재건축되었다.

고 성벽 밖에 농촌 지대가 있어서 폴리스의 생활을 떠받쳤다.

개별 폴리스는 '독립국'이나 마찬가지였으며 인구는 수백
명에서 수천 명 정도에 불과했다. 최고 전성기에는 이러한 폴리
스가 약 200개 정도 있었다고 한다. 그러나 그 가운데 아테네와
스파르타와 같이 예외적으로 큰 폴리스도 있었는데, 아테네의 경
우 면적이 2550평방km였으며, 인구는 최고 전성기인 기원전 5
세기에 노예를 합쳐 30만 명에 달했다. 따라서 아테네와 스파르
타를 폴리스의 전형으로 보는 데는 무리가 따른다. 하지만 고대
문명에서 그들이 이룩한 업적으로 인해 두 폴리스가 그리스의
대표 주자라는 사실은 변함이 없다.

이렇게 그리스에 폴리스가 분립한 이유 가운데 하나는 자연
환경 때문이었다. 산이 많은 그리스의 경우 치수와 관개를 위한
강제적인 집단 노동이 필요하지 않았으며, 주된 농업이 과수 재
배였기 때문에 전제 국가가 성립하지 않았던 것이다.

한편 그리스 인들은 지중해의 해상 무역을 활발히 전개하는
가운데 각지로 진출해 식민 도시를 많이 건설했다. 그들은 기원
전 8세기 중엽부터 약 2세기에 걸쳐 활발한 해외 진출과 식민
활동을 펼쳐 북동쪽으로는 흑해 연안까지, 지중해 연안으로는 갈

리아 남부와 에스파냐 해안까지 진출했다.

그리스의 가장 대표적인 식민 도시로는 마실리아(지금의 마르세유), 시칠리아의 시라쿠사, 이탈리아의 네아폴리스(지금의 나폴리), 보스포루스 해협의 비잔티움 등이다.

이렇게 건설된 식민 도시는 일반적으로 본국의 정치적 지배를 받지 않고 독립을 유지했다. 하지만 본국과 정치·경제·문화 등 모든 면에서 유사했을 뿐만 아니라 긴밀한 유대 관계를 이루고 있었다. 그리하여 일찍이 건설된 소아시아의 식민 도시를 비롯해 흑해로부터 서부 지중해에 이르는 범그리스 세계가 성립했다.

중무장한 그리스의 보병
그리스 군대의 중심은 중무장 보병이었다. 도자기에 묘사된 이 병사는 큰 방패를 든 채 창으로 적을 찌르려 하고 있다.

고대 민주주의를 꽃피운 아테네

초기 폴리스에서는 귀족이 정치적으로 지배하고 있었으며, 평민(시민)은 정치에 참가할 수 없었다. 귀족은 토지와 가축 등 재산이 많을 뿐만 아니라 유력한 씨족 출신이었다. 또한 그들은 폴리스를 방위하는 기사로서도 중요한 역할을 했다. 말과 무기 등 필요한 군사 장비는 자비로 부담해야 했으므로 부유한 귀족만이 기사로서 전투에 참가할 수 있었던 것이다.

그러나 상업과 무역이 번성하고 화폐 제도가 도입되면서(기원전 7세기) 평민 중에서도 부유한 사람들이 나타나기 시작했다. 그리고 중장 보병의 밀집대가 기사를 대신해 전투의 중심이 되는 전술의 변화가 있었다. 값싼 무구만 있어도 되는 중장 보병에는 평민들도 참가할 수 있었으며, 밀집대형이라는 전술은 개인의 용맹보다는 협동을 필요로 했다. 이러한 변화로 인해 평민들은 어느 정도 폴리스 방위에 참가하게 되었고, 이에 따라 정치적 발언권도 커져갔다.

아테네에서 귀족에 대한 평민의 저항이 거세지기 시작한 것은 기원전 7세기말경이었다. 우선 드라콘이 만든 최초의 성문법에 의해 관습법에 의존하던 귀족의 정치 독점이 깨졌다(기원전 620년경).

다음으로 아르콘(집정관)이었던 솔론의 개혁이 단행되었다(기원전 594년). 상공업을 장려한 솔론은 재산을 소유하고 있는 정도에 따라 시민을 대지주 귀족, 기사(중소 귀족), 농민(중장 보병의 도시민 포함), 노동자의 네 계층으로 나누어 정치 참여 정도를 다르게 규정했다. 솔론은 귀족 지배를 존속시키면서도 평민에게 어느 정도 정치 참여의 길을 열어주었기 때문에 '조정자'라고 불린다.

귀족과 평민의 대립 속에서 평민의 지지를 등에 업은 페이시스트라토스가 기원전 560년에 쿠데타를 일으켜 정권을 잡았다. 그는 토지를 빈농에게 분배하는 등 중소 시민의 생활 향상과 안정을 꾀했다. 하지만 그 방식이 너무 급진적이었고 또 정치 과정이 독재적이어서 사람들은 그와 그의 후계 정치가들을 '참주'라고 부르며 기피했다. 결국 참주 정치는 그의 아들 대에 가서 막을 내리고야 말았다.

참주 정치 이후의 혼란기에 나타난 인물이 클레이스테네스였다. 그의 개혁 목표는 아테네 시민 모두에게 평등한 정치적 권리를 부여하는 것이었다. 그는 귀족에게 유리했던 부족 제도를 없애고 새로운 행정기구로 개편했다. 또 도편 추방 제도를 마련해 참주가 출현하지 못하도록 했다. 이것은 참주가 될 위험이 있는 인물의 이름을 도편에 적게 해 그 투표 총수가 일정수에 이르면 그 사람을 10년 동안 국외로 추방하는 제도였다.

동서 문명의 충돌 : 페르시아 전쟁

기원전 5세기 무렵 서아시아의 전제 국가 페르시아는 서방으로의 진출을 꾀했다. 페르시아는 먼저 소아시아 서쪽 해안인 이오니아 지방의 그리스 식민 도시 밀레토스 등지를 공격해 지배했다. 그러나 이후 밀레토스 등 식민 도시들이 페르시아에 대해 반란을 일으켰고(기원전 500년) 아테네를 비롯한 그리스 본토의 폴리스들은 당연하게도 이 반란을 후원했다. 그리하여 페르시아의 다리우스 1세는 그리스 본토 원정길에 나섰다. 하지만 함대가 아토스 갑에서 큰 폭풍을 만나 손실을 입었기 때문에 일단 철수하고 말았다.

전열을 정비한 다리우스 1세는 기원전 490년 제2차 원정에 나섰다. 하지만 밀티아데스가 이끄는 아테네의 중장 보병은 아테네 북쪽에 있는 마라톤 평원에서 페르시아 군과 전투를 벌여 결국 격퇴시키고야 말았다.

다리우스의 아들 크세르크세스는 기원전 480년 직접 원정군을 이끌고 그리스로 진격했다. 스파르타를 비롯해 중부 그리스의 폴리스들을 무너뜨린 페르시아의 대군은 아테네를 압박해왔다. 지상에서 페르시아 군과 대적하는 것은 무모하다고 판단한 아테네의 지도자 테미스토클레스는 일단 부녀자들을 살라미스 섬으로 철수시키고 해전에서 승부를 내기로 마음먹었다. 결국 테미스토클레스가 이끄는 아테네 함대는 페르시아 함대를 좁은 살라미스 수로로 유인해 대승을 거두었다. 이를 본 크세르크세스는 더 이상의 공격을 단념하고 본국으로 돌아가버렸다.

다음해 페르시아 군은 재차 그리스를 공격했다. 하지만 이번

**마라톤 전투에서 전사한 아테네
병사들의 무덤**

마라톤 전투에서 승리한 아테네 군은
한시라도 빨리 승전보를 알리려 했다.
한 병사가 쉬지 않고 길을 달려 아테
네 시민들에게 이렇게 말하고 숨을 거
두었다. '기뻐하라, 우리의 승리를!'

에도 아테네와 스파르타의 연합군은 플라타이아이 전투에서 페
르시아 군을 격퇴했으며, 아테네를 주축으로 하는 그리스 함대도
에게 해에서 페르시아 함대를 대파했다. 이로써 페르시아 전쟁은
그리스 측의 승리로 끝났다.

이 전쟁은 전제 정치로 세계 제국을 꿈꾸었던 페르시아에
맞서 그리스 인이 식민 도시의 독립을 지지하는 것으로 시작해,
결국 폴리스의 자유와 독립을 지켜내는 것으로 끝났다. 사상 최
초의 동서 문명의 충돌이었던 이 전쟁에서 자유와 독립을 수호
하는 시민 공동체가 동방의 전제 정치의 힘을 막아낸 것은 이후
역사에서 중요한 의미를 가지게 된다.

그리스 민주 정치의 개화와 붕괴

세 차례에 걸친 페르시아의 침략을 막은 그리스의 폴리스들
은 언제 있을지 모르는 페르시아의 공격에 대비하기 위해 아테
네를 중심으로 델로스 동맹을 결성했다(폴리스들은 병력·함대·
자금을 모아 해군력을 증강했는데, 자금을 관리하는 금고를 델로스
섬에 두었기 때문에 델로스 동맹이라는 명칭이 생겼다).

한편 아테네에서는 전쟁에서 군함의 선원으로 활약한 무산

시민의 정치적 발언권이 커졌고, 그 결과 성인 남자 시민으로 이루어진 민회가 국정의 최고 기관이 되었다. 이로써 아테네의 민주 정치는 절정에 달했다.

장군직 등 일부를 제외하고 관직이나 배심원 등의 자리는 시민 누구나 맡을 수 있게 되었으며, 수당을 지급해 공무에 전념할 수 있도록 했다. 임기는 1년이었으며 재임은 금지되었다. 이렇게 민주주의가 꽃핀 시기를 당시 지도자였던 페리클레스의 이름을 따서 '페리클레스 시대'(기원전 461~기원전 429년)라고 부른다.

아테네의 민주 정치는 다른 폴리스로도 확대되었다. 그러나 아테네의 민주 정치가 현대의 민주 정치와 결정적으로 다른 점은 참정권이 여성은 제외된 채 성인 남자 시민에게만 한정되었다는 것이다. 그리고 노예 제도를 기반으로 한 이 시기의 시민은 직접 경제 활동에 종사할 필요가 없으므로 모든 시민이 정치에 직접 참여하는 직접 민주주의였다는 것이다. 그리스 시민들은 노예로 하여금 농경, 광산 노동, 토목 공사 등에 종사하도록 했기 때문에 자신들은 정치에 전념할 수 있었던 것이다.

기원전 431년 아테네 시민(양친이 아테네 출신에게서 태어난 성년 남자)이 3만 5천 명(전체 인구의 14%)이었던 것에 비해 노예는 10만 명(전체 인구의 33%)이었다.

아테네와 함께 그리스의 폴리스를 대표하던 스파르타의 경우 기원전 4세기 전반에 1500~2000명의 완전 시민이 페리오이코이 (반자유민) 2만 명, 헤일로타이(예농) 5만 명을 지배하고 있었다. 스파르타 시민은 엄격한 군사 조직에 편성되었으며, 시민의 사내아이는 어릴 적부터

투구를 쓴 페리클레스
명문 귀족 출신으로 용맹한 군인인 동시에 탁월한 웅변술을 지닌 정치가이다. 30년 동안 아테네 시정을 이끌면서 고대 민주 정치를 꽃피웠다.

페리클레스의 연설 우리의 정치 체제는 다른 나라의 법률을 모델로 삼은 것이 아닙니다. 우리는 모방자가 아니라 스스로 귀감인 것입니다. 권력은 소수가 아니라 다수의 손에 있는데, 그것은 민주주의라는 이름을 가집니다……. 법, 바로 이것이 모든 일을 합니다. 개인들간의 사적인 분쟁을 법은 공평하게 처리합니다. 어떤 사람이 공적 분야에서 윗자리에 오를 수 있는 것은 특정 계급 출신이기 때문이 아니라 그 사람이 가진 재능 때문입니다……. 이처럼 모범적인 체제가 오늘날 자유 속에 행복을, 그리고 용기 속에 자유를 불어넣음으로써 여러분의 대항 의지를 북돋우고 있는 것입니다.

철저한 군사 교육(스파르타 식 교육)을 받았다. 만약 스파르타 시민이 이런 가혹한 교육을 받지 않았다면 빈번하게 일어난 헤일로타이의 반란에 대처할 수 없었을 것이다.

이렇게 노예제를 기반으로 한 폴리스의 시민들은 생산 활동에서 벗어나 정치를 주된 일로 삼았다. 하지만 화폐 경제의 발달로 시민 사이의 빈부 격차가 날로 확대되어 직접 민주 정치는 때에 따라 중우(衆愚) 정치로 변질될 위험이 있었다. 특히 빈곤 계층의 정치적 발언권이 커질 수 있는 대외 전쟁의 시기가 그러했다.

한편 델로스 동맹을 이끌던 아테네가 동맹 기금을 유용하는 등 전횡을 일삼자 여기에 참가하고 있던 유력한 폴리스인 스파르타가 아테네와 대립하게 되었다. 이러한 대립은 펠로폰네소스 전쟁으로 격화된다. 아테네 연합과 스파르타 연합이 맞붙은 펠로폰네소스 전쟁(기원전 431 ~ 기원전 404년)은 결국 스파르타의 승리로 끝났다.

이후 폴리스 사이의 내분이 계속되었으며, 오랜 전쟁으로 인해 농업은 황폐화되었다. 또 시민이 군역을 기피하게 되자 용병을 끌어들일 수밖에 없었는데, 이로 인해 폴리스는 시민이 지킨다는 원칙이 무너지면서 시민 공동체 자체가 붕괴의 길을 걷게 되었다.

기원전 4세기 후반이 되자 같은 그리스 인이지만 왕국을 유지하고 있던 북쪽의 마케도니아가 대두했다. 마케도니아의 왕 필리포스는 정치·군사 개혁을 단행해 왕국을 튼튼히 한 다음 혼란기에 있던 그리스를 통합하고자 남하했다. 그리하여 필리포스의 아들 알렉산드로스 대왕 때 테베와 아테네가 마지막으로 정복되면서 고대 그리스의 폴리스는 생명을 다하게 된다.

알렉산드로스 대왕과 헬레니즘
마케도니아 왕국은 폴리스 체제가 아닌 신흥 왕국으로서, 기

원전 4세기 후반 필리포스 때 폴리스들을 타도하고 그리스 전체를 통일했다.

필리포스가 암살된 후 왕위에 오른 알렉산드로스 대왕은 기원전 334년에 동방으로 페르시아 원정에 나섰다. 이집트를 손에 넣은 그는 나일 강 하구에 자신의 이름을 딴 알렉산드리아라는 그리스 식 도시를 세우기도 했다. 그 후 페르시아를 멸망시키고 (기원전 330년) 내친김에 더욱 동쪽으로 진출을 꾀했다. 그리하여 서북 인도까지 진출한 알렉산드로스 대왕은 서쪽의 그리스부터 동쪽의 인더스 강 유역에까지 이르는 대제국을 짧은 기간에 건설했다.

알렉산드로스 대왕은 폴리스 정치가 아니라 오리엔트적인 전제 정치를 폈기 때문에 경제와 문화의 중심을 동쪽으로 옮겨 갔다. 그러다 보니 그리스 본토는 여러 면에서 쇠퇴하게 되었다. 한편 알렉산드로스는 동서 문명의 융합이라는 이상을 추구했기 때문에 헬레니즘이라는 독자적이고 새로운 문명이 태어날 수 있었다.

알렉산드로스 대왕이 33세의 젊은 나이로 바빌론에서 죽고 난 후 그의 후계자들(디아콘도) 사이에 분쟁이 벌어져 대제국은

알렉산드로스의 승리

이수스에서 페르시아 군대와 대결하는 알렉산드로스의 모습. 여러 번 부상을 입으면서도 항상 선두에 서서 전투를 지휘한 그는 탁월한 전투력으로 단기간에 대제국을 건설했다.

동서양이 만난 석관 장식
기원전 2세기경 석관에 새겨진 장식의
일부. 얼굴과 몸은 그리스 풍이지만 주
위에 있는 화환과 포도송이는 화려한
동양풍이다. 이러한 동서양의 융합은
헬레니즘 정신을 나타내는 것이다.

마케도니아, 시리아, 이집트(프톨레마이오스 왕조) 등 세 나라로 쪼개지고 말았다. 이렇게 나뉜 세 나라는 영토를 확장하고 패권을 차지하게 위해 끊임없이 갈등했기 때문에 서서히 힘이 약해져갔다.

알렉산드로스의 동방 원정에서 시작해 프톨레마이오스 왕조의 이집트 멸망(기원전 30년)까지 약 3세기 동안을 헬레니즘 시대라 하며, 이 시대의 문화를 헬레니즘 문화라 한다. 그러나 헬레니즘은 그리스 문화와 오리엔트 문화가 동등한 자격으로 융합한 것이 아니라 여전히 그리스 문화가 지배적이었다. 따라서 헬레니즘은 폴리스라는 좁은 울타리를 깨고 오리엔트 문화를 흡수하면서 세계화한 그리스 문화라고 볼 수 있다.

헬레니즘 문화는 보편적이고 세계 시민적인 성격이 강했는데, 이는 자연법과 보편적인 정의에 의해 지배되는 세계 국가에 대한 구상을 가진 스토아 학파의 철학에서 잘 드러난다. 또한 세계 시민주의는 민족이나 국가와 같은 공동체를 상실한 원자적인 개인을 토대로 한다. 따라서 헬레니즘 시대는 세계 시민주의의 시대인 동시에 철저한 개인주의의 시대이기도 했다. 이러한 경향은 인간의 최종 목표가 즐거움을 추구하는 데 있다고 보며 이를

위해 정신의 안정을 달성하는 데 주안점을 둔 에피쿠로스 학파에서 잘 나타난다.

그리고 헬레니즘의 세계 시민주의는 보편적 성격을 지니는 자연 과학 등 학문의 발전을 뒷받침했다. 기하학의 유클리드와 부력의 발견으로 유명한 아르키메데스가 이 시대에 활동했다. 한편 이집트의 알렉산드리아는 인구가 50만이 넘는 대도시이자 박물관과 도서관을 갖춘 학문의 중심지였다. 이를 배경으로 고전기의 작품을 수집하고 고증하는 작업이 활발하게 벌어졌다.

3. 로마 : 도시 국가에서 제국으로

이탈리아 반도에서 탄생한 도시 국가

기원전 12세기경 인도유럽어계의 고대 이탈리아 인이 이탈리아 반도를 남하했는데, 그 중 티베르 강 하류 지역에 자리잡은 사람들이 라틴 인이었다. 그들은 그곳에 먼저 거주하던 에트루리아 인의 지배를 받았다.

처음에는 티베르 강 유역에 흩어진 조그만 촌락에 지나지 않던 로마는 기원전 6세기에 들어서면서 도시의 모습을 갖추게 되었다. 그리고 6세기말에는 에트루리아의 왕을 추방하고 공화정을 세웠다.

로마의 사회 구조는 이미 귀족과 평민으로 나뉘어 있었으며, 콘술(집정관)을 정점으로 하는 정무관직(임기 1년)과 원로원(귀족 출신의 종신 의원)은 귀족이 독점하고 있었다. 이렇게 로마 공화정 초기는 귀족 정치라 할 수 있다.

이후 군대의 중심이 기병에서 평민의 중장 보병으로 바뀌면서 귀족과 평민 사이에 신분 투쟁이 시작되었다. 귀족에 대한 평민의 저항은 기원전 5세기초부터 나타났다. 기원전 494년 평민들은 로마 시로부터 철수해 성산에 집결했다. 이는 사회 내에서 벌이는 한 계층 전체의 파업과도 같은 방법인데, 그 후에도 종종 사용되었다. 결국 이를 통해 평민회가 만들어졌으며, 평민의 권익을 옹호하는 호민관이라는 관직도 설치되었다.

기원전 451년에는 12표법으로 알려진 성문법이 제정되어 귀족의 자의적인 국정 운영이 제한받게 되었다. 하지만 법을 제정할 때 귀족이 주도권을 행사했기 때문에 여전히 가혹한 채무법이나 귀족과 평민의 통혼 금지 조항이 남아 있어 평민의 불만이 충분히 해소되지는 않았다.

이후 신분 투쟁은 리키니우스 법(기원전 4세기 제정. 콘술의 한 사람을 평민 중에서 선출하며, 토지 소유의 상한선을 정했다)을 거쳐 호르텐시우스 법(기원전 3세기 제정. 평민회의 의결이 원로원의 승인 없이 법으로 인정되었다)까지 옴으로써 평민의 승리로 끝났다.

그러나 '평민의 승리'는 일면적인 것에 불과했다. 귀족과 일부 부유한 평민이 결탁하여 신분 투쟁의 성과를 그들에게 유리하도록 만든 것이다. 부유한 평민은 노빌레스라 부르는 새로운 지배층을 형성했다.

그런데 그리스와 마찬가지로 초기에 폴리스(도시 국가)로 출발한 로마가 어떻게 지중해 세계를 지배하는 대제국으로 발전할 수 있었을까? 또 그것은 어떤 과정을 거친 것일까?

기원전 396년 로마는 북쪽의 에트루리아의 가장 중요한 도시인 베이이를 점령했다. 로마령이 된 이곳에는 로마와 마찬가지로 트리부스(구)가 신설되었으며, 토지를 분배받은 농민이 시민권을 가진 식민지인으로서 이주했다. 이것이 도시 국가 로마가 대외로 발전하는 첫걸음이었다.

공화정 시대의 군단병

로마의 무기 및 전술의 변화로 평민들이 군대의 중심이 되었다. 투구를 쓰고 갑옷을 입은 병사들은 길쭉한 목재 방패를 사용했다.

한편 로마는 서로 적대 관계에 있던 라틴 도시 동맹과 전쟁을 벌여 그 대부분을 병합했다(기원전 340～기원전 338년). 이로써 라틴 도시 동맹은 해체되고 말았다. 로마는 라틴계 도시들에게 완전 시민권을 부여해 식민 도시로 만들었으며, 나머지 도시들에게는 불완전 시민권을 부여해 자치시로 만들었다. 여기서 완전 시민권이란 로마의 민회에 참석해 투표권을 행사할 수 있는 것을 말하며, 불완전 시민권이란 투표권이 없는 경우를 말한다. 로마는 그밖의 유력한 도시들과는 개별적으로 조약을 맺어 동맹시로 만들었다.

이렇게 로마는 정복한 지역을 다양한 방식으로 통합했다. 게다가 로마의 시민권 정책 자체가 개방적이었다. 이것은 시민권이 지극히 폐쇄적이었던 그리스의 경우와 비교해 매우 중요한 차이를 보이고 있다.

이와 같이 시민 공동체의 밖으로의 확대(식민), 로마 시민단의 증대(시민권 부여), 시민권의 등급화와 동맹 정책(분할 통치) 등이 도시 국가 로마가 대제국으로 발전하게 된 기본적인 요소들이었다.

대외 팽창에 나선 로마는 기원전 272년에 남부 이탈리아의 그리스 식민지 타렌툼도 굴복시켜 이탈리아 반도를 통일하게 되었다. 이탈리아 반도의 통일은 이후 로마가 지중해로 뻗어나가기 위한 발판이 되었다.

지중해 정복의 출발점 : 포에니 전쟁

기원전 3세기 무렵 이탈리아 반도를 통일한 로마는 지중해를 향해 뻗어나갔다. 로마가 이탈리아 반도에서 출발해 지중해 세계로 비약할 수 있었던 것은 북아프리카의 페니키아 인 식민 도시 카르타고(현재의 튀니스 부근)와의 전쟁에서 승리했기 때문이다. 이 전쟁을 포에니 전쟁이라 한다.

기원전 9세기에 세워진 카르타고는 해상 무역으로 급속하게 발전해 북부 아프리카 해안 지대와 시칠리아 서부, 코르시카, 사르데냐 등 서부 지중해의 중심으로 떠올랐다. 따라서 로마가 이탈리아 반도를 통일하고 반도 남부의 그리스 식민 도시들(마그나 그라이키아)을 재편성하게 되자 이 두 나라는 충돌이 불가피하게 되었다.

제1차 포에니 전쟁(기원전 264~기원전 241년)은 시칠리아 섬 쟁탈전의 양상을 띠었는데, 승리는 로마의 것이었다. 그 결과 로마는 시칠리아 섬뿐만 아니라 사르데냐 섬과 코르시카 섬도 손에 넣어 처음으로 해상 영토를 가지게 되었다. 로마는 이를 총독이 다스리는 속주(屬州)로 만들었다. 그리고 속주에서 생산된 생산물의 10분의 1을 공납으로 징수했는데, 이를 위해 징세 청부 제도를 도입했다.

제1차 전쟁에서의 패배를 설욕하기 위해 카르타고의 명장 한니발이 이탈리아 반도를 침공한 것이 제2차 포에니 전쟁(기원전 218~기원전 201년)이다. 하지만 로마를 이기기에는 역부족이어서 이번에도 카르타고가 패했다. 마침내 이 2차 전쟁으로 인해

한니발

어린 시절부터 제1차 포에니 전쟁에서의 패배를 설욕하기로 마음먹은 한니발은 기원전 218년 알프스를 넘어 이탈리아로 침입하여 연전연승을 거두었다. 하지만 자마 전투에서 패해 소아시아로 망명했다가 그곳에서 결국 스스로 목숨을 끊고 말았다.

카르타고는 몰락하고 로마가 서부 지중해의 새로운 패자로 떠올
랐다.

제3차 포에니 전쟁(기원전 149~기원전 146년)은 쇠퇴한 카
르타고가 다시 힘을 얻는 기미가 보이자 로마가 이를 완전히 멸
망시킨 전쟁이었다. 카르타고의 전시민이 로마 군대에 대항했으
나 카르타고 시는 완전히 파괴되었고 포로로 잡힌 시민들은 노
예로 팔렸다. 그리고 카르타고의 영토는 아프리카라는 속주가 되
었다.

포에니 전쟁을 통해 서부 지중해의 패권을 잡은 로마는 발
걸음을 헬레니즘 세계로 돌렸다. 로마는 마케도니아와 세 차례에
걸친 전쟁을 통해 마케도니아를 속주로 만들었다. 또한 그리스의
아카이아 동맹이 로마에 반항하자 이를 진압하고, 그 중심이었던
코린트를 완전히 파괴한 다음 전주민을 노예로 팔았다(기원전
146년). 이처럼 지중해 무역의 두 중심이었던 카르타고와 코린
트가 같은 해 로마에 의해 파괴된
것은 매우 상징적인 일이었다. 이로
써 로마는 지중해 세계 전체의 지
배자가 되었다.

새로운 갈등과 공화정의 혼란

성공적인 정복 사업을 통해 로마는
광대한 영토와 막대한 수입을 얻게
되었다. 하지만 정복 사업의 혜택은
소수에게만 돌아갔다. 그들은 원로
원을 중심으로 고위 정무관직을 독
차지하고 있던 노빌레스(벌족) 계층
과 신흥 부유층인 에퀴테스(equites,
기사)였다.

노빌레스 계층은 로마의 새로운 영

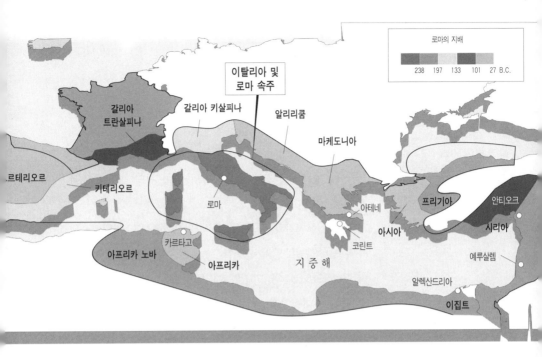

로마의 지배
238 197 133 101 27 B.C.

이탈리아 및
로마 속주

갈리아
트란살피나

갈리아 키살피나

알리리쿰

마케도니아

르테리오르

키테리오르

로마

아테네

프리기아

안티오크

아시아

시리아

카르타고

코린트

아프리카 노바

아프리카

지중해

예루살렘

알렉산드리아

이집트

토가 된 공유지를 사유화하는 방식으로 토지 소유를 확대해나갔다. 당시 이용되지 않는 공유지의 경우, 그것을 개간해 이용하는 사람에게 '선점(점유)'의 권리가 인정되었는데, 이때 선점자는 주로 사회 유력자일 수밖에 없었다. 그들은 국가에 토지 사용료를 내고 다수의 노예를 투입해 라티푼디움(노예제 대농장) 경영을 했다.

신흥 부유층으로 성장한 에퀴테스 계층은 해상 무역, 군납업, 공공 토목 공사, 징세 청부 등에 종사함으로써 자신들의 부를 늘려갔다. 노빌레스와 마찬가지로 에퀴테스도 공유지를 사유화해 대지주가 된 것이다.

한편 중장 보병으로 출전한 중소 농민은 계속되는 정복 전쟁으로 인해 몰락의 길을 걷게 되었다. 그들은 전쟁에서 많은 인명 피해를 입었다. 그리고 전쟁이 장기화되는 경우 농토도 황폐해졌다. 게다가 생산성 면에서도 중소 농민은 대농장과 속주에서 나오는 값싼 농산물에 맞설 수가 없었다. 그리하여 그들은 토지

로마의 지중해 정복

이탈리아 반도의 조그만 도시 국가에 지나지 않았던 로마는 반도를 통일했을 뿐만 아니라 포에니 전쟁을 거치면서 대제국으로 발돋음하게 되었다. 그리하여 지중해는 로마 제국에 둘러싸인 호수가 되었다.

로마의 정치가들은 시민들의 환심을
사기 위해 오락을 제공해야 했다. 그
중에서도 가장 인기 있었던 것은 검투
사 노예들의 경기였다. 때로는 맹수와,
때로는 동료와 싸워야 하는 검투사 노
예들은 자신의 목숨을 걸고 로마 인들
을 즐겁게 해주어야 했다.

를 상실한 무산자가 되어 주로 로마 시로 흘러들어갔으며, 배급
받는 곡물로 살아가는 처지가 되었다.

이렇게 노빌레스라는 새로운 귀족층과 에퀴테스라고 불리는
자본가층에게 화폐 · 토지 · 노예 등이 집중되는 한편, 중소 농민
은 몰락하게 되어 공화정이라는 시민 공동체의 분해가 진행되었
다. 이렇게 기원전 2세기가 되면서 로마 시민 내부의 빈부 격차
가 매우 커졌다.

또한 정치가와 장군 등 유력자 사이에서도 대립이 나타났다.
유력자들은 원로원의 권위를 중심으로 현체제를 유지하려는 벌
족파(Optimates)와 민중의 이익을 옹호하는 평민파(Populares)
로 나뉘어 대립하게 되었다.

'내란의 1세기' 와 노예 반란

이런 상황에서 호민관이었던 그라쿠스 형제는 로마 공화정
의 갈등과 분열을 막아보자는 의도에서 개혁을 구상한다. 기원전
133년 호민관에 선출된 티베리우스 그라쿠스는 리키니우스 법의

제한을 넘어서 유력층이 불법으로 점유한 토지를 몰수해 무산 시민에게 분배하려는 개혁안을 제시했다. 그러나 원로원을 중심으로 하는 반대파에 의해 티베리우스 그라쿠스는 자신의 지지자들과 함께 살해되고 말았다.

이어서 기원전 123년에 호민관으로 선출된 동생 가이우스 그라쿠스도 개혁을 추진하려 했다. 그러나 역시 반대파의 공격에 몰려 스스로 목숨을 끊고 말았다. 두 사람의 죽음은 더 이상 로마에서 공화정이 유지될 수 없다는 것을 상징적으로 보여 주었다. 이렇게 그라쿠스의 죽음과 함께 개혁이 좌절되면서 로마는 '내란의 1세기'에 휘말리게 된다.

사슬에 묶인 갈리아의 야만인
로마 군에게 패해 포로로 잡힌 갈리아 인은 로마 군대에서 사역하는 경우가 많았다. 한편 카이사르는 갈리아를 정복함으로써 정권을 장악하는 발판을 마련했다.

한편 기원전 1세기부터 기원전 2세기까지는 노예제의 전성기였다. 따라서 노예들의 반란도 자주 일어났다. 당시 로마의 노예는 가내 노동, 광산 노동, 수공업 등에 종사하는 것 이외에도 대농장에서 과수 재배와 목축에 대규모로 이용되었다. 게다가 포에니 전쟁 이후 로마군과의 전투에서 패한 사람들은 거의 모두 노예가 되었다.

기원전 2세기 후반 시칠리아 섬에서 두 번이나 커다란 노예 반란이 일어났다. 그리고 기원전 73년에는 검투사 노예 스파르타쿠스가 이끄는 노예 반란이 로마를 공포에 떨게 만들었다. 로마에서 동남쪽으로 180km 떨어진 카푸아의 검투사 노예 훈련소에서 스파르타쿠스가 이끄는 검투사 노예들이 탈출해 각지에서 로마군을 격파하고 북상해 북부 이탈리아로 간 것이다.

반란에 가담한 사람들은 최종적으로 20만 명이 넘었으며, 로마는 이들을 진압하기 위해 총력을 기울였다. 기원전 71년 반란군은 크라수스가 지휘하는 로마군에 진압되었으며, 스파르타쿠스도 전사하고 말았다.

카이사르 두상과 카이사르의 화폐
공화정의 위기 속에서 카이사르는 제정으로 가는 길을 열었다. 브루투스 등 공화파에 의한 카이사르 암살도 그 길을 막지는 못했다. 이 화폐는 '종신 독재관'의 지위에 오른 직후에 만들어진 기념 화폐이다.

이와 같은 노예 반란은 로마 사회를 떠받치고 있던 비인간적인 노예제를 감안하면 필연적인 일이었다. 특히 노예를 대규모로 이용했던 라티푼디움(노예제 대농장)은 로마의 토대이자 모순이 집약된 곳이었다. 이렇게 로마는 '내란의 1세기' 동안 크고 작은 노예 반란에 시달려야 했으며, 여기에 더해 군인들의 정치 개입도 날로 심화되었다. 따라서 로마 사회는 정치적으로 군사 독재의 색채가 강해져갔으며, 사회적으로는 노예 반란을 잠재우기 위해 노예의 처우가 개선되었고, 노예제에서 소작제로 점차 이행해갔다.

제정으로 가는 징검다리 : 삼두정치

내란과 노예 반란 속에서 원로원의 권위가 실추된 가운데 기원전 60년 평민파의 카이사르, 대부호인 크라수스, 지중해의 해적 토벌에 공을 세웠던 폼페이우스 등 세 사람이 원로원과 벌족파를 누르고 정권을 나누어 가지게 되었다. 이것이 제1차 삼두정치이다.

삼두정치 속에 부상한 카이사르는 기원전 58년 갈리아 총독으로 임명되어 이후 8년 동안 갈리아 정복에 전념했다. 이 과정에서 그는 브리타니아(지금의 영국)로 건너가기도 했으며, 라인 강도 여러 차례 건너면서 많은 전과를 올렸다.

그러나 기원전 53년 크라수스가 전사하는 바람에 삼두정치가 깨지자 카이사르와 폼페이우스와의 대립이 심해지게 되었다. 원로원이 폼페이우스와 결탁해 카이사르에게 귀국 명령을 내리자 카이사르는 군대를 이끌고 루비콘 강을 건너 로마로 진격했다.

카이사르의 진격 소식을 들은 폼페이우스와 대부분의 원로원의 의원들은 그리스로 도망쳤다. 그 후 다시 이집트로 도망을 간 폼페이우스는 그곳에서 프톨레마이오스 왕조에 의해 암살되었다. 이때 폼페이우스를 쫓아 이집트로 진격한 카이사르는 이집트의 내분에 개입하여 자신의 세력 하에 둔 다음 로마로 개선했다(기원전 46년).

카이사르는 이후 권력을 자신에게 집중해 종신 독재관 겸 최고 군사령관이 되어 공화정의 전통을 부정하고 독재 정치를 폈다. 그러나 자신을 신격화하며 왕정에 대한 야심이 노골화되자 브루투스 등의 공화파에 의해 원로원 회의장에서 암살되었다.

카이사르가 암살되고 난 후 혼란을 수습하기 위해 카이사르의 양자인 옥타비아누스, 카이사르의 부하인 안토니우스와 레피두스 세 사람이 제2차 삼두정치를 성립시켰다. 안토니우스는 그 후 공화파와의 전투에서 승리해 카이사르의 암살에 대해 복수했다(기원전 42년).

그러나 기원전 36년 레피두스가 삼두정치에서 탈락한 후 옥타비아누스와 안토니우스는 제국을 동서로 양분해 지배함으로써

타키투스의 「연대기」 브루투스와 카시우스의 격정적인 죽음으로 전쟁터에는 공화정을 수호할 힘을 가진 군대가 남아 있지 않았다. 그 뒤 시칠리아에서 섹스투스 폼페이우스가 패했고, 레피두스가 권좌에서 물러났으며, 안토니우스도 죽었다. 카이사르 진영조차도 옥타비아누스를 제외하고는 어떤 지도자도 남지 않았다. 그는 삼두 칭호를 떼어버리고 그 대신 집정관으로서의 자기 지위를 강조했으며, 평민을 보호할 수 있는 권한인 호민관의 권한 외에는 더 바랄 것이 없다고 공언했다. 그는 군인들을 제대 보상금으로 유혹했고, 저곡가 정책을 제시함으로써 인민을 자기편으로 만드는 데 성공했다. 실로 그는 평화라는 유쾌한 선물을 줌으로써 모든 사람들의 호의를 끌었다. 그리고 나서 그는 점진적으로 압력을 가해 원로원, 정무관, 심지어 법의 기능마저 손아귀에 넣었다. 반대는 존재하지 않았다.

아우구스투스의 상
로마를 위기에서 구한 옥타비아누스는
원로원으로부터 아우구스투스라는 칭
호를 받았다. 이 명칭은 이후 황제의
칭호로서 세습되었다.

둘 사이의 대립이 점차 커져갔다. 특히 동방을
다스리던 안토니우스는 이집트의 여왕인 클레
오파트라와 열애에 빠져 이집트에 계속 머물면서
로마를 등안시하는 태도를 보이는 바람에 로마의 반
감을 샀다.

옥타비아누스는 이를 이용해 안토니우스를 물리치고 자신
의 지배권을 확장하고자 했다. 따라서 두 사람의 충돌은 불가
피해졌으며, 이는 악티움 해전(기원전 31년)으로 이어졌다. 이
해전에서 옥타비아누스는 안토니우스와 클레오파트라의 연합
함대를 대파했으며, 다음해에 두 사람은 자살하고 만다. 이로
써 '내란의 1세기' 가 끝났다.

제정 로마의 개막

안토니우스를 물리치고 로마로 개선한 옥타비아누스는 다
음해(기원전 29년) 원로원으로부터 '프린켑스(princeps, 제1의 시
민)' 라는 칭호를 부여받았으며, 기원전 27년에는 '존엄하다' 는
뜻을 가진 '아우구스투스(Augustus)' 라는 칭호를 받았다.

아우구스투스는 대외적으로 속주에 대한 통제권과 대내적으
로 호민관의 권한, 그리고 원로원 의장격인 프린켑스라는 자리를
차지하고 있었기 때문에 형식적으로는 공화정의 틀을 벗어난 것
이 아니었다. 따라서 이 체제를 원수정이라고 부른다. 그러나 실
질적으로는 로마의 거의 모든 권한이 그에게 집중되어 있었기
때문에 로마 제국의 황제나 다름없었다. 따라서 이때 이후 로마
에서는 제정이 시작되었다고 할 수 있다.

황제의 지위는 사실상 세습이었고, 로마는 다시 사회 질서가
안정될 정도로 회복되었다. 하지만 그 중에는 무능한 황제도 많
이 나타났는데, 유명한 폭군 네로(재위 54~66년)가 그러한 경우
였다.

그러나 제위의 세습 대신 귀족 중에서 우수한 인물을 후계

황제로 지명했던 오현제(五賢帝) 시대(96~180년)에 이르는 약 2세기 동안은 로마 제국의 전성기였다. 로마 제국의 영토가 최대에 달한 것도 이때로서, 당시 황제는 트라야누스였다. 로마 제국은 경제적으로 번영했을 뿐만 아니라 군사력으로도 지중해 세계를 거의 완전히 지배했기 때문에 이 시기를 '팍스 로마나'(로마의 평화)라고 부른다.

트라야누스 황제
로마 제국의 전성기인 오현제 시대 중에서도 제국이 가장 확대되었을 때의 황제이다.

그럼 이러한 번영의 기초는 무엇이었을까? 먼저 원수정 수립을 통한 정치 질서 재편을 들 수 있다. 원수정의 수립은 시민 공동체 내부 여러 당파의 분열을 제압해 시민 공동체를 피라미드 구조로 다시 통합한 것이었다.

지중해 세계에 대해서는 시민권을 개방함으로써 로마에 종속된 공동체의 상층부를 로마 공동체에 편입시키는 절묘한 정책을 폈다. 이로 인해 로마의 대외 지배는 확대되고 안정되었다. 212년 카라칼라 황제(재위 211~217년)가 제국 내의 거의 모든 자유인에게 로마 시민권을 부여했을 때 이 정책은 완성되었다.

마르쿠스 아우렐리우스의 기마상
번영을 누리던 오현제의 마지막 황제인 마르쿠스 아우렐리우스는 로마의 마지막 스토아 철학자이기도 했다. 비관적인 경향이 강했던 그는 현세의 고통을 상쇄할 수 있는 영생은 없다고 생각했다.

전제 군주제와 제국 해체의 가속화

'팍스 로마나'라는 말처럼 번영을 누리던 로마 제국은 오현제의 마지막 황제인 마르쿠스 아우렐리우스(재위 161~180년) 치세 말기부터 내부적으로는 정치적 혼란과 외부적으로는 게르만 족의 변경 침입에 시달렸다.

3세기 무렵 로마는 각지에서 군대들이 들고 일어나 황제를 마음대로 갈아치우고 장군이 황제 자리에 오르는 군인 황제 시대를 맞이하게 된다. 약 50년 동안 26명의 황제가 번갈아 제위에 올랐는데, 그들

은 모두 군대에 의해 옹립된 군사령관 출신이었다. 그리고 그 중 25명이 살해되거나 전사하는 등 비명에 죽었다.

이후 군인 황제 시대의 혼란과 무질서를 수습한 사람은 디오클레티아누스(재위 284~305년)와 콘스탄티누스(재위 306~337년)였다.

디오클레티아누스와 콘스탄티누스 전형적인 로마 군인의 모습인 디오클레티아누스 황제(왼쪽)는 강력한 군사력을 통해 제국을 안정시킬 수 있었다. 기독교를 공인한 콘스탄티누스 황제(오른쪽)는 임종시 세례를 받아 최초의 기독교 황제로 남게 되었다.

디오클레티아누스는 강력한 군사력과 정치력으로 사회 혼란을 수습했으며, 황제 숭배를 강제하여 오리엔트적인 전제 군주로 군림했다. 이렇게 로마는 공화정의 외양마저 완전히 버렸기 때문에 이후의 정치 체제를 도미나투스(dominatus, 전제 군주정)라고 부른다. 디오클레티아누스 황제는 구심력을 잃어버린 제국을 재편하면서 나라를 동서로 나누었으며, 각각에 황제와 부황제를 임명했다.

부황제의 한 사람이었던 콘스탄티누스는 디오클레티아누스가 은퇴한 후 생긴 내분을 수습하면서 다시 단일 황제가 되었다. 그리고 그리스의 옛 식민 도시였던 비잔티움으로 천도하고 콘스탄티노플로 개칭했다(330년). 이리하여 제국의 중심은 동쪽으로 옮겨가게 되었으며 디오클레티아누스 때 마련된 오리엔트적 전제 군주제는 더욱 강화되었다. 또한 제국의 통일을 위해 그간 박해받던 기독교를 공인했다(밀라노 칙령, 313년).

두 황제의 개혁을 통해 로마 제국은 어느 정도 안정을 되찾았다. 하지만 그것은 모든 직업의 고정화와 엄격한 계층화를 바탕으로 방대한 관료층과 군대를 거느린 경직된 오리엔트적 전제 사회였다. 사회 내부적으로 부패와 폭력, 무기력이 번져가고 있었기 때문에 두 황제의 개혁은 제국의 해체를 일시적으로 막은 것에 불과했던 것이다.

서로마 제국의 몰락

375년 민족 대이동을 개시한 게르만 민족의 서고트 부족이 다음해 도나우 강 남쪽에 정착할 수 있도록 해달라고 황제에게 요청한 것이 발단이 되어 일부 게르만 인이 폭도화했다. 410년 에는 알라리크 왕이 이끄는 서고트 군대가 로마로 쳐들어오기도 했다. 그들은 살인과 방화를 일삼으며 '영원한 도시' 로마를 황폐하게 만들었다.

5세기에 들어서면서 서로마 제국은 영토 대부분의 지배권을 게르만 부족들의 왕들에게 빼앗긴 신세가 되었다. 따라서 제국의 실권도 황제의 정부가 아니라 게르만 장군에게 있었다. 이제 서로마 제국에는 야만족의 침입을 막아내면서 국가를 유지해갈 힘이 어디에도 없었다.

476년 게르만의 용병 대장 오도아케르는 로물루스 아우구스툴루스 황제를 폐위시키고 이탈리아 반도에다 오도아케르 왕국을 세웠다. 이리하여 서로마 제국은 멸망했다. 하지만 이 사건은 이미 기능을 멈춰버린 제국의 사망을 다시 한번 확인한 것에 불과했다.

서고트 족의 로마 침략
로마에 침입한 서고트 족 병사들은 3일간 로마를 쑥밭으로 만들었다. 한때 야만족들을 정벌했던 로마는 이렇게 그들에게 무릎을 꿇게 되었다.

그렇다면 서로마 제국의 몰락 원인은 어디에서 찾을 수 있을까? 2세기말~3세기에 걸쳐 노예 노동에 의한 라티푼디움을 대신해 예속 소작인인 콜로누스(농토에서 이주할 수 없으며 그밖의 신분과 통혼할 수 없는 반자유 신분)로부터 지대를 받는 콜로나투스(소작제)가 보급되었다.

이것은 '로마의 평화'에 의해 대외 전쟁이 거의 없다 보니 전쟁 포로로서 유입되는 노예들이 현격하게 줄어든 것과, 노예 해방이 진전된 것이 배경이 되었다. 또한 노예 노동은 생산성이 떨어졌기 때문에 속주에서 들어오는 값싼 농산물과 경쟁할 수 없었다. 이렇듯 콜로누스가 되었던 사람들은 몰락한 자영 농민, 게르만 이주자, 해방 노예 등이었다.

게다가 로마 제국은 게르만의 침입에 대비해 국경 지대에 많은 수의 군대를 배치해야 했는데, 대개의 경우 속주의 군인들이었다. 따라서 그들은 중앙의 통제를 따르지 않고 저마다 세력을 형성했던 것이다. 더구나 그 중에는 다수의 게르만 용병들이 있었다.

한편 군대 및 관료 기구가 커지면서 동시에 통치 비용도 늘어났다. 역대 황제들은 그 비용을 충당하기 위해 도시에 무거운 세금을 부과했다. 이에 따라 도시의 몰락이 두드러졌으며 도시 중심의 문화도 쇠퇴하고 말았다.

재정 악화로 고통받는 정부의 화폐 개악과 도시의 쇠퇴 때문에 상업도 부진해져 제국 전체가 자급 자족 풍조를 띠게 되었다. 덧붙여 치안의 악화 때문에 도시를 떠나 지방으로 이주한 유력자들의 소유지는 점차 제국의 행정에서 독립하기에 이르렀다. 따라서 국가의 구심력이 점점 약해지면서 사회의 봉건화 경향이 나타나기 시작했다.

예수와 기독교의 탄생

기원전 64년 시리아 왕국이 로마에 정복당해 속주가 되었고,

그 다음해 예루살렘도 함락당했다. 하지만 로마는 이곳을 속주로 만들지 않고 헤로데스 왕에게 통치를 맡겼으며, 이때부터 유대인 지배층과 로마의 동맹이 시작되었다. 헤로데스 왕의 통치는 잔학하기로 유명했는데, 그가 죽은 후 후계자들의 싸움으로 혼란이 일어나자 로마는 기원전 6년 유대를 로마 황제의 직할 속주로 만들었다.

당시 유대교는 로마와 결탁한 지배층을 중심으로 하여 율법을 중시하는 바리사이 파와 반로마 운동을 전개하는 제로타이(열심당) 파, 사람들과 떨어진 황야에서 금욕과 명상의 생활을 하면서 메시아의 강림을 기다리는 에세네 파 등으로 나뉘어져 있었다.

기원전 4년에 예수가 탄생했다. 그는 율법 교사였으나 세례자 요한의 영향을 받은 후 30세경에 "신의 나라가 가까워졌으니 회개하고 복음을 믿으라"며 설교하고 다니기 시작했다. 예수는 열두 명의 제자를 거느리고 갈리아 지방을 중심으로 전도하다가

싸우는 그리스도
5세기의 모자이크화. 로마 군복을 입은 그리스도의 모습이 기독교의 승리를 나타내는 듯하다. 한 손에 십자가를, 다른 한 손에는 '나는 길이요, 진리요, 생명이다'라고 씌어 있는 책을 들고 있다.

예루살렘으로 들어가게 되었다.

엄격한 율법주의와 선민 사상을 설교하는 바리사이 파에 대해 민족과 계급을 넘어설 뿐만 아니라 가난하고 병든 사람조차 신의 자비로 구원받을 수 있다는 점을 강조한 예수의 가르침은 로마와 유대 지배층의 중압에 시달리던 하층 민중의 마음을 사로잡았다.

그러다 보니 대사제와 바리사이 파, 사두가이 파(부유층) 등이 예수를 미워하게 되었다. 결국 예수는 유대인 지배층에 의해 로마에 반역을 꾀했다는 명목으로 로마 총독에게 고발되어 십자가에 매달려 처형되었다(30년경).

그러나 체포 직전에 제자들에게 남겼다는 유언에 따라 3일 후 부활했다는 믿음이 생겨났으며, 그는 신의 아들로서 인간의 죄를 대신 속죄한 사람, 즉 '주 그리스도'가 되었다. 이렇게 해서 원시 기독교가 성립되었다.

기독교의 로마 정복

예수가 죽은 후 기독교는 베드로 등 그의 열두 제자의 포교에 힘입어 로마 제국 내에 널리 전파되었다. 특히 바울로는 어려움과 박해를 무릅쓰고 소아시아, 마케도니아, 그리스 등을 돌아다니며 전도에 힘썼다. 이러한 전도 활동에 따라 하층민, 여성, 노예 등 억압받는 계층을 중심으로 신자들의 공동체가 곳곳에 생겨났다.

기독교인들은 현세의 이익을 구하는 전통적인 다신교를 부정하고 유일신에 대한 신앙을 고수했다. 게다가 제정 말기에 접어들면서 황제 숭배를 거부했

기 때문에 네로 황제 이후 박해를 받게 되어 순교자들이 많이 생겨났다.

그들은 카타콤베(지하 묘지)에서 남의 눈을 피해 예배를 드렸으며, 수많은 박해 속에서도 신앙을 굳게 지켰다. 그리하여 3세기경에는 로마의 지배층 내부에서도 수많은 신자가 생기게 되었다.

혼란과 분열에 처한 제국을 다시 통일하려던 콘스탄티누스 황제는 기독교도의 지지를 얻는 것이 필요하다고 느껴 기독교를 공인했다(313년). 더 나아가 신학상의 대립을 해소하기 위해 니케아 공의회(종교 회의)를 열었다(325년).

이 회의를 통해 예수 그리스도를 신의 아들로 인정한 아타나시우스 파의 주장이 정통으로 인정되었다. 그리고 예수의 신성(神性)을 부정한 아리우스 파의 주장은 이단으로 결정되었다. 이리하여 삼위일체설이 기독교의 교리로 인정되었으며, 아리우스 파는 제국으로부터 추방되어 이후 게르만 족 사이에 퍼지게 되었다.

한편 교회에서는 성직자와 일반 신도의 구별이 생겨나면서 교회 조직이 확립되었다. 그리고 사도의 지위를 계승했다고 인정

지하 묘지

로마 제국은 처음 기독교에 별다른 관심을 보이지 않다가, 교세가 확대되면서 교인들이 황제 예배를 거부하고 병역을 거부하는 태도를 보이자 박해하기 시작했다. 기독교인들은 감시의 눈길을 피해 예배를 볼 수 있는 비밀 장소를 찾았다. 마침 주택가 밑에 있던 로마의 지하 묘지는 박해받는 기독교인들의 예배 장소로 삼기에 안성맞춤이었다.

되는 사람들이 주교로서 각지의 교회를 통솔했다. 특히 사도 베드로의 후계자라고 간주된 로마 주교는 '교황'으로 불렸으며, 기독교가 공인된 후에는 로마의 행정 조직에 따라 성직자 계층 제도가 정비되었다.

마침내 392년 테오도시우스 황제는 정통 기독교를 로마 제국의 국교로 선포하고 다른 종교를 금지했다. 이리하여 기독교는 로마 제국에 대해 승리를 거두게 되었다.

제2부

유럽의 탄생과
다양한 중세 문명

게 르만 민족의 대이동에서 시작하여 대략 1500년경에 막을 내리는 중세는 어떤 의미에서도 '암흑 시대'는 아니었다. 800년 카롤의 대관으로 오늘날 유럽이라고 하는 지역의 물리적, 정신적 경계가 그어졌다. 그것은 그리스 로마의 고전 문화 요소와 게르만적 요소가 융합된 것이었으며, 그것을 밑받침했던 것이 기독교였다.

중세의 전성기라고 할 수 있는 1050년경부터 1300년경까지 유럽 인들은 상당한 물질적 발전을 이루었으며, 새로운 교육 제도와 사상, 문학과 예술을 창조했고 국민 국가의 기초를 닦았다. 1050년경부터 1500년경까지 중세인들은 심각한 경제 불황과 질병, 그로 인한 사회 혼란이라는 일대 위기를 겪게 된다. 하지만 이것은 근대라는 새로운 문화가 탄생하는 출산의 고통이었을 따름이다.

한편 중세 시기에 로마 제국의 동부 지역에서는 비잔틴과 이슬람이라고 하는 새로운 문명이 등장하여 인류 문명에 깊은 흔적을 남기게 된다. 비록 비잔틴 문명은 1453년에 중단되었지만 서유럽에 대해서는 고대 문명의 가교 역할을, 동유럽에 대해서는 독특한 문화의 뿌리 역할을 하였다. 그리고 이슬람 문명은 별다른 단절 없이 오늘날까지 그 활력을 유지하고 있다.

십자군 원정에 참가한 후 16년 만에 귀환한 보드몽 백작과 그의 아내 앙느의 기념상(프란체스코 수도원에 새겨진 양각). 앙느는 남편이 사망했다는 통고를 받았으나 희망을 가지고 기다렸다.

4. 게르만 민족의 대이동

'검은 숲'으로 뒤덮인 유럽에서 전개된 게르만 민족의 세계

유럽(Europe)이라는 말은 그리스 어의 에레부스(erebus, 어둠)에서 왔다. 즉 그리스 인이 보기에 해가 떨어지는 서쪽을 가리키는 것이다. 또 한편으로는 그리스 신화의 제우스가 사랑했던 페니키아의 여왕 에우로파의 이름에서 비롯되었다. 헤라의 질투를 피하기 위해 소로 변신한 제우스는 그녀를 등에 태우고 지중해를 건너 그리스로 왔다고 한다.

지리적으로는 유라시아 대륙의 우랄 산맥 이서에서 남쪽으로는 카스피 해·흑해·보스포루스 해협을 경계로 하며, 서쪽으로는 대서양에 접해 있는, 남북으로 좁고 동서로는 긴 지역을 가리킨다. 기후가 온난해 삼림과 초지가 많으며 목축을 수반한 곡물 재배(유축 농업)에 적합하다.

고대 지중해 세계 사람들이 보았던 유럽은 해가 떨어진 어둠과 마찬가지로 빽빽하게 들어차서 어두운 숲의 이미지였다. 영

게르만 족의 민회

자유민의 공동체를 이루고 살아가던 게르만 부족들은 부족 전원이 참가하는 민회를 통해 중요한 문제들을 결정했다.

어의 savage(야만적)는 라틴 어의 silvan(숲, 숲에 사는 사람)에서 비롯되었다. 독일 남서부 넓은 산지의 한쪽 면을 슈바르츠발트(검은 숲)라고 부르는 것이 대표적인 예이다.

인도유럽 어족의 게르만 민족은 유틀란트 반도에서 스칸디나비아 반도의 발트 해 연안이 원주지였다. 그러나 남진해 먼저 살고 있던 켈트 인을 압박하고 기원전후에는 라인 강 우안과 도나우 강 유역, 흑해 북안으로 진출해 로마 제국과 경계를 접하게 되었다. 기원전 1세기 중반에는 갈리아 지방(오늘날의 프랑스)에서 라인 강을 건너 쳐들어온 카이사르의 로마 군대에게 패했다. 로마는 이 지역을 게르마니아(오늘날의 독일)라고 불렀다.

카이사르의 「갈리아 전기」와 로마의 역사가 타키투스의 「게르마니아」에 따르면 게르만 인은 크고 작은 수십 개의 부족으로 나뉘어져 있었으며, 각각의 부족을 왕 또는 몇 명의 수장들이 다스렸다. 게르만 사회는 왕(수장) · 귀족 · 자유민 · 부자유민으로 신분이 나뉘어졌고, 왕 · 수장 · 귀족은 다수의 자유민을 종자(從者)로 거느렸다. 이것을 종사제라고 한다.

자유민은 귀족의 종자가 됨으로써 재판과 전쟁 등에 참가할 수 있었으며, 이것은 자유민의 명예로 간주되었다. 그리고 부족

의 중요한 문제는 왕 또는 수장의 주재 하에 자유민 이상의 전원이 참가하는 민회를 통해 결정했다.

게르만 민족이 이동한 까닭?

게르만 민족이 로마 영내로 대대적으로 이동한 것은 중앙아시아의 유목 민족인 훈 족(Huns)이 루마니아와 우크라이나 지방에 있던 고트 족(Goths)을 압박했기 때문이다. 중앙아시아 방면에서 볼가 강 유역의 남러시아로 들어온 훈 족은 이어서 돈 강, 드네프르 강을 건너 서진해 375년 흑해 북쪽에 있던 동고트 족을 종속시키기에 이르렀다. 이에 위협을 느낀 서고트 족이 남하를 시작해 다음해인 376년에 로마 제국 영내로 들어가 보호를 요청했다.

이것을 기회로 다른 게르만 족들도 이동을 시작해 중부 갈리아에는 브루군트 족, 북갈리아에는 프랑크 족, 브리타니아(오늘날의 영국)에는 앵글로 색슨 족, 북아프리카에는 반달 족이 이동해 각각 나라를 세웠다.

또한 서고트 족은 이탈리아 반도를 경유해 이베리아 반도에다 나라를 세웠으며, 동고트 족은 서로마 제국을 멸망시킨 오도아케르 왕국을 정복하고 이탈리아 반도에 나라를 세웠다. 그리고 동고트 왕국이 멸망한 후 이탈리아 반도 북부에는 롬바르드 족이 나라를 세웠다.

훈 족의 왕국은 짧은 기간 동안 존속한 후 붕괴했다(453년

카이사르의 「갈리아 전기(戰記)」 게르마니아 인의 풍습은 갈리아와 전혀 달랐다. 신성한 일을 하는 승려도 없었고, 희생에도 관심이 없었다. 도움받고 있다는 것을 눈으로 보고 알 수 있는 것, 요컨대 태양이나 불, 달만을 신으로 삼았다…… 그들의 생활은 수렵과 무예에 힘쓰는 데 바쳐졌다. 어릴 때부터 노동과 힘든 일을 찾았다. 동정을 지킴으로써 키도 크고 신경이 강해진다고 생각했던 것이다…… 게르마니아 인은 농경에 관심이 없었다. 그들은 주로 우유와 치즈 그리고 고기를 먹었다. 그들 어느 누구도 일정한 토지나 자기 영지 따위는 갖고 있지 않았다. 수장 또는 유력자는 부족이나 함께 사는 가족들에게 해마다 적당한 토지를 나누어주었다. 이는 매년 이동하면서 살았기 때문이다. 여기에는 많은 이유가 있었다. 습관에 젖어 전쟁에 대한 열의를 농경에 쏟지 않도록, 넓은 영지에 대한 욕망을 갖지 않도록, 유력자가 비천한 사람들의 재산을 빼앗는 일이 없도록, 추위와 더위를 극복할 수 있는 집을 짓는 데 신경쓰지 않도록, 당쟁과 불화의 원인인 금전에 대한 욕망이 일어나지 않도록, 그리고 유력자와 평등하게 취급되는 것에 대해 평민 자신이 만족할 수 있도록 하기 위한 것 등이다.

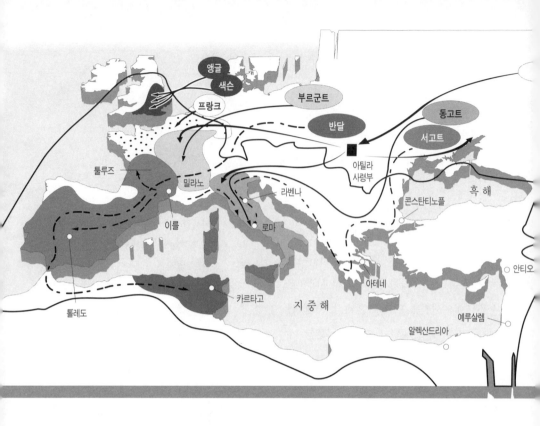

앵글
색슨
프랑크
부르군트
반달
동고트
서고트
아틸라
사령부
툴루즈
밀라노
라벤나
콘스탄티노플
흑 해
아를
로마
이탈
카르타고
지 중 해
아테네
안티오
톨레도
예루살렘
알렉산드리아

게르만 족의 이동

4~5세기에 걸쳐 전개된 게르만 족의 이동은 서로마 제국을 멸망시켰을 뿐만 아니라 그리스, 로마의 고전 고대적 요소와 게르만적 요소가 융합된 새로운 문화, 즉 서유럽 중세 세계를 탄생시켰다.

경). 게르만 인이 이동한 후의 엘베 강 동쪽과 발칸 반도에는 인도유럽 어족의 슬라브 민족이 이동해왔고 점차 주변으로 세력을 넓혀갔다.

앞서 말한 대로 이렇게 게르만 족이 이동하게 된 것은 훈족의 압박이라는 외부적 요인 때문이었다. 하지만 훈 족이 멸망하고 난 뒤에도 옛 땅으로 돌아가지 않고 계속 이동한 것을 보면 좀더 근원적이고 내부적인 요인이 있었을 것이다. 그것은 우선 농경의 발달로 인한 인구 증가에 따라 경지가 부족해졌기 때문이라고 생각할 수 있다. 그리고 부족 전체 성원이 함께 이동한 것은 게르만 사회가 지도자를 중심으로 강한 인적 유대 관계를 맺고 있었기 때문이라고 볼 수 있다.

한편 제정 후기에 로마 사회는 노예제에서 콜로나투스제로 이행하는(즉, 중세 농촌 사회로의 과도기) 등 변화를 겪는데, 이때 게르만 인들이 용병과 콜로누스 등으로 이러한 사회적 변화에 참가했다. 따라서 로마의 사회와 문화는 급속하게 게르만화했다. 양자의 융합에 의해 성립한 로마 게르만적 사회에서 유럽 중세 사회의 기반을 발견할 수 있는데, 이것이 민족 대이동의 역사적 의의라 할 수 있다.

가톨릭을 받아들인 프랑크 왕국

민족 대이동의 결과 게르만 족들의 나라가 각지에 세워졌다. 프랑크 왕국은 그중에서 가장 강력한 왕국이었다.

프랑크 족은 원주지인 라인 강 하류 지역에서 서쪽과 남쪽으로 진출해 갈리아 중심부를 차지하고, 그 주변으로 세력을 확대했다. 프랑크 왕국의 건설자이자 메로빙거 왕조(Mero-vingians)의 창건자인 클로비스(481~511년)는 알라마니 족과의 투쟁에서 승리한 후 가톨릭으로 개종했다. 그리고 아리우스 파인 서고트 족을 에스파냐로 몰아내고 오늘날의 프랑스 지역 대부분을 차지했다.

대부분의 게르만 왕국들이 단명한 데 비해 프랑크 왕국이 새로운 시대의 주역으로 등장한 데에는 여러 가지 이유가 있다. 우선 원주지를 버리지 않고 팽창하는 식으로 이동했기 때문에 뿌리가 튼튼했다. 또한 그들이 이동한 갈리아 지방은 로마 제국의 변경이었기 때문에 로마 문명의 영향을 받으면서도 어느 정도 프랑크의 독자성을 유지할 수 있었다. 그리고 다른 대부분의 게르만 족이 아리우스 파를 받아들였지만 프랑크 족은 가톨릭으로 개종함으로써 로마인이나 교회와 마찰이 적었다.

하지만 클로비스 사후, 왕자들 사이에 영지를 분할하는 프랑크 족의 관습으로 인해 왕국은 분열되고 대립과 음모가 그치지 않았다. 그리하여 7세기말이 되자 왕은 유명무실한 존재가 되었으며, 왕국의 실권은 중신인 궁재(Major domus)의 손에 넘어가게 되었다.

클로비스는 전투에 앞서 아내인 클로틸드가 믿는 가톨릭 신이 그에게 승리를 안겨준다면 가톨릭으로 개종하겠다고 약속한 바 있다. 그 후 전투에서 승리한 클로비스는 가톨릭으로 개종하고 로마 교회와 우호적 관계를 맺어 프랑크 왕국이 지속되는 데 중요한 역할을 하게 된다.

8세기 전반 이슬람 세력이 이베리아 반도를 점령하고 피레네 산맥을 넘어 프랑스로 침입하자 카롤링거 가의 궁재 카를 마르텔은 투르 근처에서 격전을 벌여 이슬람 세력을 몰아냈다. 그 후 카를 마르텔의 아들 피핀(재위 714~768년)은 마침내 허수아비 같은 메로빙거 왕조의 왕을 몰아내고 카롤링거 왕조를 창건했다(751년).

'카를의 대관' 과 서유럽 중세의 탄생

751년 프랑크 왕국의 제후 회의는 카를 마르텔의 아들 피핀(피핀 3세, 단구왕)을 국왕으로 추대해 카롤링거 왕조를 열었으며, 로마 교황의 승인을 받았다. 같은 해 피핀은 이탈리아로 원정을 떠나 로마를 위협하고 있던 롬바르드 족을 격파하고, 이때 얻은 라벤나 지방을 교황에게 기증했다. 이것을 '피핀의 기증' 이라고 하며, 1870년까지 계속된 교황령의 기원이 되었다. 이처럼 프랑크 왕국과 로마 교회의 제휴는 착실하게 진행되었다.

피핀 다음으로 카를 1세(대제, 재위 768~814년)가 왕위에 올랐다. 그는 동쪽으로 진출해 색슨 족을 굴복시켜 가톨릭으로 개종시켰으며, 다시 지금의 뵈멘(보헤미아)과 오스트리아, 헝가리와 유고의 일부 지역까지 정복해 동쪽 경계선을 엘베 강까지 확

장시켰다. 남쪽으로는 피레네 방면의 이슬람 세력을 무찔렀으며, 이탈리아에서는 교황의 근심거리였던 롬바르드 왕국을 멸망시켰다. 이렇게 카를 대제는 서유럽의 주요 부분을 완전히 장악하고 통일시켰다.

카를 대제는 또한 전국을 약 300개의 주로 나누고 각주에 국왕 직속의 장관으로 주백(州伯, Graf)을 임명하여 치안·사법·군사를 관장케 했으며, 순찰사를 파견해 그들을 감독했다. 그러나 비록 순찰사를 파견함으로써 중앙 통제를 실시했지만 지방 분권적인 경향이 상당히 나타났다. 뿐만 아니라 법전을 정비했으며, 산업을 진흥시키기 위해 교역을 장려하고 은을 통화로 사용했다.

한편 카를 대제는 문예 부흥에도 힘을 썼다. 각지에 교회와 수도원을 건설하고 부속 학교를 세워 고전, 라틴어 문법, 논리학 등을 가르치게 했다. 이런 문예 부흥 정책에 따라 수도원에서도 고전 작품의 필사를 비롯한 고전 연구가 활발해졌다. 이런 움직임을 '카롤링거 르네상스'라고 부르기도 한다. 이는 이탈리아의 르네상스에 비할 바는 아니지만 민족 이동 이후 문화가 황폐화된 것과 비교하면 어둠 속에 반짝였던 등불이라 할 수 있다.

800년 크리스마스에 교황 레오 3세는 카를에게 로마 황제의 제관을 얹어주었다. 이로써 476년 이래 황제가 없었던 서유럽에 황제가 출현하고 '서로마 제국'이 부흥했다. 이것이 '카를의 대관'이다. 이 소식을 듣고 경악한 비잔틴 황제는 격렬하게 항의했으나 후일 이를 인정할 수밖에 없었다.

하지만 카를의 제국이 곧 고대 로마 제국의 부활은 아니었다. 제정 말기의 로마 제국은 이미 고대 로마의 성격을 상실했으며, 바야흐로 시대는 로마적 요소와 게르만적 요소가 융합되고 동화되는 시대로 들어서고 있었다. 카를의 제국은 이러한 기반 위에서 성립한 것이다. 다시 말해 카를의 제국은 교황과 황제에

카를 대제

카를 대제라고 추측되는 9세기경의 기마상. 야심 많고 정력적이었던 이 위대한 정치가는 유럽 일대를 지배하고, 더 나아가 교황으로부터 서로마 황제의 제관을 받았다. 이로 인해 기독교를 매개로 하는 로마, 게르만적인 중세 사회가 성립하게 되었다.

의해 대표되는 제국이었다.

카를의 제국 성립으로 민족 대이동 이후 혼란스럽던 유럽이 안정되었으며, 동로마 제국과는 다른 새로운 정치 세력이 정립하게 되었다. 또한 문화 면에서도 그리스 로마의 고전 문화 요소와 가톨릭적 요소에 게르만적 요소가 새로 융합된 하나의 문화권이 성립한 것이며, 종교적으로는 로마 교회가 동로마 황제에 대한 예속에서 벗어나 독자적인 지위를 얻게 된 것이다. 이로써 서유럽 중세 세계가 탄생했다.

5. 서유럽 봉건 사회의 발전

프랑크 왕국의 분열

카를 대제가 건설한 제국은 언어와 관습을 달리하는 여러 부족으로 구성되어 있었으며 지방 분권적인 경향이 강했다. 따라서 강력한 지배자였던 카를 대제 이후 왕국이 분열하게 된 것은 거의 필연적인 일이었다.

카를 대제의 계승자인 루이 경건왕(Louis the Pious, 814~840년)이 죽은 후 프랑크 왕국은 베르덩 조약(843년)과 메르센 조약(870년)으로 인해 이탈리아, 동프랑크, 서프랑크로 분열되었다. 이것이 오늘날의 이탈리아, 독일, 프랑스의 기초가 되었다.

이탈리아에서는 9세기 후반 일찍이 카롤링거 왕조가 단절되고 제후와 도시 공화국, 교황이 분립하는 양상을 보였다. 여기에 동로마, 노르만 인, 이슬람 세력 등의 침입으로 말미암아 이탈리아는 19세기 후반까지 통일을 이루지 못했다.

동프랑크에서는 10세기초부터 카롤링거 왕조가 단절된 후

윌리엄의 지휘 하에 배를 타고 해협을
건너는 노르만의 전사들. 이들은 앵글
로 색슨계 왕국을 멸망시키고 영국에
노르망디 왕조를 열었다.

유력 제후들의 선거로 국왕을 선출하는 선거왕제가 마련되었다. 작센(삭소니아) 제후 출신으로 국왕이 된 오토 1세(재위 936~973년)는 동쪽에서 침입한 아시아계의 마자르 인을 격퇴하고 세 차례에 걸쳐 이탈리아로 출병해 교황을 지원함으로써 962년에 교황으로부터 제관을 받았다. 이로써 동프랑크는 '제국'이 되었으며, 13세기 중반까지 '독일 국민의 신성 로마 제국'이라고 불렸다.

신성 로마 제국의 황제는 현실적으로는 독일 국왕으로서 독일의 명목상의 통일 군주에 지나지 않았다. 그러나 이념상으로는 세계 국가인 로마 제국을 계승한 것으로 간주되었다. 그리하여 역대 황제들은 옛 로마의 본거지인 이탈리아를 중시하면서 내정에는 별로 신경을 쓰지 않았다. 그러다 보니 제후들의 분립을 방치하는 결과를 가져왔고, 이는 독일의 통일을 가로막는 결과를 낳았다.

서프랑크에서도 10세기말 카롤링거 왕조가 단절되고 선거왕제가 마련되어 파리백 위그 카페(재위 987~996년)가 왕으로 선출되었다. 이후 카페 가의 세습이 계속되었지만 왕령도 매우 작았고 왕권도 미약했다. 초기 카페 왕조의 프랑스는 통일된 국가라기보다는 대제후들의 느슨한 연합체였다.

노르만 인이 세운 나라들

노르만 인은 북유럽에 원주지를 둔 북방 게르만 인을 가리킨다. 항해에 능해 바다를 통한 상업 활동을 널리 전개했으며, 8세기말부터 각지로 진출해 정착하기도 했다. 진출의 주된 원인은 아마도 토지 부

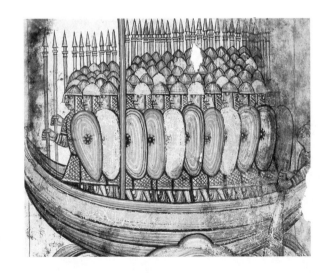

헤이스팅스 전투
노르만 인 기병과 색슨 인 보병 사이
의 전투를 보여주는 이 그림은 기병의
유리함이 잘 나타나 있다. 색슨 인 보
병들은 승마군이 주축이었는데 반해
윌리엄의 군대는 수적으로는 적었지만
정예부대였다. 하루 종일 전투가 지속
된 끝에 색슨의 해럴드가 전사하고 그
의 부대는 항복하고 말았다.

족 때문이었을 것이다.

스스로를 바이킹이라고 부르는 이들이 각지로 진출해 세운
나라들은 노르망디 공국(북프랑스 10세기 초 이후), 시칠리아 왕
국(12세기 전반 이후), 노브고로트 공국(러시아 9세기), 키예프 공
국(러시아 9세기 이후), 영국 등이 있다. 그리고 북유럽의 노르웨
이, 스웨덴, 덴마크 등도 노르만 인들이 세운 나라이다. 더 나아
가 그들의 일부는 아이슬란드에서 그린란드를 경유해 북아메리
카까지 진출하기도 했다.

영국에서는 5세기 중반에 게르만의 앵글로 색슨 족이 침입
해 켈트 족을 제압하고 7세기초부터 7왕국을 건설했다. 9세기경
부터 노르만 인(영국에서는 데인이라고 불렸다)이 침입했는데, 9세
기말 앨프레드 대왕이 이를 격퇴했다. 하지만 1016년부터 데인
인의 왕 크누트의 지배를 받았다.

이후 크누트의 후계자 에드워드 고해왕이 죽은 후 격렬한
내분이 일어났다. 이에 고해왕과 혈연 관계에 있던 노르망디 공
윌리엄이 왕위를 요구하고 나섰다. 1066년 영국에 상륙한 윌리
엄은 헤이스팅스 전투에서 웨섹스백 해럴드를 격파하면서 앵글

로 색슨계 왕국을 멸망시키고 영국에서 노르망디 왕조를 열었다. 이것을 노르만의 영국 정복이라고 부르며, 왕위에 오른 윌리엄 1세를 정복왕이라고 부른다.

노르만의 영국 정복으로 나타난 가장 커다란 변화는 봉건적인 관행을 도입한 것이었다. 윌리엄 왕은 귀족들에게 토지를 수여하고 왕에게 충성을 맹세하게 하는 봉건제도를 만들었다. 하지만 무력에 의한 정복을 통해 수립된 왕권이었기 때문에 다른 나라의 경우와는 달리 봉건제도 하에서도 비교적 왕권이 강했다.

바랑고이 족(Varangians, 스웨덴의 노르만 인)은 동쪽으로 슬라브 족의 땅에 진출했다. 노르만 인은 그곳에 노브고로트 공국을 세워(862년) 슬라브 인을 지배했으며, 그중 일부는 드네프르 강을 따라 남하해 키예프 공국을 건설했다(882년).

노르만 인의 활동과 10세기 아시아에서 유럽으로 침입한 마자르 인의 활동은 유럽에 커다란 위협이 되었기 때문에 이전까지 고립되어 있던 각 지역이 연대하는 계기가 되었다. 또 이러한 혼란 속에서 사람들은 먼 곳에 있는 황제나 국왕에게 충성하기보다는 무력을 보유한 각 지역의 유력자(영주)에게 의존하게 되었다. 영주들 가운데 힘이 약한 경우에는 토지를 매개로 한 계약을 통해 주종 관계를 맺어 침략에 대비했다. 이렇게 노르만 인의 활동은 사회의 봉건화를 촉진한 외적인 자극제였다.

하지만 노르만 인의 활동을 침략 행위로만 볼 수는 없다. 상업민으로서의 그들의 활동은 11~12세기에 걸쳐 '상업의 부활'을 가져온 계기가 되기도 했다.

중세 유럽의 봉건 사회

봉건 사회란 장원제를 기초로 주종 관계에 의한 계층 조직, 즉 봉건제도(feudalism)를 가진 사회를 말한다. 지역마다 다르지만 대략 민족 대이동이 시작된 4세기 후반부터 8~9세기경에 걸쳐 성립되었으며, 11~13세기에 절정에 이르렀다.

민족 대이동과 이어지는 노르만 인, 이슬람 교도, 마자르 인 등 외적의 침입으로 인해 상업과 교통이 쇠퇴해 유럽 사회는 자급자족적인 농촌 경제로 이행했다. 한편 주민들은 외적의 침입에 대비하기 위해 자기 지역의 유력자에게 토지를 맡기고 보호를 요청했다. 그 결과 유력자들은 토지 집중을 토대로 군사력으로서 다수의 기사를 거느리고 각지에 성을 쌓아 근방의 주민을 지배했다.

봉건제도의 핵심은 주종제도였다. 봉건적 주종 관계는 봉신이 될 사람이 주군이 될 사람에게 봉신으로서의 서약과 충성의 맹세를 하고, 주군은 봉신에게 봉토를 수여함으로써 성립했다. 이러한 주종 관계는 황제, 국왕으로부터 맨 밑의 기사까지 중첩되어 맺어졌다. 주군이 된 사람의 의무는 봉신과 그의 봉토를 보호하는 것이고, 봉신의 가장 중요한 의무는 군사적 봉사였다. 그밖에 봉신은 주군에게 경제적인 지원을 해야 하는 의무를 졌다.

여기서 주목할 것은 봉건 관계가 본래는 개인적 계약 관계이면서 쌍무적 관계이기 때문에 신분상의 상하 관계에도 불구하고 서로 계약을 준수할 의무를 가지고 있으며, 따라서 누구라도 계약을 위반할 때는 계약이 해지될 수 있었다는 점이다. 이렇게 봉토를 매개로 한 주종 관계는 개인적 계약이어서 당대에 해당하는 것이었다. 그러나 10세기에 이르러서는 주종 관계가 점차 세습화되었고, 장자 상속제에 의해 장자에게 계승되었다.

이러한 관계는 로마 말기의 은대지 제도와 게르만 사회의 오래된 관습인 종사 제도가 결합된 것이다. 은대지 제도란 로마 말기에 치안이 악화되면서 토지 소유자가 유력자에게 자신의 토지를 헌상하고 그의 보호를 받으면서 그의 토지를 다시 은대지로서 수여받고 지대를 지불하는 제도였다.

충성 서약

봉신이 주군 앞에서 무릎을 꿇고 충성을 서약하는 장면. 봉신은 주군의 두 손 사이에 자기의 두 손을 놓고 주군으로부터 키스를 받는다. 중세 봉건 사회는 이렇게 맺어지는 주종 관계가 바탕이 되었다.

한편 게르만의 종사 제도는 귀족이나 자유민의 자제가 자유 의사에 따라 유력자의 종사가 되어 충성을 맹세하고 그의 보호 아래 들어가는 것이었다.

또한 왕·황제로부터 제후·기사에 이르기까지 각층의 영토 소유자 모두 '영주'였다. 그리고 교황령·사제령·수도원령이라는 형태로 영토를 가진 각층의 성직자들도 '영주'였으며, 이러한 성직자들의 영주를 성직자후라고 불렀다.

봉건 사회를 떠받친 장원제

영주 개개인이 가진 영지를 장원(Manor)이라고 불렀는데, 그것은 농민이 딸린 토지였다. 장원의 경지는 영주 직할지와 농민 보유지로 나뉘어졌고, 그밖에 농민이 공동으로 이용하는 목초지와 삼림 등이 있었다.

장원의 농민은 대다수가 인신의 자유가 없는 예속적인 농노였다. 그들은 영주에게 부역(영주 직영지에서의 무상 노동. 노동 지대라고 한다)과 공납(생산물 지대)을 지불할 의무가 있었다.

농노들은 거주 이전의 자유가 없고 영주 재판권 하에 있었으며, 결혼과 사망시에는 별도의 세금을 내야 했다. 그리고 영주

가 관리하는 제분소와 제빵소를 의무적으로 이용하고 이용세를 납부해야 했다. 또한 영적인 지도자인 교회에 대해서는 10분의 1세를 내야 했다. 이러한 농노들은 대부분 로마 제국 말기의 콜로누스이거나 게르만의 자유민 중 혼란이 계속되면서 토지를 상실하거나 유력자에게 기탁하고 예속된 사람들이었다.

한편 영주는 영내의 재판과 과세에 대해서는 국왕의 손이 미치지 못하는 '불수불입권(不輸不入權)'을 가지고 있었다. 그리고 영지가 각지에 분산되어 있는 경우에는 대리인을 파견해 다스렸다.

당시에는 경지를 춘경지·추경지·휴경지로 3분해 해마다 돌아가면서 지었는데, 3년 주기로 순환하기 때문에 이를 삼포제라고 부른다. 또 무거운 쟁기를 소가 끌면서 경작하는 우경이 이루어졌다. 따라서 농민이 보유하는 경작지는 폭이 좁고 긴 땅으로 세분되었다.

곡물을 재던 그릇
프랑스 교회에 보존되어 있는 이 그릇은 농민이 곡물로 지불하던 10분의 1세를 재던 것이다. 용의 머리를 한 다리가 달려 있다. 몸통은 3단으로 된 띠 장식이 있는데, 위는 춤추는 농민, 가운데는 매 사냥, 아래는 꽃무늬이다.

중세의 정신적 지도자 가톨릭 교회

봉건 사회의 확립과 함께 로마 가톨릭 교회는 서유럽 전체의 정신적 지도자로서의 권위를 누리게 되었으며, 국왕 등으로부터 토지와 재산을 기부받아 대토지 소유자가 되었다. 또한 로마 교황을 정점으로 하여 대사제(주교), 사제, 수도원장, 수도사 등 성직자의 계층 제도가 이때 생겨났다. 하지만 이러한 계층 제도는 성직자들의 부패, 타락 등과 함께 성직 매매라는 폐해도 만들어 냈다.

그러던 중 교회의 세속화와 성직자의 타락에 대한 개혁 운동이 클뤼니 수도원을 중심으로 일어났다. 910년에 세워진 클뤼니 수도원은 금욕적인 수도 생활을 했던 성 베네딕트(480~543년)가 주장한 계율로의 복귀를 기치로 개혁을 시도했다. 이러한

카노사의 굴욕

교황 그레고리우스 7세에게 파문당하고 독일 제후들로부터도 버림받은 신성 로마 제국의 황제 하인리히 4세는 추운 겨울에 맨발로 교황에게 용서를 빌 수밖에 없었다. 가까스로 사면을 받은 그는 독일로 돌아온 후 그레고리우스 7세의 폐위를 추진하고 클레멘스 3세를 교황으로 선출함으로써 그레고리우스 7세와 대립했다.

개혁 운동을 전개한 클뤼니 교단의 수도원 수는 날로 증가해 서유럽 전역에 걸쳐 수백 개를 넘어섰다.

클뤼니 수도원장 출신의 힐데브란트가 그레고리우스 7세(재위 1073~1085년)로 교황에 선출되자 교회 개혁은 무게를 더하게 되었다. 그레고리우스 7세는 성직 매매와 성직자의 결혼을 금지했으며, 더 나아가 세속 군주에 의한 성직자의 임명도 금지했다(그레고리우스의 개혁).

그레고리우스 7세의 개혁으로 인해 많은 성직자들이 결혼과 매관 등의 이유로 파문당했다. 그런데 그 중에는 독일 황제의 고문관으로 일하던 사제도 포함되어 있어, 특히 교회를 통치 수단의 하나로 이용하던 황제와의 충돌이 일어났다. 이것을 성직자 서임권 투쟁이라고 부른다.

그레고리우스 7세는 이 문제를 가지고 대립하던 황제 하인리히 4세를 파문했다가 나중에 용서한 '카노사의 굴욕'(1077년) 사건 등을 통해 교황의 절대 권위를 과시하는 데 성공했다.

이후 서임권 문제는 우여곡절 끝에 교회의 자율성을 대폭 인정한 보름스 협약(1122년)으로 일단락되었다. 이렇게 서임권 투쟁에서의 승리와 십자군 제창 등을 통해 교황권은 13세기초 교황 인노켄티우스 3세(재위 1198~1216년)에 이르러 절정에 달했다.

6. 비잔틴 제국 : 중세의 로마 제국

천 년 동안 지속된 동로마 제국

민족 대이동의 격동 속에서 서로마 제국은 몰락했지만 동로마 제국은 그 후에도 1000년 동안 이어졌다. 그 동로마 제국을 수도 콘스탄티노플의 옛 이름인 비잔티움(기원전 7세기에 그리스 식민 도시로 건설되었다)을 따서 비잔틴 제국이라고 부른다.

비잔틴 제국은 정치적인 면에서 후기 로마 제국의 황제 정치(오리엔트적 전제 군주)와 중앙집권적인 행정 기구를 계승했다. 종교적인 면에서는 로마 가톨릭과는 달리 스스로 정통 그리스도교라고 생각한 그리스 정교를 국교로 삼았다(그리스 정교가 로마 교회와 가장 다른 점은 황제가 고위 성직자 임명권, 종교 회의 소집권 등을 가지고 있어서 황제의 통제를 받는 황제 교황주의에 따라 운영된다는 점이었다). 그리고 그리스 어를 공용어로 하는 등 고전 그리스의 문화적 전통을 유지하려고 했다. 이러한 세 가지 요소가 융합된 동로마 제국은 1453년 멸망할 때까지 약 천 년 동안이나 '중세의 로마 제국'으로서 독자적인 역사를 구축했다.

비잔틴 제국의 역사는 크게 세 시기로 나눌 수 있다.

로마의 영광을 위하여(4~8세기 초반)

비잔틴 제국은 게르만의 침공을 거의 받지 않았으며, 동쪽으로 국경을 접한 사산 왕조 페르시아의 공격에 대해서도 튼튼한 재정적·군사적 뒷받침이 있었기 때문에 별다른 영향을 받지 않았다. 특히 유스티니아누스 1세(대제, 재위 527~565년) 시대는 제국의 전성기였다. 그는 북아프리카의 반달 왕국을 공략하고, 시칠리아를 거쳐 이탈리아의 동고트 족을 굴복시킴으로써 서로마 제국의 옛 영토 가운데 많은 부분을 회복했다.

국내적으로는 법치주의를 실현하고자 「로마 법 대전」(일명 유스티니아누스 법전)을 편찬했다. 또 중국으로부터 누에를 수입해 양잠과 견직물업을 일으키는 등 산업 진흥에도 힘썼다. 종교적으로는 콘스탄티노플의 수좌 대주교의 임명권을 비롯해 종교 회의의 소집과 회의 내용 결정권도 황제가 갖는 등 황제 교황주의를 확립했으며, 수도에 성 소피아 성당을 건립하기도 했다.

그러나 유스티니아누스 대제 사후 국가 재정이 악화되면서 북이탈리아는 롬바르드 족에게 빼앗기고, 7세기 무렵에는 아라비아 반도에서 흥기한 이슬람 제국의 아랍인에게 시리아, 메소포타미아, 이집트, 아르메니아 등지를 빼앗겼다.

거듭되는 외부로부터의 위협에 대처하기 위해 7세기 이래 비잔틴 제국은 소아시아와 발칸 반도의 속주를 군관구로 나누어 군관구 사령관을 파견했다. 그리고 자유 농민에게 군역에 종사하는 대가로 일정한 토지를 수여했는데, 그의 자식이 계속 군역에 종사한다는 조건 하에 토지를 상속할 수 있게 했다. 이리하여 비잔틴 사회는 초기의 대토지 소유제와 예농 대

신 소토지 소유 농민, 그리고 이러한 농민으로 구성된 자유 촌락
이 우세한 사회로 변하게 되었다.

동쪽에 한정된 로마 제국(8세기 초반~11세기)

8세기에는 군관구가 세분되어 30구로 증가했다. 군관구의
사령관은 군사만이 아니라 지방 행정도 관장했기 때문에 그 권
한이 매우 컸다. 한편 서방 교회와의 대립도 날로 커져 1054년
'교회의 동서 분리'가 이루어졌다. 그리고 이 사이 '카를의 대
관'(800년)이 있었기 때문에 옛 로마 제국의 재통일이라는 비잔
틴 황제의 오랜 꿈은 깨지고 말았다.

9세기 후반에 유능한 마케도니아 왕조가 들어서면서 10세기
까지 동로마 제국은 다시 한번 전성기를 맞이하게 된다. 새로 힘
을 가다듬은 비잔틴은 10세기 후반 크레타를 회복하고 잇따라
안티오크와 시리아를 손에 넣어 동지중해의 패권을 누리게 되었
다. 하지만 중앙집권화의 이면에는 군사령관, 고급 관료, 교회
세력 등 유력자들의 토지 겸병이 진전되어 다시 대토지 소유 경
향이 고개를 들었다.

콘스탄티노플의 함락

1454년 5월 28일 오스만 투르크 군의 총공격을 받은 콘스탄티노플이 마침내 함락되었다. 이로써 1000년 동안 명맥을 유지해 오던 로마 제국의 후계자가 동쪽에서 사라지게 되었다.

11세기에 접어들자 교회가 동서로 분열해 비잔틴 제국에서는 동방 정교회(그리스 정교회)가 확립된다. 한편 중앙 정치에서는 황제권이 약화되면서 동시에 문관 귀족과 군인 문벌 귀족의 당쟁이 격화되었다.

로마 제국 후계자의 멸망(11세기 말~1453년)

1057년에 성립한 콤네노스 왕조에서는 황제령과 국유지의 일부를 유력자(귀족 세력)에게 위탁 관리하는 형태로 하사하고 그 대신 군사적 봉사를 받는 '프로노이아 제'가 행해졌다.

이후 노르만 인과 셀주크 투르크의 진출은 제국에 커다란 위협이 되었다. 투르크가 진출해오자 로마는 서유럽 기독교도에게 지원을 요청해 십자군 원정이 일어나게 되었으며, 일시적으로 투르크 세력을 억제하는 데 성공했다.

하지만 제4차 십자군 원정(1202~1204년) 때는 십자군들이 오히려 제국의 수도를 점령하고 라틴 제국을 건설했기 때문에

소아시아의 니케아로 수도를 옮겨갈 수밖에 없었다. 1261년 라틴 제국이 멸망한 후 수도를 다시 콘스탄티노플로 옮겨왔지만 14세기 이후 각지에서 내란이 빈발해 비잔틴 제국은 멸망의 길로 들어서게 되었다.

비잔틴 제국에 위협이 되었던 셀주크 투르크는 12세기말에 쇠퇴했다. 그 대신 13세기말 소아시아에서 오스만 투르크가 발흥했다. 오스만은 서쪽으로 진출해 발칸 반도에 침입한 다음 아드리아노플을 점령하고 수도로 삼았다. 이곳은 콘스탄티노플에서 북서쪽으로 200km밖에 되지 않는 곳에 있었다.

비잔틴의 황제는 또다시 서유럽 기독교도의 도움을 청했지만 구원의 손길은 어디에서도

오지 않았다. 그리하여 비잔틴 제국은 고립무원의 상태에서 1454년 5월 수도 콘스탄티노플이 오스만 투르크 군대에게 점령 당함으로써 역사에 종지부를 찍게 되었다.

역사 속의 비잔틴 제국

비잔틴 제국이 남긴 가장 커다란 공적은 동유럽과 러시아의 문화 형성에 공헌했다는 점이다. 슬라브 민족 등이 할거하던 동유럽과 러시아에서 로마 가톨릭과 그리스 정교회는 포교 전쟁을 펼쳤다. 중유럽(오늘날의 폴란드·체코·슬로바키아·헝가리)에서는 서방 교회가, 불가리아·세르비아·키예프 러시아, 루마니아에서는 동방 교회가 각각 승리했다.

러시아를 제외한 이들 지역은 16세기 이래 오스만 투르크 제국의 지배 하에 들어갔지만, 각각의 민족들이 동방 교회의 신앙과 자민족의 언어, 문화를 보존했기 때문에 19세기 후반부터 금세기에 이르기까지 투르크로부터 해방된 이후 서유럽과는 다른 독자적인 세계를 구축할 수 있었다.

한편 러시아는 13세기 후반부터 시작된 몽고의 지배를 15세기 후반에 이르러 벗어난 후 독자적인 발전을 이루어 강대국으로 발돋움하게 되었다. 그리스, 발칸, 동유럽, 러시아에는 오늘날에도 비잔틴 제국의 유산이 이어지고 있어서 유럽의 다양성을 보여준다 하겠다.

다음으로 비잔틴 제국은 아라비아 반도에서 7세기에 발흥한 이슬람 세력과 맞닿아 있었기 때문에 동방적 요소를 많이 흡수했다. 이 때문에 서유럽 사회가 동방 세계의 직접적 압력에서 어느 정도 벗어날 수 있도록 '서유럽의 방파제' 노릇을 했다고 할 수 있다. 더 나아가 비잔틴 제국에서는 그리스 고전 연구가 진행되었던 이슬람 세계와의 접촉을 통해, 혹은 독자적인 연구를 통해 그리스 고전을 보존했으며, 12~13세기에는 서유럽에 그것을 전하는 등 르네상스 운동의 전개에 일조했다.

7. 이슬람 세계의 형성

아라비아 반도에서 일어난 이슬람교

아라비아 반도의 내륙은 사막 지방이다. 계절풍의 영향을 받는 남단의 예멘 지방과 내륙의 오아시스에서는 관개 농업이 이루어졌으며, 그밖의 지역에서는 유목이 이루어졌다. 이곳에 사는 사람들은 셈 계의 아라비아 인이었다.

반도 남쪽의 아라비아 해가 이전부터 동서 교역로 구실을 했기 때문에 연안 지방이 발달했다. 그런데 6세기 후반 동로마 제국과 사산 왕조의 전쟁이 오래 계속되자 '실크 로드'가 양측 국경에서 단절되었을 뿐만 아니라 동로마 제국이 보호하는 홍해 항로와 사산 왕조가 관리하는 페르시아 만 항로의 안정성이 상실되었다. 그 때문에 아라비아 해를 거치는 바닷길로의 동서 교역이 중단되고 대신 홍해 연안의 내륙 도시가 부상했다.

메카는 국제 중계 무역을 독점함으로써 번영을 누리던 도시였다. 이 메카에서 570년 마호메트가 태어났다. 어려서 양친을 잃고 고아가 된 그는 조부와 숙부의 손에서 자랐다. 성인이 된 마호메트는 부유한 미망인 하디자의 대상에 들어가 일을 하게 되었다. 그 후 하디자와 결혼한 마호메트는 부유한 생활을 하게 되었다. 하지만 그는 사치에 빠지지 않고 메카 근교의 산중에서 명상을 즐겼으며, 40세 때 알라 신의 예언자가 되라는 계시를 받았다.

한편 마호메트는 대상을 따라 이리저리 다녔던 시리아 지방에서 기독교와 유대교 등을 접한 탓에 당시 아라비아 인의 다신교와 우상 숭배를 배격하고 '유일신에 대한 절대 복종'(이슬람의 의미)을 설교했다. 또 종족, 계급, 빈부의 차이 등과 관계 없이 알라신 앞에서는 모두 평등하다고 주장했기 때문에 그의 가르침은 종교 혁명의 성격뿐만 아니라 사회 혁명, 정치 혁명의 성격도 띠었다.

이슬람교의 교리의 기본은 여섯 가지 믿음(알라신, 천사, 경전「코란」, 예언자 마호메트, 내세, 천명)과 다섯 가지 실천(신앙 고백, 예배, 단식, 희사, 순례)이다. 이것을 행하는 신도가 모슬렘(신에게 몸을 바친다는 뜻)이다. 그리고 「코란」(읽는다라는 뜻)은 마호메트를 통한 알라신의 계시를 모은 경전으로서 7세기 중반에 완성되었다.

이슬람의 아라비아 반도 통일

마호메트의 가르침은 기존의 전통적인 신앙과는 대립되는 것이었기 때문에 특권을 누리던 메카의 상업 귀족들로부터 박해를 받았다. 그리하여 마호메트는 622년 몇 명의 신도만을 데리고 메디나(예언자의 도시라는 뜻)로

메카의 모습

이슬람교의 성지인 메카의 전경이다. 이슬람교도는 생전에 한 번은 메카를 방문해야 한다. 가운데 보이는 건물이 성 모스크이다. 그리고 중심에 카바 신전이 자리잡고 있다.

이주했다. 이것을 헤지라(성천[聖遷])라고 하며, 이슬람교에서는 이 해를 이슬람력(태음력의 일종)의 원년으로 삼는다.

이것을 계기로 예언자(마호메트) 스스로 정치가이자 지배자, 군사령관이 되어 국가 기구와 법률을 마련했으며, 적대자와의 투쟁을 통해 반도의 각지에서 포교 활동을 했다.

630년에는 메카를 다시 점령하고, 우상 숭배의 중심이었던 카바를 이슬람교의 신전으로 만들었다. 당시 종교와 정치의 중심이었던 메카를 점령한 마호메트는 더 나아가 아라비아 반도 대부분을 복속시켰다. 이로써 정교 일치의 종교 국가가 성립했다.

정통 칼리프 시대

632년 마호메트가 죽은 후 교단 사람들은 예언자가 가장 아꼈던 장로 아브 바크르를 칼리프(caliph, 예언자의 대리인)로 선출했다. 그 후 메디나를 수도로 4대의 칼리프가 계속되었는데, 이것을 정통 칼리프 시대라고 부른다(632~661년).

정통 칼리프 시대에는 주로 생활권의 확대를 위해 각지에 대한 정복 활동이 전개되었다. 그들은 이것을 지하드(성전)라고 불렀다. 정복 활동은 놀라운 성과를 거두었다. 7세기 중엽까지 시리아·사산 왕조 페르시아·이집트를 정복했으며, 더 동쪽으로는 중앙아시아와 인더스 강 유역까지 석권했다. 그리고 서쪽으로는 카르타고를 점령했으며 8세기초에는 에스파냐를 차지했다. 정복 전쟁을 통해 얻은 전리품은 일부를 유보한 후 아랍 인 모슬렘 사이에서 평등하게 분배했으며, 정복지의 토지 소유를 금하는 등 유목민의 전사 공동체로서의 성격을 유지해 나갔다.

이교도에 대해서는 개종을 권했으며, 개종하는 경우에는 모슬렘으로 대우해 종교세(10분의 1세)를 부과했다. 기독교도, 유대교도 등은 다른 이교도와 구별해 인두세를 납부케 하고 그들의 신앙을 인정했다. 그러나 정통 칼리프 시대 이후에는 이교도에까지 인두세가 확대되었다. 그리하여 아랍 민족의 정복 활동에 대해 '코란인가, 공납인가, 검인가' 라는 말이 남게 되었다. 유럽인은 이러한 아랍 인을 사라센(사막의 아들)이라고 불렀다.

아랍인의 정복 활동

강력한 신앙으로 무장한 아랍인들은 짧은 시간에 광대한 영토를 획득했다. 낙타를 타고 창과 칼로 무장한 아랍 기병대가 정복 활동의 선두에 섰다.

우마이야 왕조의 번성기

정통 칼리프 제4대 알리(마호메트의 사위)가 내란 중 그의 지도력에 불만을 품은 세력에 의해 암살되자 당시 시리아 총독이었던 우마이야가 칼리프에 취임하고 수도를 다마스쿠스로 옮겼다. 그는 시리아 총독으로서 20년, 칼리프로서 20년을 살았는데, 별다른 실패나 좌절 없이 이슬람을 대제국으로 이끌었다. 80세에 죽은 그는 자신의 아들을 칼리프로 지명함으로써 칼리프 세습제가 마련되었다.

이러한 우마이야 왕조에 반대해 알리와 그의 직계 자손만이 칼리프이며 이슬람교의 지도자라고 주장하는 사람들이 나타났다. 그들을 '알리의 시아(당파)' 라는 말에서 간략하게 시아 파라고 부른다. 반면에 역사적 현실로서 대대로 내려오는 칼리프를 인정하는 사람들이 정통파인데, 이들을 수니(예언자의 언행이라는 뜻)라고 부른다. 현재 이슬람 세계

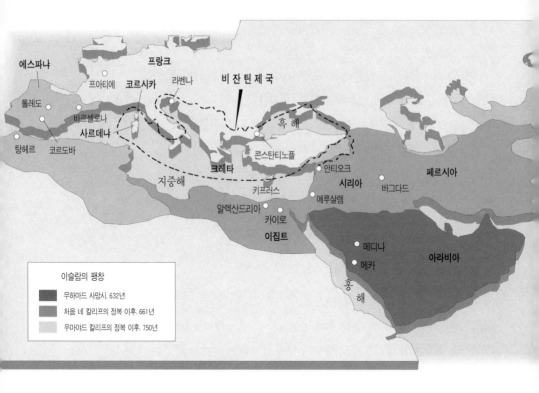

이슬람의 팽창

무하마드 사망시. 632년

처음 네 칼리프의 정복 이후. 661년

우마야드 칼리프의 정복 이후. 750년

이슬람의 팽창

정교 일치 국가이자 군사 공동체였던 이슬람 세계는 강력한 신앙을 바탕으로 짧은 시간에 광대한 영토를 획득했다. 그리고 이로 말미암아 이슬람 세계는 지중해를 사이에 두고 기독교 유럽과 대립하는 독자적인 문명을 건설할 수 있었다.

의 총인구는 약 7억인데 그 중 90% 이상이 수니 파이다.

우마이야 왕조는 8세기초 동쪽으로는 소그디아나 지방과 인더스 강 유역의 인도, 서쪽으로는 북아프리카를 정복했다. 또한 지브롤터 해협을 건너 이베리아 반도에 침입해 711년 서고트 왕국을 멸망시켰으며, 피레네 산맥을 넘어가기도 했다. 하지만 투르 근교의 전투에서 프랑크 왕국의 카를 마르텔에게 패해 다시 피레네 산맥 남쪽으로 후퇴했다.

우마이야 왕조에서는 아랍 인이 제국의 지배자 집단이 되어 정복지에서 군인, 관료 등으로 일했으며 아라비아 어를 공용어로 사용하는 등 특권을 누렸다. 또한 국가 재정의 근본이 되는 지조와 인두세도 정복지의 원주민에게만 부과되었다.

아바스 왕조

영토가 확대됨에 따라 이민족 중에서도 이슬람교도의 수가 날로 증가했다. 그들은 우마이야 왕조의 쇠퇴를 틈타 정치적 평등권을 요구하고 반란을 일으키기도 했다. 8세기 중엽 마호메트 형제의 후손인 아불 아바스는 이러한 반란 세력과 손을 잡은 뒤 새로이 아바스 왕조를 열고 수도를 바그다드로 옮겼다.

아바스 왕조에서는 아랍 인의 특권이 점차 폐지되어 갔으며 모든 모슬렘의 평등이 추진되었다. 하지만 여전히 정통 교의는 수니 파였기 때문에 아바스 왕조 창설에 협력했던 시아 파는 후일 다시 탄압받게 된다.

아바스 왕조의 성립과 더불어 페르시아적 성격이 우세해져 칼리프의 신격화가 진행되는 한편 관료제가 정비되어 중앙집권적 성격이 강해졌다. 또한 상공업의 발달로 동서 무역이 번성해 이슬람 상인은 지중해·유럽 연안·동아프리카·인도·중국·동남아시아로 진출했으며, 이에 따라 이슬람교 또한 전세계로 퍼지게 되었다.

제5대 칼리프인 하룬 알 라시드(재위 785~809년)는 산업과 무역을 진흥시켰을 뿐만 아니라 학자와 문인들을 모아 과학과 예술 활동을 장려했다. 그는 「아라비안 나이트」의 여러 이야기 가운데 가장 많이 등장하는 주인공이기도 하다.

카이로

파티마 왕조의 제4대 칼리프 알 무이즈는 그때까지 이집트의 중심 도시인 후스타트 북동쪽에 새로운 도시를 건설하고 알 카히라(승리자)라고 이름붙였다. 이것이 카이로의 시작이다.

아바스 왕조 이후의 이슬람

10세기에 이르러 아바스 왕조가 쇠퇴하면서 권력의 지방 분산 현상이 두드러지게 나타났다. 그 이유는 아바스 왕조의 경제적 기반인 티그리스 강과 유프라테스 강 유역의 농업 생산력이 급격히 고갈되었기 때문이다. 또한 아바스 왕조 군대의 다수가 투르크 인이라 충성심이 그리 높지 않았다.

945년 시아 파의 한 부족이 바그다드를 장악하자 아바스 제국은 분열되고 말았다. 그 후 1258년 바그다드가 몽고에 의해 함락됨으로써 칼리프 왕국이 완전히 멸망할 때까지 아바스 왕조는 아무런 실권이 없는 명목상의 존재에 지나지 않게 되었다.

945년부터 16세기까지 이슬람은 대부분이 투르크 지배자들이었던 군소 지배자들의 지방 할거로 점철되었다. 하지만 지방 분권이 곧 쇠퇴는 아니었다. 특히 900년에서 1250년경까지는 번영기의 절정이었는데, 이 시기에 이슬람의 지배권이 터키와 인도에까지 확대되었다. 그 후 새로운 이슬람 제국들이 발전했는데, 서방에서 패권을 잡은 것이 오스만 투르크였다. 오스만 투르크는 15세기부터 1918년까지 동유럽의 여러 지역과 근동 지방을 지배했다.

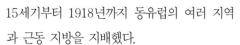

세계사 속의 이슬람 문명

이슬람교도는 세계 각지로 진출했는데, 그들이 진출한 오리엔트·그리스·페르시아·인도 등은 고대 선진 문명이 꽃피었던 곳이다. 이슬람 문명의 특색은 이런 선진 문명을 이슬람교와 아라비아 어를 축으로 융합한 것이다. 그리고 중세 유럽이 게르만의 대이동 이래 망각한 그리스 로마의 서양 고전 문명을 이슬람 세계가 보존하다가 역으로 중세 유럽에 전하기도 했다.

9세기초 이래 그리스 어 문헌이 아라비아 어로 번역되어 학문이 획기적으로 발전하는 계기가 되었다. 의학·기하학·천문학·광학·지리학 등은 그리스의 수준을 넘어섰으며, 수학에서도 인도에서 받아들인 0이라는 관념과 십진법을 도입해 큰 발전이 있었다. 오늘날 전세계가 쓰고 있는 숫자가 아라비아 숫자이다. 그밖에 철학 분야에서 아리스토텔레스의 저작 연구가 활발했는데, 이는 나중에 중세 유럽의 스콜라 철학에 영향을 미쳤다.

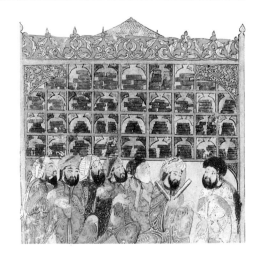

이슬람의 도서관
상당한 과학 지식을 쌓아 올렸던 이슬람 세계는 그 지식을 기록하여 책으로 남겼다. 이 그림은 주제별로 책이 분류되어 있는 도서관 내부의 모습이다.

　　동양과 서양의 인적·물적 교류에서 이슬람이 한 역할은 매우 컸다. 이슬람 상인은 세계 각지로 진출하거나 진출한 지역에 머물러 이슬람화했다. 북아프리카 출신의 이븐 할둔(1332～1406년)은 아프리카, 유럽, 아시아를 여행하면서 세계사적 관점에서 사회와 문화를 연구했다. 그의 연구는 「삼대륙 주유기」로 남아 있다.

　　중국에서 2세기초에 발명된 제지법은 아바스 왕조와 당나라 군이 중앙아시아에서 싸울 때 포로가 된 당나라 군 병사에 의해 아라비아 세계에 전해졌고, 이어서 이베리아 반도와 시칠리아 섬을 통해 유럽에까지 전파되었다. 마찬가지로 중국의 발명품인 화약, 나침반 등도 이슬람 사회를 통해 유럽에 전해졌다. 그리고 인도의 발명품인 사탕과 목면은 서아시아를 경유해 십자군 병사에 의해 유럽에 전해졌다.

　　한편 admiral(제독), alcohol(알콜), algebra(대수학), alchemy(연금술), zenith(천정), nadir(천저) 등은 아라비아 어에서 기원해 전세계로 퍼진 것으로서, 이슬람 문명의 국제성과 실용성을 잘 보여주는 예라 하겠다.

8. 십자군 운동 : 하느님이 원하신다

십자군 운동은 왜 일어났는가?

십자군 운동이란 기독교도가 이교도인 이슬람교도에 대해 성지 회복을 위해 벌인 '성전'을 말한다. 역사적으로는 11세기 말부터 13세기 후반까지 있었던 서아시아 원정을 가리킨다.

10세기에서 11세기에 걸쳐 유럽 사회는 민족 이동기 이후 수세기 동안의 혼란기를 지나 전반적인 안정기에 들어섰다. 기후도 냉한기에서 온난기로 접어들어 각지에서 개간 사업이 활발하게 진행되었다. 이에 따라 농업 생산력이 발전하고 인구가 증가해 사회 전체에 활력이 넘쳐 흘렀고 이는 다시 국왕, 제후, 기사 등의 모험심과 정복욕을 자극했다.

특히 봉건 체제 하에서 확립된 장자 상속제로 인해 기사의 차남과 삼남 등은 토지를 얻을 수 없었기 때문에 토지를 체제 외부에서 구하고자 했다. 그리고 국왕과 영주는 영지 확대를 통해 지위와 권력의 증대를 꾀했다.

한편 상공업의 발전 속에서 도시의 상공업자(시민)는 상업권을 확대하기 위해 이슬람 상인과 동방 무역의 주도권을 둘러싸고 겨루고 있었다.

이와 같은 요인들을 종합해 볼 때 십자군 운동은 성숙해진 유럽 봉건 사회에서 대외적으로 팽창하려는 열기가 높아진 가운데 이루어진 것이라 할 수 있다.

그리고 당시 사람들 사이에는 종교심이 높아져 신앙을 위해 자신을 희생하고, 그럼으로써 영원한 삶을 얻겠다는 생각도 널리 퍼져 있었다. 더구나 이때는 교황권이 고양된 시기였다. 서임권 문제를 둘러싸고 벌어지고 있던 왕권과 황제권과의 투쟁에서 교황은 사태를 유리하게 이끌기 위해 세속 권력의 관심을 밖으로 돌리려는 의도도 가지고 있었다.

대외적 요인으로, 이슬람교도인 셀주크 투르크가 서아시아로 진출해 그곳을 순례하는 기독교도를 박해하는 일이 있었다. 하지만 직접적인 계기는 셀주크 투르크의 공세로 인해 소아시아에서 시리아까지 빼앗긴 비잔틴 제국 알렉시우스 1세가 서유럽의 기독교인에게 구원을 청한 것이다. 비잔틴 제국의 요청에 대해 교황 우르바누스 2세는 이를 계기로 동방 교회에 대한 서방 교회의 우위를 확보하고 나아가 자기 주도 하에 동서 교회의 통일을 이루려는 생각으로 십자군 운동을 제창하게 된 것이다.

십자군 운동 전기 : 제1회 십자군~제3회 십자군

1095년 비잔틴 황제의 구원 요청을 받은 교황 우르바누스 2세는 프랑스 남부의 클레르몽으로 공의회를 소집했다. 교황은 그 자리에서 이슬람의 승리는 기독교 세계의 불명예이므로 유럽의 귀족들은 상호간의 투쟁을 종식시키고 성지 회복을 위해 힘을 합해 나서야 한다고 설교했다. 더 나아가 교황은 이슬람에 대한 싸움은 성전이며, 전쟁에서 전사하는 자는 모두 천국에서 보상받을 것이라고 열변을 토했다. 그러자 참석자들 모두 "하느님이 이

십자군의 안티오크 점령

하느님의 부름을 받고 성지를 탈환하기 위해 진군한 십자군은 예루살렘 입성에 앞서 안티오크를 먼저 점령했다. 1280년경에 그려진 이 그림은 가장 성공적이었던 제1차 십자군의 모습을 그리고 있다.

를 원하신다"며 열렬히 호응했다.

첫번째 십자군이 출발한 것은 1096년 초가을이었다. 프랑스의 툴루즈 백작, 플랑드르 백작, 로렌느 공 등을 지도자로 한 수만의 십자군은 가슴에 붉은 십자가를 새기고 육로를 통해 비잔틴 제국의 수도로 들어갔다. 콘스탄티노플을 떠난 이들은 소아시아의 니케아를 함락시키고(1097년 5월), 안티오크로 진격했다. 도중에 플랑드르 백작은 본대에서 떨어져 나와 에데사를 공략해서 에데사 백령을 창건했다.

다음해 안티오크를 점령한 십자군 본대는 제노바 함대의 지원을 받으면서 1099년 7월 예루살렘을 점령했다. 예루살렘 공격은 말 그대로 피비린내 나는 학살을 수반했다고 한다. 십자군은 그곳에 예루살렘 왕국을 수립한 뒤 대부분 귀국했다.

제1회 십자군 원정으로 타격을 받은 이슬람측이 북부 시리아를 회복하고 1144년 에데사 백령을 정복하자 제2회 십자군이 조직되었다. 하지만 프랑스 왕 루이 7세와 독일의 콘라트 3세가 이끄는 십자군 부대는 별다른 성과를 거두지 못했다.

12세기 후반 이슬람측에서는 유능한 장군 살라딘이 이집트와 시리아의 지배자가 되어 크게 위세를 떨쳤다. 살라딘은 전병

력을 동원해 예루살렘 왕국을 공격해 함락시켰다(1187년). 이때 살라딘은 약탈과 학살을 금지시켜 기독교도조차 그의 기사도 정신을 찬양했다고 한다.

예루살렘 함락에 충격을 받은 유럽은 영국의 리처드 1세, 프랑스의 필리프 존엄왕, 독일의 프리드리히 1세를 지도자로 하는 제3회 십자군을 조직했다. 그러나 영국과 프랑스의 갈등으로 양국의 십자군 출발이 늦어지자 독일 황제가 먼저 출발했으나 소아시아의 하천에서 익사하고 말았다. 그리하여 군대 일부는 계속 시리아로 행군했지만 대부분의 기사는 귀국하고 말았다.

1190년 여름 리처드 1세와 필리프가 함께 출정했다. 하지만 두 왕의 대립은 행군 내내 계속되어 리처드는 각지를 전전하다가 결국 살라딘과 협상해 순례자들의 자유로운 예루살렘 출입을 보장받고 귀국하고 말았다.

예루살렘을 공격하는 십자군
예루살렘에 입성한 십자군 병사들은 피비린내 나는 학살을 자행했다. 그 모습을 목격한 어느 프랑스 성직자는 이렇게 말했다. "예루살렘의 큰 거리나 광장에는 사람의 머리와 팔다리가 산더미처럼 쌓여 있었다……. 신전이나 벽은 물론 기사의 말고삐까지 피로 물들었다."

십자군 운동 후기 : 제4회 십자군~제7회 십자군

가장 강력한 교황권을 이룩했던 인노켄티우스 3세는 이슬람교도의 본거지가 된 이집트 공략을 위해 제4회 십자군을 제창했다. 하지만 유럽의 국왕들은 그의 호소에 아무도 호응하지 않아 북프랑스의 기사들 중심으로 원정군이 구성되었다. 그들은 육로 대신 해로를 택해 베네치아 상인들에게 수송과 물자 공급을 의뢰했다. 하지만 상인들이 요구한 대가가 너무 커 십자군으로서는 그것을 지불할 능력이 없었다. 그러자 베네치아 상인들은 대신

콘스탄티노플을 포위한 십자군
제1차 십자군 이외에는 성지 탈환이라는 소기의 목적을 달성하지 못했을 뿐만 아니라 각지에서 약탈을 일삼을 정도로 타락했다. 베네치아 상인들의 사주로 콘스탄티노플을 점령한 제4차 십자군에 이르러 정도는 극에 달했다.

얼마 전 헝가리 왕이 점령한 아드리아 해의 츠라라(Zara) 시를 회복시켜 줄 것을 요구했다. 그리하여 십자군은 성지로 향하기 전에 츠라라 시를 점령하고 약탈을 자행했다. 이에 격노한 교황은 십자군을 파문했다.

더 나아가 베네치아 상인들은 십자군에게 자신들의 경쟁자인 콘스탄티노플을 공략할 것을 요구했다. 마침 비잔틴 제국에서는 제위를 둘러싼 내분과 음모가 일어나고 있었던 터라 십자군에 대항할 수 없었다. 또다시 약탈과 만행 속에 콘스탄티노플을 점령한 십자군은 라틴 제국을 세웠으며(1204년), 비잔틴 제국은 수도를 니케아로 옮겨갔다. 십자군을 파문했던 교황은 이것을 보고 마음을 바꿔 라틴 제국의 수립을 동서 교회의 통일을 위한 계기로 축복했다고 한다. 이렇게 십자군은 자신의 목표를 점차 잃어버리고 있었다.

이집트 공략을 목표로 했던 제5회 십자군 운동은 한때 나일 강변의 요새 다미에타를 점령했으나(1219년) 곧 퇴각하고 말았다. 독일 황제 프리드리히 2세가 지휘한 제6회 십자군은 이슬람 측과 협상을 통해 예루살렘을 회복했다(1229년). 그러나 이번에도 이집트의 태수에게 다시 점령당하고 말았다(1244년).

일곱 번째 십자군은 프랑스의 성왕 루이 9세에 의해 이루어졌다. 그는 이집트를 목표로 삼았지만 별다른 성과를 거두지 못했으며, 이후 튀니스에 상륙했다가 전염병으로 병사하고 말았다(1270년). 그의 원정은 결국 최후의 십자군이라는 이름으로 끝나고 말았다.

최후의 십자군 성왕 루이가 병사한 지 21년이 지난 1291년 시리아의 지중해 연안에 있던 십자군 최후의 거점인 아크레가 함락됨으로써 기독교도는 서아시아에서 완전히 철수할 수밖에 없었다.

십자군의 실패와 유럽 사회의 변화

전반적으로 볼 때 실패로 끝난 십자군은 서유럽 사회에 커다란 흔적을 남기게 되었다. 그 흔적은 바로 봉건제도의 변질과 유럽 확대의 단초를 마련한 것이다.

먼저 교황권의 쇠퇴와 교회에 대한 불신이 커진 점을 들 수 있다. 교황이 제창하여 일어났던 십자군이 실패했으므로 이후 교황의 권위가 크게 실추한 것은 어찌 보면 매우 당연한 일이었다. 더 나아가 십자군과 일부 상인의 유착 등 교회와 성직자의 세속화가 분명하게 드러났기 때문에 민중의 불신을 샀다.

십자군의 실패는 교황권의 실추뿐 아니라 봉건 사회의 지배 세력이었던 제후와 기사의 몰락도 초래했다. 십자군의 중심이었던 그들은 오랜 기간의 종군으로 인해 피폐해졌다. 또한 전사자도 많았기 때문에 가계가 단절되고 경제적으로도 곤궁해졌다.

이렇게 교회, 제후, 기사 등 봉건 세력이 쇠퇴한 반면 왕권은 상대적으로 강해졌다. 덧붙여 상공업자는 강력한 왕이 다스리는 통일 국가의 출현을 기대했으며, 세력이 약해진 제후와 기사들도 왕권에 의존하게 되었다.

한편 십자군 원정에 의해 서유럽 사람들은 더 넓은 세계의 존재를 새로이 인식하게 되었으며, 대부대가 이동한 덕에 무역로가 발달하고 동서 무역도 확대되었다. 이러한 원격지 무역의 발달은 유럽 내부의 상업 활동을 자극하게 되고, 화폐 경제가 침투해 봉건제도가 붕괴하는 계기가 되었다. 그리고 상업의 발달로 주요 교통 중심지에 경제 도시가 생겨났다.

9. 중세 도시의 발달

'상업의 발자국' 위에서 탄생한 중세 도시

11세기부터 유럽에서는 농업 기술상의 혁신이 이루어져 생산력이 크게 향상했다. 그리고 그에 따른 촌락 공동체가 발전해 이것을 배경으로 화폐에 의한 교환 경제가 활발해졌다. 특히 십자군 원정 이후에 동방 무역과 원격지 무역이 확대되어 각지에 도시가 발달하게 된다. 이처럼 중세 도시는 어느 역사가의 말처럼 '상업의 발자국' 위에서 생겨났다.

중세 도시는 12~13세기경부터 상공업자가 모여들면서 만들어졌는데, 성벽으로 둘러싸여 있어서 주위의 농촌 지역과 구별되었다. 중세 도시는 주로 유럽 북서부와 북부 이탈리아에서 발달했으며, 이 중세 도시의 주민을 '시민'(부르주아, 성벽[Burg] 속에 사는 사람[Burger]에서 비롯된 말)이라고 불렀다. 그들은 독자적인 정치 조직을 가지고 있었으며, 주변의 봉건 영주로부터 해방된 자유 신분을 누렸다.

두 개의 상권

당시 유럽에는 지중해 상업권과 북유럽 상업권이 양대 산맥을 이루고 있었다. 먼저 지중해 상업권에는 베네치아, 제노바 등 해항 도시와 밀라노, 피렌체 등 내륙 도시가 있었다. 베네치아는 아랍인의 지중해 장악 이후에도 콘스탄티노플 등과 교역을 계속하면서 번성했는데, 주로 향신료와 남인도산 은을 취급했다. 반면 제노바는 사르데냐와 코르시카로부터 아랍 세력을 몰아내고 서부 지중해를 무대로 활동했다. 한편 밀라노와 피렌체 등 내륙 도시에서는 수공업이 발전했으며, 이탈리아와 알프스 이북을 연결하는 내륙 무역의 중심지 역할을 했다.

북유럽 상업권의 중심은 플랑드르 지방이었다. 10세기 중엽 이후 노르만 족의 활동이 쇠퇴한 다음 발트 해와 북해 연안의 강, 브뤼주, 안트워프 등 플랑드르 도시들이 북해 무역을 바탕으로 번성하게 되었다. 이곳은 로마 시대부터 모직물 생산으로 유명했으며, 12세기 중엽에는 북유럽 전역에 모직물이 퍼졌다.

플랑드르의 경제적 번영은 이후 북부 독일 연안의 도시들과 영국으로 번져갔다. 뤼베크, 함부르크, 브레멘 등의 독일 도시와 영국의 수도 런던 등은 주로 해산물, 목재, 모피, 모직물을 거래하면서 발전하게 되었다.

이렇게 유럽의 남부와 북부에서 각각 발전한 상업 경제가 점차 내륙으로 전파되면서 유럽 전역에 경제적 발전의 활기가 감돌았다. 그리하여 독일의 아우구스부르크, 뉘른베르크, 쾰른, 프랑스의 리옹, 파리, 루앙, 마르세유 등이 교역의 연

성벽에 둘러싸인 중세 도시

남프랑스의 카르카손에 남아 있는 중세 도시이다. 중세 도시의 대부분은 강이나 해변의 성채 등 방어 시설을 갖춘 곳 가까이에 뿌리를 내렸다. 성채 바깥에 머문 상인들은 시장과 집을 만든 다음 그 주위에 새로운 성벽을 쌓았다. 그래서 이들에게는 '성벽 속에 사는 사람'이라는 뜻의 '부르주아'라는 특별한 명칭이 붙여지게 되었다.

결 지점으로 발전에 동참하게 되었다. 또한 프랑스 동북부의 샹파뉴 지방은 특히 교통이 편리했기 때문에 정기 시장이 열려 번성했다.

자유가 숨쉬는 자치 도시

경제적으로 발전한 도시들은 봉건 영주가 보기에 수입을 올리기 좋은 과세 대상이었다. 하지만 상공업에 종사하는 사람들은 봉건적 지배로부터의 해방, 즉 자유와 자치권을 원했다. 12세기 경부터 자치권을 둘러싸고 영주와 투쟁을 벌인 결과 도시민들은 상급 군주로부터 직접 특허장을 획득해 자치를 보장받게 되었다. 독일에서는 이것을 '제국 도시'라고 불렀으며, "도시의 공기는 자유를 만든다"라는 말까지 나왔다. 이렇게 신분의 자유는 도시가 갖는 지역적 특권으로서, 도시에서 1년 1일을 거주하면 이전의 신분과 관계없이 누구든지 자유민이 될 수 있었다.

이렇게 자치권을 획득한 도시들은 그 다음 공통의 이익을 위해 동맹을 결성했다. 북이탈리아의 롬바르디아 동맹과 발트 해, 북해 연안의 한자 동맹이 특히 유명하다. 한자 동맹은 13세기 중반에 북부 독일의 함부르크와 뤼베크 사이에 맺어진 공수 동

맹이며, 여기서 '한자(Hansa)'는 '군집, 동맹'이란 의미를 가지고 있다. 한자 동맹은 점차 발전해 14세기 후반에 이르러 100개가 넘는 가맹 도시를 자랑하게 되었으며, 런던 등에 재외 공관을 두었다. 또한 공통의 화폐와 도량형 등을 정했으며 육군과 해군을 두고 발트 해와 북해의 해상권을 장악하면서 북유럽 일대의 무역을 독점했다.

한편 중세 도시의 상인과 수공업자들은 공동의 이익과 안전을 도모하기 위해 상인 길드(merchant guild)를 조직해 활동했다. 그러나 시정 장악뿐만 아니라 상인 길드까지 좌지우지하던 대상인에게 불만을 품은 수공업자들은 직종별 동업 조합(craft guild)를 구성해 상인 조합에서 떨어져 나왔다. 그리고 그들은 시정에 참여하기 위해 대상인들과 싸웠다.

길드란 동업 조합을 말하는 것으로서 '한 사람의 시민은 한 가지 직업에 종사하며, 한 가지 직업은 한 가지 상품을 만든다'는 취지에 따른 것이다. 길드는 내부적으로는 자기 조합의 이익을 도모하고 외부적으로는 다른 조합의 이익을 침해하지 않는 것이었다. 이에 따라 석공, 공증인, 환전상, 의사 더 나아가 거지와 창부까지 길드를 결성했다.

이탈리아 중세 도시의 상점
십자군 전쟁은 성지 예루살렘을 회복시켜 주지는 못했다. 하지만 유럽이 지중해를 다시 장악하고 그럼으로써 이탈리아 도시들이 지중해 무역의 패권을 잡을 수 있도록 해주었다.

중세 도시는 '상업의 발자국 위에서' 번성했는데, 그것을 떠받치던 것이 길드(동업 조합)였다. 길드에는 독립된 작업장과 가게를 가진 장인(master) 만이 가입할 수 있었는데, 도제로부터 출발해 직인을 거쳐 장인이 되기까지는 10년 이상의 시간이 걸렸다.

길드의 멤버는 장인(master)이라고 불렸으며, 직인과 도제를 거느렸다. 도제는 3~7년 동안 일종의 수련공으로서 장인과 침식을 같이 하면서 일을 배웠다. 그리고 직인이 되면 장인으로부터 급료를 받으며 본격적으로 기술을 연마하고, 또 각지를 다니면서 수련을 쌓았다. 그 후 자신의 기술을 증명하는 작품(이것을 master piece라고 하는데, 이후 뛰어난 작품을 말하는 '걸작'이란 뜻으로 변했다)을 조합에 제출하여 인정을 받으면 비로소 장인이 되었다. 하지만 길드의 멤버 수가 제한되었기 때문에 장인이 되는 길은 매우 어려웠다.

각 길드는 조합원의 상호부조, 공평한 경쟁, 공정한 가격, 우수한 상품 생산 등을 공통의 윤리로 삼았다. 이것은 본래 조합원 상호의 이익을 위한 것이었지만 장인·직인·도제 사이에 인격적 예속 관계가 생겨나고, 앞서 말한 규정들이 길드의 폐쇄성을 강화하는 쪽으로 나아가자 도시 내부에는 새로운 부자유가 생겨났다.

대부호 : 메디치 가와 푸거 가

상공업의 발달에 따라 상층 시민들이 부유해지자 그 중에는

대부호도 출현하게 되었다. 지중
해 상업권에서 활약한 피렌체의
메디치 가와 알프스 이북의 내륙
무역과 은광산을 지배한 아우크
스부르크의 푸거 가가 그 대표적
인 예이다.

메디치 가는 처음에 상인 제
조업자로 출발했다. 즉 원모를 수
입해 방적공에게 공급하고, 다시
그 실을 직포공에 넘겨 제조된
직물을 매입해 세계 시장에 내다

팔았던 것이다. 이러한 체계를 선대제라고 한다. 이렇게 해서 돈
을 번 메디치 가는 1390년 메디치 은행을 설립하고 유럽 각지에
지점을 두어 유럽 최대의 은행으로 성장시켰다.

코시모(1389~1464년) 때에는 시정의 실권을 장악했고, 그
의 손자 로렌초(1449~1492년)에 이르러서는 참주(독재 군주)의
지위에까지 올랐다. 1569년에는 토스카나 대공위를 계승했으며,
그밖에 가문에서 두 사람의 교황을 배출하는 등 어느 왕족 못지
않는 권세를 누렸다.

푸거 가는 남독일의 아우크스부르크에서 견직물·은광업·
무역 등으로 재산을 모았는데, 야콥 2세(1459~1525년) 때 최고
전성기를 누렸다. 황제와 교황을 필두로 해 각지의 군주에게 돈
을 빌려주었으며 종교 개혁 시대에는 배후에서 정치를 조종할
정도로 지배력을 누렸다. 하지만 가족이 회사를 좌지우지하면서
매점매석과 독점을 통해 커다란 이윤을 남겼기 때문에 사람들의
반감을 샀다.

하지만 메디치 가든 푸거 가든 근대 자본주의 경제의 주인
공이 되지는 못했다. 왜냐하면 그 두 가문은 상인 자본가 혹은
은행 자본가(실상은 고리대금업자)의 틀에 머물면서 생산 과정이

**플랑드르 지방의 항구에서 배에 상
품을 싣고 있는 장면**
플랑드르 지방은 지중해 상권과 함께
유럽의 양대 상권을 이루었다. 당시 상
품을 수송할 때는 배를 이용하는 것이
가장 싸고 가장 빨랐다. 대상(隊商)은
하루 50km밖에 움직일 수 없었지만
상선은 160km나 이동할 수 있었기 때
문이다.

아니라 유통 과정에서 중점적으로 이윤을 얻었기 때문이다. 이러한 특권적인 대상인은 이후 산업 자본의 발전에 저해 요인이 되었기 때문에 전기적 자본이라고도 부른다.

하지만 화폐 경제의 발달은 장원 경제를 붕괴시켰고, 결국 봉건제도 자체를 뒤흔들었다. 또한 시민 세력의 증대로 인해 르네상스 등 근대화 운동이 탄생하게 되었다. 이상이 중세 도시의 역사적 의의이다.

제3부

근대로의 가교

중 세 말기에 유럽 인들이 맞이한 심각한 경제 불황과 무시무시한 질병은 한 시대의 종말을 가리키는 징표였다. 하지만 새로운 사회로 나아가고자 하는 도전이 없었다면 근대는 불가능했을 것이다. 그 도전이란 르네상스, 종교 개혁, 해외 팽창이다.

1350년경 이탈리아에서는 르네상스라고 불리는 새로운 문화 운동이 등장했다. 르네상스 인들은 중세의 종교적 사고에 도전하면서 인간을 세계의 중심에 놓으려고 했다. 이러한 르네상스의 이상은 1500년경에 이르러 이탈리아를 완전히 지배하게 되었으며, 그 후 알프스 너머로까지 퍼져나갔다.

15세기와 16세기에 걸쳐 유럽 인들은 '지리상의 발견'이라고 하는 대항해 시대를 개척했다. 세계사의 판도 자체를 바꾸게 될 유럽의 팽창은 근대 자본주의 세계 체제를 낳았다. 하지만 이 과정에서 수많은 비유럽 문명이 멸망했고, 그들은 유럽 자본주의에 종속되는 처지에 빠지게 되었다.

한편 종교 개혁은 유럽을 지탱하던 종교적 통일성을 붕괴시켰다. 이는 정신적 위기만이 아니라 정치적, 경제적 갈등을 수반하는 것이기 때문에 유럽은 심각한 지경에 이르렀다. 하지만 이러한 위기를 극복한 유럽은 새로운 활력을 얻게 되었는데, 그 배경에는 절대주의 국가가 버티고 있었다.

루터 성서에 실려 있는 판화 124장 가운데 하나로서, 신이 막 완성된 지상을 내려다 보고 있다. 루터가 번역한 바이블은 성서 이해를 쉽게 했을 뿐만 아니라 현대 독일어의 발전에도 커다란 공헌을 했다.

10. 확대되는 왕권과
    봉건 사회의 동요

십자군 전쟁이 초래한 가장 중요한 정치적 변화는 교황권의 쇠퇴와 왕권의 강화였다. 교황의 제창에 의해 이루어진 십자군 운동이 추악한 사건들 속에서 실패로 끝났기 때문에 교황과 교회에 대한 신뢰가 거의 땅에 떨어졌던 것이다.

한 예로, 13세기말 교황 보니파키우스 8세(재위 1294~1303년)는 프랑스 왕 필리프 4세와의 분쟁에 휘말리게 되었다. 이 분쟁의 원인은 필리프 4세가 프랑스의 주교 한 사람을 반역죄로 재판에 회부한 것이었지만, 실은 국왕과 교황의 힘겨루기였다. 하지만 이번에는 카노사의 굴욕과는 반대 양상이 벌어졌다. 거의 아무도 교황의 말에 귀를 기울이지 않았을 뿐만 아니라 필리프 4세는 교황을 체포해 재판에 회부하기까지 했다(아나니 사건, 1303년). 결국 풀려나긴 했지만 심신이 쇠잔해진 늙은 교황은 몇 달 후 사망하고 말았다.

이어 필리프 4세는 보르도의 대주교가 교황 클레멘스 5세

아비뇽의 교황청

중세 사회의 붕괴는 교황권의 쇠퇴에
서도 나타났다. 서서히 성장하는 왕권
은 교황이 가진 두 개의 칼(영적인 칼
과 세속적인 칼) 중에서 최소한 하나
는 빼앗기를 원했다. 아나니 사건에 이
어 벌어진 교황의 아비뇽 유수는 교황
권이 더이상 유럽 사회를 지배하고 있
지 않음을 극적으로 보여주었다. 이 일
로 인해 로마 교회는 역사상 가장 심
각한 위기를 겪게 되었다.

(재위 1305 ~ 1314년)로 선출되자 교황청을 프랑스의 아비뇽으로 옮기고 교황권에 대해 간섭했다. 이것을 고대 유대인의 바빌론 유수에 비유해 ‘교황의 바빌론 유수’(1309 ~ 1376년)라고 한다. 이와 같이 필리프 4세는 교황권에 치명적인 타격을 가했으며, 더 나아가 사원 기사단을 해산하고 그들이 프랑스 영내에 가지고 있던 광대한 영지를 몰수했다.

1377년 교황 그레고리우스 11세는 여론의 압력에 의해 로마로 귀환했다. 그러나 일년 후 그가 사망했을 때 사태는 더욱 복잡해졌다. 이탈리아 인들의 압력을 받은 추기경단은 이탈리아 인을 교황으로 선출했는데, 그가 우르바누스 6세였다. 우르바누스 6세는 곧 프랑스 인이 대다수를 차지하고 있던 추기경들과 대립하게 되었다.

그러자 프랑스 추기경들은 회합을 갖고 추기경단 가운데 한 사람을 교황으로 내세웠다. 그가 클레멘스 7세이며, 교황청을 다시 마련하기에 이르렀다. 이로써 교황청은 로마와 아비뇽으로 갈라졌으며 ‘교회의 대분열’(1378 ~ 1417년)이 일어나게 되었다. 이것은 교황의 권위를 결정적으로 실추시키는 사건이었다.

종교 개혁의 맹아

이단이란 같은 기독교이면서 로마 교회의 정통주의와는 다른 가르침을 따르는 것을 말한다. 교황권의 쇠퇴와 함께 중세 유럽에서 이단 운동도 성행했는데, 이는 이후 종교 개혁의 맹아가 되었다.

남프랑스에서 시작된 카타리 (Cathari) 파와 왈도 파(Waldenses)의 운동은 초기 교회의 단순한 복음 전도를 계승해 성직자의 부와 세속화를 격렬하게 비난했다. 그들은 성서를 근거로 해 교회의 제도와 조직을 공격했다. 이때 교회의 세속화와 부패에 대한 혁신 운동을 주창하는 사람들이 등장했는데, 영국의 위클리프와 뵈멘의 후스가 그들이다.

옥스퍼드 대학의 신학 교수였던 위클리프(1320년경~1384년)는 교회의 부와 사치를 공격했을 뿐만 아니라, 더 나아가 기독교도의 생활 방식은 교회의 가르침에 있는 것이 아니라 성경에 근거해야 한다고 주장했다. 그는 또 영국이 교황으로부터 정치적·종교적으로 독립할 것을 주장했다. 로마 교회는 그의 주장을 이단시했지만 그의 가르침에 공명하는 롤라즈 파에 의해 계승되어 광범위하게 퍼졌다.

후스는 프라하 대학의 교수로서, 위클리프의 주장에 공감해 고위 성직자의 부와 세속성을 공격하면서 신앙 생활의 핵심은 성경이라고 주장했다. 그는 1412년 교황 요한 23세가 면죄부 판매를 허용한 것에 반대하다 대학과 교회로부터 추방당했다. 이후 그는 이단으로 몰려 화형당하고 말았다(1415년). 후스가 화형당한 후 뵈멘에서는 후스 파에 의한 반황제 전쟁이 벌어졌다 (1419~1436년).

형장으로 끌려가는 후스
사제이자 프라하 대학의 교수였던 후스는 영국의 위클리프의 사상을 전파하면서 교회의 개혁을 주장했다. 이후 파문된 후스는 콘스탄츠 공의회에 소환되어 유죄 선고를 받고 1415년 7월 화형당했다.

교회의 단결을 이룬 콘스탄츠 공의회

신성 로마 제국의 황제이자 헝가리의 왕 지기스문트는 교회의 대분열과 이단의 등장이라는 심각한 사태를 해결하고자 콘스탄츠 공의회(1414~1418년)를 소집했다. 이번 공의회는 참가자가 약 5만이 넘는 대집회였다.

회의는 기존 교황과의 대립으로 어려움을 겪었지만 1415년 봄 신앙 문제에 대한 공의회의 정당성과 권위를 규정하고 교황도 이에 복종해야 한다는 결정을 내렸다. 이에 따라 교회의 대분열을 해소코자 세 사람의 교황을 차례로 퇴위시키고 새로이 마르티누스 5세(재위 1417~1431년)를 교황으로 선출하고 교황청을 로마로 합치는 데 성공했다.

이단 문제에 대한 논의 끝에 후스를 화형에 처했다. 그리고 후스에게 영향을 준 위클리프 설을 이단으로 규정하고, 위클리프의 유해를 파내 그의 저서와 함께 템즈 강에 던져버리는 결정을 내렸다.

왕국의 중앙집권화

이베리아 반도에서는 8세기초까지 아랍인 이슬람교도가 지배하고 있었지만 한편으로는 기독교도에 의한 '국토 회복 운동'(reconquista, 재정복)이 진행되었다. 특히 1031년에 후 우마이야(後 Umayyad) 왕조가 멸망한 후 반도 북부에 자리잡고 있던 기독교 국가들이 일제히 반격을 개시했다. 그리하여 카스티야는 톨레도를 점령하고(1085년), 아라곤은 사라고사를 정복하고(1118년) 바르셀로나를 합병하는(1137년) 등 차례로 이슬람 세력을 몰아내었다.

1469년 카스티야의 왕녀 이사벨과 아라곤의 왕자 페르난도가 결혼하여 각각 계승한 왕국을 통합해 에스파냐 왕국이 탄생했다. 에스파냐는 1492년 이슬람 최후의 거점인 그라나다를 점령해 국토 회복 운동을 종결지었다.

이렇게 탄생한 에스파냐에서는 가톨릭이 국교로 정해져 이교도와 이단은 극심한 탄압을 받았으며, 귀족 세력도 억압받는 등 일찍부터 중앙집권화가 이루어졌다.

한편 카스티야의 지배 하에 있던 포르투갈 백작령도 1139년 왕위를 인정받고 리스본을 수도로 정했으며 조안 1세(재위 1385~1433년) 때에는 완전 독립과 중앙집권화가 이루어졌다.

영국에서는 노르만 왕조(1066~1154년)가 단절된 프랑스의 앙주 백으로부터 왕위를 받은 헨리 2세(재위 1154~1189년)에 의해 플랜태저넷 왕조가 열렸다. 이 플랜태저넷 왕조는 프랑스 서반부를 차지하고 있었으며 왕권도 강했다.

헨리 2세의 아들 존 왕(재위 1199~1216년)은 프랑스의 필리프 2세(존엄왕, 재위 1180~1223년)와의 전쟁에서 패해 대륙에 있던 영토의 태반을 잃었다. 게다가 켄터베리 대주교의 임명을 둘러싸고 교황 인노켄티우스 3세에게 파문당했으며, 잘못된 정치로 귀족과 국민의 신뢰를 잃었다.

마그나 카르타
국왕 조지 왕의 자의적인 과세에 맞서 귀족들은 '대헌장'으로 맞섰다. 하지만 전체 63개조로 된 이 문서에 평민을 위한 조항은 몇 개 안되었다.

경제적인 위기에 놓인 국왕은 새로운 과세를 꾀하려 했다. 그러자 귀족들은 합심해 대항했다. 이에 국왕은 할 수 없이 '마그나 카르타'(Magna Carta, 대헌장)를 인정했다. 대헌장 대부분의 조항은 당시 상황을 반영한 일시적인 것이었으나 제3조의 국왕 직속 신하 전체 회의의 승인 없이 군역 대납금과 특별 보조세를 징수할 수 없다는 규정과, 제39조의 자유인은 정당하고 합법적인 절차없이 구속 또는 투옥되거나 재산을 박탈당하지 않는다는 조항 등은 이후 영국 헌정사에서 중요한 의미를 가지게 되었다. 그 후 존 왕의 아들 헨리 3세가 대헌장을 무시하자 시몽 드 몽포르가 이끄는 귀족들이 반란을 일으켜 왕을 강제해 의회를 소집했다(1265년). 이것이 후일 영국 의회의 기원이다.

프랑스의 카페 왕조(987~1328년) 초기는 봉건적인 지방 분권이 강했으며, 국토의 태반은 영국이 차지하고 있었다. 그러다 필리프 2세 때 왕권의 기반을 확고히 갖추게 되었다. 그는 대외적으로 영국과 전쟁을 벌여 프랑스 서부의 영국령인 노르망디와 브르타뉴을 빼앗고, 대내적으로는 알비즈아 십자군을 일으켜 남부 지방에서 광대한 영토를 얻었다. 노트르담 대성당 부속 학교가 파리 대학으로 승격된 것도 필리프 2세 때의 일이다.

필리프 4세(재위 1285~1314년)는 모직물 공업 지대인 플랑드르로 진출했고, 그에 따른 전비를 마련하고자 성직자에게도 과세하려 했다. 또한 교황 보니파키우스 8세와 대립해 아나니 사건을 일으키기도 했다.

백년이나 지속된 전쟁

백년 전쟁이란 14~15세기에 걸쳐 약 백년 동안 단속적으로 진행된 영국과 프랑스의 전쟁으로서, 중세말 유럽 정치사에서 가장 중요했던 사건이라 할 수 있다.

1066년 노르망디 공 윌리엄 1세가 영국을 정복한 이래 노르만 왕조와 플랜태저넷 왕조의 영국 왕은 프랑스 대륙에 영지를 갖고 있었으므로 형식적으로는 프랑스 왕의 제후(봉건 영주)였다. 하지만 역대 프랑스 왕들은 이 영지들을 회복하고자 노력했다. 이에 영국과 프랑스는 끊임없이 대립할 수밖에 없었다.

영국과 프랑스의 또다른 분쟁의 씨앗은 플랑드르 지방 문제였다. 당시 플랑드르 지방은 영국으로부터 수입한 양모를 가공하는 모직물 수공업이 번성하고 있었기 때문에 이 지방의 각 도시는 영국과 가까웠다. 하지만 왕권을 강화하려는 프랑스 국왕으로서는 프랑드르 지방의 지배가 반드시 필요한 상황이었다.

한편 프랑스의 왕위 계승 문제도 전쟁의 발단이 되었다. 1328년 프랑스의 카페 왕조는 남자 후계자가 없어 샤를 4세에서 단절되고, 이에 그의 사촌이 왕위를 이어 필리프 6세가 되어

발루아 왕조가 성립했다. 이
에 대해 영국 왕 에드워드
3세는 자신의 어머니가 카
페 왕조 출신이라는 이유를
내세워 왕위 계승권을 주장
했다. 하지만 이는 영지 회
복을 위한 구실에 불과한
것이어서 에드워드 3세는
가스코뉴 공령의 영주로서

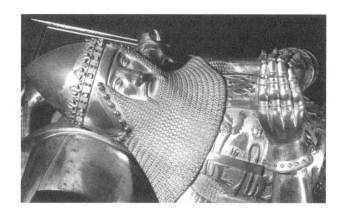

필리프 6세에게 신종을 서약할 수밖에 없었다.

필리프 6세의 법률가들은 에드워드 3세의 종신 서약이 형식
적으로 완전하지 못하다 하여 미비점을 고치도록 요구했지만, 에
드워드 3세는 이를 거부했다. 화가 난 필리프 6세가 가스코뉴의
몰수를 선언하자 에드워드는 선전 포고를 하고 프랑스 왕위를
또다시 요구했다. 이것이 백년 전쟁의 직접적인 원인이다.

백년 전쟁 제1기(1339~1360년) : 전쟁은 영국군이 노르망디에 상륙
함으로써 시작되었다. 영국군은 비용이 많이 드는 기사대 대신
창과 장궁으로 무장한 보병대를 주력으로 삼았다. 이에 반해 프
랑스 군은 중무장을 한 봉건 귀족의 기사대가 핵심이었다.

이때는 영국군이 일방적으로 우세했다. 가장 큰 전투는 에드
워드 3세가 수적으로 우세한 프랑스 군을 격파한 1346년의 크
레시 전투였다. 다음해에는 칼레를 함락시켜 프랑스 침공의 근거
지로 삼았다. 그러나 1347년부터 1351년까지 흑사병이 맹위를
떨쳐 전쟁이 중단되었다. 한편 전쟁의 참화와 흑사병에 시달리던
프랑스 농민은 자크리의 난을 일으키기도 했다(1358년).

제2기(1364~1422년) : 전쟁 초기에 맹활약하던 영국의 에드워드
흑태자(에드워드 3세의 황태자로 검은 갑옷을 입었다)가 전사하고

(1376년), 와트 타일러의 반란(1381년)이 일어나는 등 영국과 프랑스 모두 전쟁을 지속하기 어려운 형편이었다. 하지만 와트 타일러의 반란을 극복한 영국은 독립 자영 농민의 장궁 부대를 중심으로 전력을 강화해 프랑스 봉건 기사군들을 압도했다.

그 사이 프랑스에서는 왕 샤를 6세가 정신 이상을 일으키자 (1392년), 이것이 발단이 되어 왕 대신 권력을 장악하려는 귀족들이 국왕 지지파와 영국을 지지하는 부르고뉴 파로 나뉘어 대립했다. 당시 영국의 왕위를 계승한 헨리 5세는 이러한 프랑스의 분열 상태를 놓치지 않았다. 아쟁쿠르 전투(1415년)에서 프랑스에게 대승을 거둔 그는 트루아 조약을 맺었다. 이 조약의 주된 내용은 황태자 샤를의 왕위 계승권을 부인하고 헨리 5세가 샤를 6세의 딸 카트린과 결혼해 프랑스의 왕위 계승자가 된다는 것이었다.

제3기(1422~1453년) : 1422년 샤를 6세와 영국의 헨리 5세가 차례로 죽고 난 다음 헨리 5세의 아들 헨리 6세가 영국과 프랑스의 왕으로 즉위했다. 하지만 그는 생후 수개월밖에 되지 않는 갓난아이였기 때문에 국왕 지지파인 오를레앙 가문에 의해 옹립된 샤를 6세의 아들 샤를이 프랑스의 왕위 계승자로 자칭해(이후 샤를 7세) 트루아 조약의 무효를 선언했다.

두 나라는 다시 전쟁에 돌입했다. 부르고뉴 파와 결탁한 영국은 이제 프랑스 전체를 지배할 야심으로 대군을 동원해 오를레앙을 포위했다(1428년). 이때 등장한 것이 잔 다르크이다. "프랑스를 구하라"는 신의 음성을 들었다는 17세의 소녀 잔 다르크는 남장을 한 채 시농 성에 자리잡고 있던 황태자 샤를을 찾아갔다. 그녀는 황태자와 만나 영국군이 포위하고 있는 오를레앙을 해방시킬 것을 제안하고는 군대를 이끌고 출전했다. 그리하여 1429년 5월 오를레앙을 영국군의 손아귀에서 구해내 프랑스 군의 사기를 높였다.

잔 다르크

1429년 시농 성에 있는 황태자 샤를을 만나러 가는 잔 다르크를 묘사한 당시의 그림이다. 잔 다르크가 진짜로 신의 계시를 받았는지는 알 수 없는 일이지만, 잔 다르크의 등장과 백년 전쟁에서의 승리는 분명 프랑스가 근대적인 국민 국가를 이루는 데 중요한 계기가 되었다.

마침내 샤를은 랭스에서 대관식을 거행하고 정식으로 샤를 7세로 등극했다. 결국 1453년 영국이 칼레를 제외한 모든 점령지를 프랑스에 반환함으로써 백 년 이상 끌던 전쟁이 끝났다(칼레가 해방된 것은 1558년이다).

백년 전쟁의 결과

백년 전쟁으로 인해 영국은 노르만의 정복 이래 프랑스 땅에 가지고 있던 거의 모든 영토를 잃었다. 하지만 오랜 기간의 대외 전쟁으로 인해 국민 의식이 강화되고 근대 국가로 발전할 수 있는 토대를 얻게 되었다.

게다가 영국은 모직물 공업의 중심지인 플랑드르 지방에 대한 지배권을 상실했기 때문에 양모 수출보다는 안에서 양모를 가공하는 쪽으로 방향을 바꾸었다. 이에 따라 국내 모직물 산업이 발전하게 되어 나중에는 그 분야에서 플랑드르를 포함해 다른 지역을 압도하게 된다.

백년 전쟁 직후 영국에서는 랭커스터 가와 요크 가 사이에 왕위를 둘러싼 전쟁이 일어났다. 랭커스터 가는 붉은색 장미를, 요크 가는 하얀색 장미를 각각 문장(紋章)으로 삼았기 때문에 이 전쟁을 장미 전쟁(1455~1485년)이라고 부른다.

백년 전쟁에서 귀국한 지 얼마 안 되는 제후와 기사들까지 양편으로 나뉘어 잔혹한 내전이 전개되었다. 결국 랭커스터 가의 피를 이어받은 리치먼드 백 헨리 튜더가 헨리 7세로 왕위에 오르면서 장미 전쟁은 끝을 맺고, 영국에는 새로이 튜더 왕조가 열렸다.

프랑스의 샤를 7세는 용병을 대신한 국왕 상비군을 창설해 봉건 귀족을 억누르는 한편 대상인 자크 쿠르의 도움을 받아 재정 개혁을 이루는 등 국가의 면모를 일신시켰다. 이어 왕위에 오른 루이 11세(1461~1483년), 샤를 8세(1483~1491년) 시대를 지나면서 전국적인 통일이 이루어졌다.

이렇게 백년 전쟁을 지나면서 영국과 프랑스 양국에서는 봉건 귀족이 몰락하고 중앙집권화가 이루어지는 등 절대 왕정으로 나아가는 기초가 닦였다.

유럽 인구의 3분의 1을 앗아간 흑사병

백년 전쟁이 한창이던 14세기 중반에 갑자기 발생한 흑사병은 중세의 사회 구조를 근본적으로 뒤흔들 정도로 심각했다. 페스트의 일종인 흑사병의 발생지는 지금도 분명하지는 않은데, 당시 사람들은 막연하게 비기독교도의 땅, 즉 아시아와 이집트 등지일 것이라고 추측했다.

1347년 페스트는 크림 반도 남단에서 흑해, 콘스탄티노플을 거쳐 이탈리아로 넘어왔으며, 다음해에는 알프스를 넘어 서유럽 전역에 퍼지게 되었다. 당시는 인구 과잉이라 대개의 사람들이 만성적인 영양 실조 상태였으며 오랜 전쟁(백년 전쟁)에 시달려 피폐한 탓에 페스트가 쉽사리 번져갔던 것이다.

페스트 환자를 집에 가두거나 아예 환자의 집을 태워버렸지

만 효과는 별로 없었다. 페스트는 왕후 귀족도, 성직자도, 평민도 가리지 않았기 때문에 그로 인한 사회적 공포는 이루 말할 수 없을 정도였다. 날로 더해가는 공포 속에서 남프랑스와 독일의 라인 강 연안 지방에서는 이상한 소문까지 나돌았다. 유대인이 우물에 독을 뿌렸기 때문에 흑사병이 생겼다는 그 소문은 곧 주민들을 분노케 하여 유대인을 습격하는 사태까지 벌어졌다.

수 년 동안 전유럽을 휩쓴 흑사병으로 말미암아 도시 인구의 절반이 감소하고, 아비뇽에서는 추기경의 절반이 병으로 쓰러졌다. 농촌의 작은 마을들은 마을 사람들이 모두 병으로 죽거나 피난을 가 폐촌으로 변하기도 했다.

흑사병으로 말미암아 서유럽 인구의 3분의 1이 감소했으며, 영국과 프랑스에서는 인구의 절반 이상이 사망했다고 한다. 이렇게 인구가 격감하자 농촌에서는 일손이 부족해 많은 토지가 경작되지 않은 채 버려졌고, 임금도 많이 올랐다. 그러나 한편으로는 농민에 대한 대우가 점차 개선되고 화폐로 지대를 납부하기만 하면 되는 독립 자영 농민이 증가하는 등 농노 해방이 점차 진행되었다.

갑작스런 죽음

성체 행렬 가운데 쓰러진 수도사가 보인다. 짧은 기간 동안 수많은 죽음을 경험한 사람들에게는 죽음에 대한 공포가 마음속 깊이 자리잡게 되었고, 이에 따라 다양한 미신적 종파가 등장했다. 한편, 흑사병이 급속하게 번진 것은 상업의 발달로 인한 물자 교류의 확대 때문이었다. 이것이 당시 농업 생산력의 정체로 나타난 봉건 경제의 전반적인 위축과 맞물려 커다란 희생을 초래했던 것이다. 따라서 흑사병은 근대 사회로 이행하는 길목에서 겪을 수밖에 없었던 고통이었을지도 모른다.

자크리 반란

무거운 세금으로 고통받고 있던 농민들이 귀족에 대항하여 반란을 일으켰다. 귀족들은 반란자들을 자크리라고 불렀는데, 이는 농민의 별칭인 자크 보놈(Jaques Bonhomme)에서 비롯된 것이다.

빈발하는 농민 반란

흑사병의 유행 이후 농노 해방의 움직임 때문에 곤궁해진 영주층이 지대를 무겁게 하는 등 이른바 '영주 반동'이 나타났다. 이에 농민들은 곳곳에서 거세게 반발했다. 게다가 흑사병 등으로 전쟁이 중단되자 급료를 지불받지 못한 용병들이 상인들과 농촌을 약탈하기까지 했으니 이 모든 상황에 대해 농민들은 봉기로 답했던 것이다.

1358년 프랑스의 농민들은 백년 전쟁과 흑사병, 그리고 봉건 귀족의 압박 등을 견디다 못해 자크리의 반란(자크리란 당시 귀족이 농민 일반을 부르던 말이다)을 일으켰다. 이 자크리의 반란은 단번에 참가자가 10만 명이 넘어섰지만 3개월 만에 진압되고 말았다.

영국에서는 1381년 전쟁 비용 조달로 고통받던 리처드 2세가 인두세를 부과하려 하자 농민들이 연와공 와트 타일러와 성직자 존 볼 등을 지도자로 해 반란을 일으켰다(와트 타일러의 반란). 존 볼은 "아담이 밭을 갈고 이브가 베쌈을 짤 때 누가 귀족이었는가"라는 연설로 농민을 고무시켰다. 영국 동남부에서 시작

된 반란은 삽시간에 전국을 휩쓸었으며, 농민군이 며칠 동안이나마 런던을 장악하는 사태까지 발전했다. 결국 와트 타일러의 반란도 봉건 영주들의 군대에 의해 진압되었다.

그러나 자크리의 반란이든 와트 타일러의 반란이든 비록 직접적인 목적을 달성하는 데에는 실패한 채 금새 진압되었지만 농민 해방이라는 거스를 수 없는 시대의 흐름을 잘 보여준 사건이다.

11. 르네상스

이탈리아에서 시작된 르네상스

르네상스(Renaissance)란 프랑스 어로 '재생' '부활'을 의미하며, 좀더 구체적으로는 14~16세기 일어난 고대 그리스 로마에서 이루어진 고전 문화의 재생과 부활을 말한다. 하지만 그것은 단순히 고전의 모방에만 그친 것이 아니었다. 르네상스는 고전 연구를 통해 인간성의 풍부함과 합리적인 것을 추구한 문화 운동으로 서양 근대 사회를 형성한 밑받침이 되었다.

르네상스의 근본 정신은 휴머니즘(humanism, 인문주의, 인간주의)인데, 이것은 인간 존중과 자아의 자각 등을 중심으로 한다. 종교를 부정하지는 않지만 현세의 생활을 즐기면서 자유로이 개성을 발휘하고자 했던 사람들을 휴머니스트(인문주의자)라고 부른다. 르네상스는 14세기 이탈리아에서 먼저 일어나 16세기에 들어서면서 알프스 이북의 독일, 프랑스, 에스파냐, 네덜란드, 영국 등으로 확대되었다.

그럼 이탈리아에서 가장 먼저 르네상스가 일어난 이유는 무엇일까? 당시 이탈리아는 중앙집권적인 국가가 아니라 다수의 도시국가(공화국)와 공국, 교황령 등으로 나뉘어 있었으며, 주요 도시국가들에서는 상업 귀족과 시민이 사회의 유력한 세력이었다. 이들 도시와 지배 세력들은 십자군 전쟁 후 재개된 지중해 무역을 통해 엄청난 부를 모았으며, 교황으로 대표되는 가톨릭 등 기존의 권위에 대항하려는 경향이 강했다. 그리고 이러한 상업 귀족과 시민층이 새로운 문화 운동인 르네상스의 후원자가 되었다.

또한 이탈리아는 로마 제국의 본거지였기 때문에 다른 어느 곳보다도 고전 고대 문화의 유산이 풍부하게 보존되어 있다. 여기에 비잔틴 제국(동로마 제국)의 멸망(1453년) 전후부터 제국의 학자와 문화인 다수가 이탈리아 반도로 이주해 왔는데, 그들은 이슬람 제국과의 접촉을 통해 고전 문화를 흡수하고 있었다.

14세기에 꽃 핀 피렌체의 문학과 미술

르네상스는 이탈리아 내에서도 동방 무역과 금융업, 모직물 공업 등으로 번영한 피렌체에서 가장 먼저 꽃을 피웠다. 이미 12세기에 모직물 제조와 판매로 급성장한 피렌체에서는 13세기 무렵 대상인과 금융업자를 중심으로 한 상층 부르

역사를 변화시킨 3대 기술의 발명

화약 : 흑색 화약(유황, 목탄, 초석의 혼합물)은 10세기경 중국에서 발명된 것으로 알려져 있지만 확실하지는 않다. 유럽에 알려진 것은 13세기이며, 14세기에 들어서면서 포탄 등의 발사용으로 사용되어 전술의 변화를 가져왔다.

나침반 : 자석의 기원은 10세기경 중국이며, 아랍 상인을 통해 십자군 전쟁 무렵 유럽으로 전해졌다. 당시 등장한 범선과 풍향 및 침로를 정확하게 알 수 있게 해주는 나침반으로 원양 항해가 가능해졌다.

금속 활자 인쇄(활판 인쇄) : 중국에서는 7세기 당나라 시대부터 목판 인쇄가 이루어졌지만 유럽에서는 오랫동안 인쇄가 이루어지 않았다. 왜냐하면 종이가 없었기 때문이다. 제지법이 전해지기 전까지 양피지를 사용했는데, 값이 비싸 대량으로 보급될 수 없었다. 종이는 2세기 중국에서 발명되어 8세기경 아랍인에게 전해졌으며, 이탈리아에서는 13세기말, 독일에서는 14세기말에 양질의 종이가 대량으로 생산되었다. 이와 동시에 활판 인쇄도 시작되었다. 활판 인쇄술의 발명 시기는 분명치 않다. 지금까지 알려져 있는 것은 독일의 구텐베르크가 1450년경 마인츠에서 고딕체 활자로 라틴 어 성경을 인쇄했다는 것이다. 활판 인쇄로 인해 성경이 널리 보급되었으며, 과학서와 팸플릿의 가격이 떨어져 지식이 일반화될 수 있었다. 루터의 종교 개혁과 지동설의 유포도 모두 활판 인쇄의 덕을 본 것이라 할 수 있다.

주아지가 봉건 귀족을 몰아내고 공화정을 수립했다. 그리고 1289년에는 농노제를 폐지하기도 했다. 14세기 중반에 이르러서는 장인이나 직인 등의 소시민들도 시정에 참여할 정도로 민주주의가 발전하게 되었다.

이렇게 상공업이 발전하고 민주주의가 확대됨에 따라 노동자의 파업이 늘고 하층민의 정치 참여 요구도 커졌다. 하지만 계급간의 대립은 수많은 시민층에게 불안감을 주었다. 따라서 시민들은 정치적 안정과 경제적 번영을 유지시켜 줄 강력한 지배자가 나타나기를 바라고 있었다.

이때 금융업자인 메디치 가의 코시모가 피렌체의 지배 세력으로 등장했다. 그는 공화정의 형태를 유지하면서도 전제 군주와 같은 강력한 통치를 행사해 피렌체의 번영과 르네상스를 뒷받침했다.

피렌체의 소귀족으로 태어난 단테(1265~1321년)는 피렌체 내부의 정쟁에서 패해 이탈리아 각지를 유랑하면서 필생의 역작인 대서사시 「신곡」을 완성했다. 이 책은 주인공인 단테 자신이 기독교의 사후 세계인 지옥, 연옥, 천국을 두루 다니며 세계 속에서 인간의 위치와 신의 영광을 깨닫는 내용을 담고 있다. 이 단테의 「신곡」은 중세 지식인의 공통어인 라틴 어가 아니라 토스카나 지방의 구어로 씌어졌다는 점에서 이탈리아 국민 문학의 출발점이 되는 기념비적인 저작이다.

피렌체에서는 단테 이외에도 서정시를 쓴 페트라르카(13

04~1374년), 풍자물 「데카메론」을 쓴 보카치오(1313~1375년) 그리고 역사적 사건을 사실적으로 묘사하여 감동적인 작품들을 남긴 르네상스 회화의 효시 조토(1266경~1337년) 등이 나타났다. 특히 보카치오의 「데카메론」에는 보통의 남녀가 당시의 인습과 속박을 깨고 자신의 이익과 욕망을 위해 행동하는 모습이 그려져 있다.

거장들의 세기 : 르네상스의 전성기

15세기에 들어서면서 경제적 번영 속에서 시민 사이의 빈부 격차가 커지자 새로운 독재 군주가 나타났다. 그 가운데에는 자신의 권력과 재력을 과시하기 위해 예술을 후원하는 사람들이 있었는데, 그들은 특히 회화와 조각 등 미술을 애호했다.

브루넬레스키(1377~1446년)는 자신의 고향 피렌체에 대성당을 건축했는데, 이전까지의 고딕 양식과 달리 로마의 돔과 아치 형식, 그리스의 열주식 등을 절충해 건축에서 르네상스 양식을 확립했다.

보티첼리의 「봄의 승리」
신의 낙원에서의 영원한 봄을 표현
한 이 그림은 르네상스 시기의 발랄
한 정신을 잘 그리고 있다. 하지만
이 그림은 메디치 가의 별장을 장식
하기 위해 그려져 이탈리아 르네상
스의 한계를 드러내고 있다고 할 수
있다.

다비드 상
다비드 상은 인간의 모습이야말로 최
고의 표현 매체라고 믿었던 미켈란젤
로의 예술적 독자성이 가장 잘 드러나
있는 작품이다. 원래 대성당의 부벽 위
에 놓일 예정이었으나 시민들의 결정
으로 피렌체 시 광장에 자리잡게 된 이
조상은 공화국 시민의 애국적 상징이
었다.

회화에서는 도미니코회 수도사이기도 했던 프라 안젤리코 (1387~1455년)와 보티첼리(1444~1510년) 등이 유명하다. 프라 안젤리코는 르네상스의 자유스러운 분위기에서만 나올 수 있는 천진난만한 종교화를 그렸으며, 보티첼리는 대표작 「비너스의 탄생」에서 관능적인 여성미를 표현해 기독교적인 터부에 도전했다.

피렌체에서 서북쪽으로 약 40km 떨어진 작은 마을 빈치에서 공증인의 아들로 태어난 레오나르도 다 빈치(1452~1519년)는 14세 때부터 피렌체에서 미술 수업을 받은 후 30세경 밀라노로 옮겨가 산타 마리아 델 그라치에 성당 벽화 「최후의 만찬」을 그렸다. 피렌체로 다시 돌아온 그는 유명한 「모나리자」를 그렸으며, 만년에는 프랑스로 초청되어 갔다가 그곳에서 죽었다.

동서고금을 통해 보기 드문 천재였던 레오나르도 다 빈치는 뛰어난 예술가였을 뿐만 아니라 인간과 세계에 대해 깊은 사색을 한 철학자이기도 했다. 그는 회화와 조각 이외에도 기계 공학과 유체 역학, 비행의 원리, 해부학 등의 분야에서도 커다란 재능을 발휘했다. 한마디로 말해 그는 '만능의 천재'였다고 할 수 있다.

레오나르도 다 빈치와 거의 동시대인으로서 그와 필적할 만한 사람이 미켈란젤로(1475~1564년)이다. 그는 특히 회화, 조각, 건축에서 이름이 높았다. 미켈란젤로의 대표적인 조각 「다비드 상」은 종래의 조각이 건축물의 부속물에 지나지 않았던 것에 비해 조각 작품 자체로 제작되고 감상된 최초의 것이었다.

레오나르도와 마찬가지로 일생을 독신으로 지내면서 예술에 힘쓴 미켈란젤로는 로마에서 고독한 만년을 보내다 89세의 나이로 생을 마감했다. 바티칸 궁전의 시스티나 예배당 천정화인 「천지 창조」와 벽화 「최후의 심판」은 인간 군상을 다루어 '묘사된 조각'이라고도 하는데, 이 작품들은 르네상스 양식을 넘어서 바로크 양식의 선구로도 간주된다.

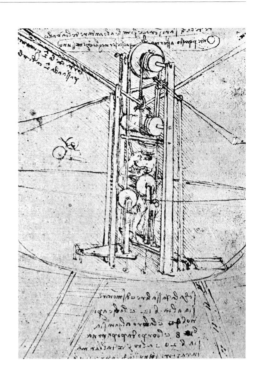

헬리콥터 스케치

화가로 출발한 레오나르도 다 빈치는 30세에 밀라노로 가 병기 제작자로서도 일했다. 하지만 레오나르도의 관심사는 그 이상이었다. 그의 방대한 노트에서 나온 이 헬리콥터 스케치는 그의 천재성을 유감없이 보여준다.

로마와 베네치아의 시대

15세기말~16세기 무렵 이탈리아 르네상스의 중심은 로마와 베네치아로 옮겨갔다. 로마에서는 성모자상을 그려 유명해진 라파엘로(1483~1520년)가 활약하고 있었는데, 그는 37세의 젊은 나이로 죽고 말았다.

베네치아에서는 조르조네(1478~1510년), 티치아노(1477~1576년), 틴토레토(1518~1582년) 등 세 사람의 거장을 필두로 해 베네치아 파라고 불리는 사람들이 르네상스의 황혼을 화려하게 장식했다. 이들은 아드리아 해의 무역에 기반한 부유한 도시의 현세적이고도 향락적인 분위기에 영향을 받아 명랑하고 화려한 색채를 사용한 회화 작품으로 16세기 후반 이탈리아의 회화 활동을 주도했다.

유토피아

토머스 모어의 「유토피아」에 들어 있
는 삽화. 모어는 이상 사회를 제시함으
로써 당시 영국의 현실을 우회적으로
비판하고자 했다. 그가 그린 이상 사회
(유토피아)는 자유와 평등, 평화가 넘
치는 곳이었다.

하지만 다른 한편으로는 이 시기에 이르러 미술은 르네상스가 추구하던 소박한 인간성을 상실하고 호화로움을 추구하던 귀족들의 취미에 영합하는 방향으로 나아가게 된다.

이탈리아 르네상스의 쇠퇴

16세기 이후 이탈리아 르네상스가 쇠퇴하는데, 거기에는 몇 가지 이유가 있다. 우선 이탈리아 르네상스를 뒷받침하던 도시의 경제력은 중계 무역에 의존한 것이기 때문에 국내에 생산 기반을 갖춘 것이 아니었다. 따라서 지중해 무역의 쇠퇴는 곧바로 이탈리아 경제의 쇠퇴로 이어졌다.

15세기말부터 '대항해 시대'(지리상의 발견)가 시작되어 에스파냐, 포르투갈 등이 아시아, 남북아메리카로 가는 신항로를 개척하자 상업의 중심은 지중해의 이탈리아 도시들에서 대서양 연안의 도시들로 옮겨갔고, 이에 따라 이탈리아의 경제력이 쇠퇴하기 시작했다.

VTOPIAE INSVLAE FIGVRA

다음 원인으로는 새로운 문화의 추진자이자 보호자인 상층 시민이 서서히 보수화, 귀족화되어 가는 것이었다. 따라서 새로운 문화도 점차 민중으로부터 유리되어 갔다. 인습과 권위에 대한 비판이라는 측면에서도 새로운 문화의 보호자 역할을 했던 상층 시민과 군주 등 봉건적 지배자에 대한 비판을 제대로 수행하지 못해 르네상스 정신이 쇠퇴해 갔던 것이다.

끝으로 정치적으로 분열되어 있던 이탈리아는 국제적인 세력 관계에 크게 영향을 받았다. 1494년 프랑스의 샤를 8세가 나폴리를 침입한 것을 계기로 하여 이탈리아는 에스파냐, 합스부르크, 프랑스의 세력 다툼

소용돌이에 말려들어가 정치적으로 쇠퇴하게 되었고, 이는 르네상스에도 영향을 미치게 되었다.

북부 유럽의 르네상스

16세기에 접어들어 이탈리아에서는 르네상스가 쇠퇴했지만, 알프스 이북의 서유럽에서는 오히려 르네상스가 새롭게 전개되었다. 그러나 북부 유럽의 르네상스가 꽃을 피운 터전은 이탈리아와는 사뭇 달랐다. 이탈리아 르네상스의 바탕은 도시적이고 시민적인 것이었으나 북부 유럽의 르네상스 중심지는 절대 왕정의 궁정이었다.

네덜란드의 로테르담에서 태어난 에라스무스(1466~1536년)는 유럽 각지를 두루 다닌 사상가였다. 여행중에 얻은 착상으로 집필한 「우신 예찬」은 예리한 관찰력과 비판 정신으로 교회와 성직자들의 타락과 어리석음을 날카롭게 풍자하고 공격한 작품이다.

에라스무스와 친교를 나누었던 토머스 모어(1478~1535년)는 「유토피아」에서 당시 영국 사회의 불합리와 부정의를 규탄했다. 그 책에서 모어는 '인클로저'(종획 운동)라고 알려진 목양지 확대로 인해 중소 농민이 토지를 잃고 거리를 떠도는 사회 현상을 "유순한 양이 사람을 잡아 먹는다"라고 표현하면서 비판했다. 모어는 헨리 8세 밑에서 대법관으로 중용되기도 했지만 국왕의 이혼 문제를 둘러싸고 벌어진 로마 교회와의 분쟁에서 국왕에 끝까지 반대했기 때문에 반역죄로 사형당했다.

프랑스에서는 의사이자 작가인 라블레(1494~1553년)가 등장해 당대 사회를 풍자하는 작품을 씀으로써 국민 문학의 길을

> **토머스 모어, 「유토피아」** 유토피아의 모든 주민들은 전체를 위해서 일하며, 그 누구도 자기만의 것을 소유하는 법이 없다. 공동체가 모든 이들에게 풍요와 여가를 보장해주는 바, 누구나 '자기 정신을 자유롭게 함양하는' 데 전념할 수 있었다. 이 평등 사회에서는 학문이 필수적이다. 노동 시간은 정해져 있으며, 식사는 공동으로 한다. 주민은 모두 만족해한다. 각자가 필요로 하는 것은 공동체가 보장해주기 때문이다. 사유 재산에서 비롯된 갈등이 존재하지 않으므로 법률은 단순하며, 그 수도 얼마 되지 않는다. 위정자의 역할은 거의 전적으로 사물을 관리하고 주민들의 행복을 추구하는 일에 국한된다.

열었다. 그는 「가르강튀아와 팡타그뤼엘」에서 가르강튀아와 팡타그뤼엘이라는 부자를 중심으로 하는 거인 일가의 편력을 통해 재치있게 당시 사회를 비판했다.

프랑스에서는 몽테뉴가 「수상록」을 집필했다. 이 책에는 "나는 무엇을 알고 있는가?"라는 회의 정신에서 출발해 인간 본연의 모습을 추구한 결과 상대적 자연주의라고 할 수 있는 경지에 도달한 인성이 묘사되고 있다.

에스파냐에서는 가난한 외과 의사의 아들로 태어난 세르반테스(1547~1616년)가 「돈 키호테」라는 걸작을 남겼다. 이 작품은 시대에 뒤떨어진 기사 돈 키호테의 편력과 기행을 통해 당시 사회의 정치와 도덕의 타락을 풍자했다. 총 669명의 인물을 등장시키면서 각지의 지리와 풍속 등을 사실적으로 묘사하고 있는 이 「돈 키호테」는 르네상스 문학의 대표작이자 근대 문학의 출발점이라고 할 수 있다.

한편 미술을 보면 플랑드르 파의 거장으로 알려진 루벤스(1577~1640년)가 궁정 화가 겸 외교 사절로 활약해 영국에서 기사 작위를 받기도 했다. 그는 역사화·풍경화·인물화·종교화 등을 그렸는데, 웅장한 구도, 화려한 색채, 야성적인 리듬감과 역동적인 선을 가진 작품을 다수 남겼다.

루벤스는 또한 반 다이크(1599~1641년) 등 유명한 제자들을 길러냈으며 바로크 양식(17세기에 지배적인 미술·건축 양식으로 절대 왕정의 권위를 과시하는 호화로운 장식 취미를 가리킨다)의 회화를 완성했다.

같은 플랑드르 파의 브뤼겔(1520~1569년)은 플랑드르의

에라스무스의 「우신 예찬」 성 베드로가 복음서에서 "우리는 당신(그리스도)을 따르기 위해 모든 것을 버렸나이다"라고 말했음에도 불구하고 교황들은 그를 위한답시고 영토와 도시와 공물과 통행세 등으로써 세습 재산을 만들어 문자 그대로 하나의 왕국을 세웠다. 그리스도에 대한 애정에 불타는 그들은 이 모든 것을 유지하기 위해 칼과 불로 싸움으로써 기독교인의 피를 강물처럼 흐르도록 만들고 있는 것이다. 자기들의 적이라고 지칭하는 사람들을 토막내고 있을 때에도 그들은 사도로서 그리스도의 신부인 교회를 수호하고 있다고 믿고 있는 것이다.

자연과 민중에 뿌리를 둔 사실적 수법의 그림을 많이 그려 '농민 화가' 라고 불렸다.

독일에서는 뒤러(1471~1528년)가 유명하다. 그는 중세의 고딕 정신에 인간의 존엄성을 고취하는 새로운 르네상스 사상을 불어넣으려고 했다.

북부 유럽의 르네상스는 일반적으로 이탈리아 르네상스의 화려함에 비해 내성적이고 사색적이었다. 또한 르네상스의 주도자들도 성분이 달랐다. 이탈리아의 경우 시민층이었던 것에 반해 북부 유럽에서는 성장중인 왕권에 기초한 궁정이 중심이었다.

고전 문화에 대한 태도 면에서도 이탈리아는 탐미적이었지만 북부 유럽에서는 냉정하고 연구적인 경향이 강했다. 이러한 북부 유럽의 고전 문화에 대한 태도가 성서 등의 기독교 문헌에까지 확대되었기 때문에 초기 기독교로 복귀하자는 주장도 일부 나올 정도였다. 이것은 이후 루터와 칼뱅의 종교 개혁 운동에도 영향을 미치게 된다.

뒤러의 동판화

종교 개혁의 폭풍이 독일 하늘을 뒤덮고 있을 때, 알브레히트 뒤러는 조국의 공포, 환상, 신앙심 등을 화폭에 담아 내고자 했다. 그는 정확한 묘사력으로 생생한 회화와 다채로운 목판화 · 동판화를 제작했는데, 그의 동판화는 인쇄술 덕분에 수천 장씩 복제되었다.

12. 대항해 시대

외부로 향한 유럽 인들

15세기~16세기에 걸쳐 유럽 인들은 새로운 땅을 찾아 나섰으며, 그 결과 새로운 항로와 신대륙을 발견하게 된다. '지리상의 발견'이라고도 하는 대항해 시대를 지나면서 유럽은 전세계로 팽창하게 되었고, 이는 이후 세계사의 판도 자체를 바꾸게 된다. 그럼 이 시기에 유럽 인이 새로운 항로와 새로운 땅을 찾아 나선 이유는 무엇일까?

십자군 전쟁 이래 동양에 대한 유럽 인의 관심이 매우 높아졌다. 게다가 13세기 후반 몽골 인의 서방 진출로 인해 유럽 인과 몽골 제국의 접촉도 빈번해졌다. 베네치아의 상인으로 몽골의 중국 왕조인 원나라를 여행한 마르코 폴로의 「동방 견문록」은 15세기 유럽 인의 호기심을 자극했다고 한다. 게다가 12세기 중반부터 동방에 프레스터 존이 다스리는 기독교 국가가 있다는 전설이 유포되었으며 14세기경부터는 프레스터 존의 나라가 아

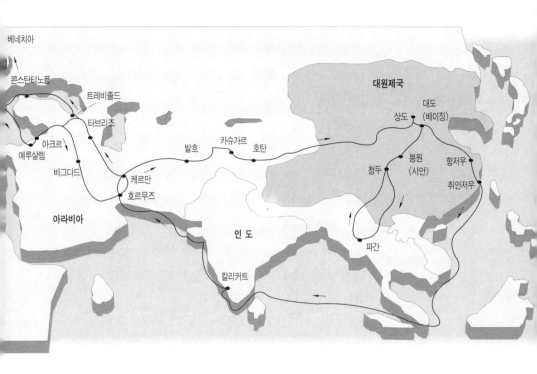

베네치아
콘스탄티노플
트레비졸드
타브리즈
아크르
예루살렘
바그다드
케르만
호르무즈
아라비아
발흐
카슈가르
호탄
인 도
칼리커트
대원제국
상도
대도
(베이징)
청두
봉원
(시안)
항저우
취안저우
파간

프리카에 있다는 믿음이 확산되었다. 그래서 이 나라와 연결해 북아프리카의 이슬람 세력을 협공하겠다는 유럽 국가들의 생각 도 지리상의 발견을 추진하는 원동력이 되었다.

다음으로 아시아 산품에 대한 수요 증대를 들 수 있다. 14 세기경부터 보급된 육식과 함께 후추 등의 향신료는 식품을 보 존하고 조미하는 데 없어서는 안될 물건이 되었다. 그런데 당시 이 상품들의 수입은 지중해를 통해 이루어졌기 때문에 이탈리아 의 도시들과 아랍 상인이 독점하고 있었다. 따라서 대서양 연안 의 국가들은 막대한 이윤을 얻을 수 있는 동방 무역을 위해 새 로운 항로를 개척할 필요가 있었다.

하지만 이러한 바람을 실제로 실현할 수 있었던 것은 통일 된 국가의 지원과 과학, 기술의 발전 덕분이었다. 당시 중앙집권 을 추진하던 나라들의 국왕은 상비군과 관료들에게 봉급을 지불 하기 위한 재원이 필요했다. 따라서 무역으로부터 재원을 충당하

마르코 폴로의 여행

마르코 폴로는 생전에 허풍쟁이로 따 돌림당했지만 그의 「동방견문록」은 이 후 유럽 인의 팽창을 자극하게 된다. 아버지 니콜로 폴로와 숙부 마테오 폴 로를 따라 동방 여행에 나선 마르코는 소아시아에서 이라크로 들어가 바닷길 을 이용해 중국으로 갈 양으로 바그다 드에서 바스라로 갔다. 하지만 예정을 바꾼 마르코 일행은 키즈만 타브리즈, 발흐, 파미르 고원을 경유하여 타림 분 지에 이르렀으며, 타클라마칸 사막 남 쪽 변두리를 지나 하서(河西) 지방에 다다랐다. 그들은 간저우(甘州)에서 1 년 동안 머문 후 쿠빌라이의 여름 궁 전이 있는 상도(上都)로 들어갔다.

기 위해 대상인들에게 특허장을 주고 교역을 장려했다. 일찍부터 이것에 착수한 나라가 에스파냐와 포르투갈이었는데, 이는 아프리카 항로 개척에 이베리아 반도가 지리적으로 유리했다는 점도 작용했다.

탐험과 항해에 나서려면 지리학과 천문학에 대한 지식 뿐만 아니라 조선술과 항해 기술의 발달이 필요했다. 이때 프톨레마이오스의 「천문학 개론」이 아랍인을 통해 유럽에 전해졌으며, 15세기경 프랑스의 신학자이자 자연 과학자인 피에르 다이이가 아랍과 유럽의 지리적 지식을 망라한 「세계상(世界像)」을 출판했다. 여기에 15세기 나침반의 개량과 조선술의 발달이 합쳐져 대항해 시대가 가능하게 되었다.

새로운 항로와 신대륙의 '발견'

요즘은 '지리상의 발견'이니 '신대륙의 발견'이니 하는 표현을 잘 쓰지 않는다. 왜냐하면 '발견'이란 당시 유럽 인에게만

해당되는 것이기 때문이다. 남북아메리카 대륙에는 이미 문화가 전개되고 있었기 때문에 엄밀하게 말하면 '유럽 인이 남북아메리카에 도달한 것'이라고 해야 할 것이다.

토지가 협소하고 별다른 산물이 없는 포르투갈은 일찍부터 새로운 항로 개척에 의욕적으로 나섰다. 주앙 1세(재위 1385~1433년)의 왕자 엔리케(1394~1460년)는 지브롤터 건너편에 있는 세우타에 거점을 두고 아프리카 서해안을 따라 내려가는 신항로를 개척했다. 그가 보낸 탐험대는 1471년 적도 너머까지 나아갔으나 거기서 해안선이

남쪽으로 구부러져 있는 것을 보고 크게 실
망해 되돌아왔다.

이후 에스파냐와의 전쟁 등으로 중단
되었던 탐험은 1480년대에 들어 주앙 2
세의 후원으로 재개되었으며, 1488년
바르톨로뮤 디아스가 아프
리카 대륙 남단에 도달하는
데 성공했다. 그는 심한 폭
풍우 끝에 이곳을 발견했기 때
문에 '폭풍의 곶'이라고 이름을 지
었으나 디아스의 보고를 들은 국왕은
인도 항로 발견을 기원하기 위해 '희망봉'
이라고 명명했다.

다음으로 바스코 다 가마는 1497년 4척의 배를 가지고 인
도로 항했다. 희망봉을 우회한 그는 아프리카 동해안의 항구에서
물자를 보급받은 다음 인도양을 횡단해 인도의 캘리컷에 도달했
다(1498년). 그곳에서 향신료와 보석을 구입해 리스본에 돌아왔
을 때 이익이 16배에 달했다고 한다. 이로써 인도 항로가 개척
되었다.

포르투갈의 범선

15세기 이후 새로운 항로 개척은 선박
의 개량을 자극해 원양을 항해할 수 있
는 범선이 만들어졌다. 당시 많이 쓰인
것은 길이 30미터, 폭 8미터에 돛대가
세 개인 범선이었다.

한편 제노바 출신의 콜럼버스는 대서양 항로를 통해 인도와
지팡구(마르코 폴로의 「동방 견문록」에 '황금이 많은 나라'로 묘사
되어 있는 곳으로서 일본을 가리킨 듯하다)로 가겠다고 마음먹었다.
다이이의 「세계상」을 읽은 그는 토스카넬리와의 서신 교환 등을
통해 인도로 가는 데에는 아프리카 남단을 우회하는 것보다 대
서양을 건너는 것이 더 가깝다는 결론에 도달했다. 물론 신대륙
의 발견을 통해 그 생각이 잘못되었다는 것이 드러난다.

나름대로 계획을 수립한 콜럼버스는 에스파냐의 이사벨 여
왕의 후원을 얻어 신항로 개척에 나서게 된다. 1492년 8월 산타
마리아 호를 기함으로 하는 세 척의 중형 카라벨 선으로 이루어

바스코 다 가마와 콜럼버스

바스코 다 가마(왼쪽)는 1497년 7월 4
척의 배를 이끌고 리스본을 출발하여
다음해 5월 20일 인도에 도달했다. 이
로 인해 새로운 인도 항로가 열리게 되
었다. 콜럼버스(오른쪽)는 신대륙의 발
견자이지만 잘못된 지식으로 말미암아
죽을 때까지 자기가 발견한 곳이 인도
의 일부라고 생각했다.

진 에스파냐 탐험대가 팔로스 항을 출발했다.

　41일 만에 대서양을 건넌 탐험대는 10월 12일 바하마 제도
의 한 섬에 도착해 그곳을 산 살바도르(성스러운 구세주)라고 이
름짓고 부근의 섬들을 탐험해 노예와 황금을 가지고 다음해 3월
팔로스로 귀환했다. 그는 그 후에도 3회에 걸쳐 북미 대륙을 항
해했지만 불우한 만년을 보냈으며, 죽을 때까지 자신이 발견한
곳을 인도의 일부라고 믿었다.

　콜럼버스의 탐험으로 인해 인도로 가는 대서양 항로 개척이
붐을 이루게 되었다. 피렌체 출신의 아메리고 베스푸치(1451～
1512년)는 여러 번 신대륙으로 건너가 중남미 쪽을 탐험한 끝에,
이곳이 유럽 인에게는 알려져 있지 않던 신세계라는 의견을 발
표했다. 그리하여 신대륙은 그의 이름을 따 아메리카라고 불려지
게 되었다.

　그밖에 포르투갈 인 카브랄이 브라질을 탐험했으며(1500
년), 에스파냐 인 발보아는 파나마 지협을 통과해 태평양 해안에
도달했다(1513년).

　포르투갈 인 마젤란은 에스파냐의 카를로스 1세의 후원을
받아 1519년 5척의 배와 280명으로 이루어진 탐험대를 이끌고
신대륙으로 향했다. 그의 탐험대는 남미 대륙의 해협(마젤란 해

협)을 통과하고 태평양을 횡단해 필리핀에 이르렀다. 마젤란은 그곳에서 현지인과 전투를 벌이던 중 사망했지만 남은 19명이 1522년 세비야로 귀환했다. 이로써 지구가 둥글다는 것이 문자 그대로 실증되었다.

에스파냐와 포르투갈의 식민지 쟁탈전

경쟁적으로 신항로 개척에 나섰던 에스파냐와 포르투갈 두 나라는 곳곳에서 부딪칠 수밖에 없었다. 이에 1493년 교황 알렉산데르 6세는 베르데 제도의 서방 약 500km 해상에 가상의 경계선을 정하고 그 동쪽을 포르투갈의 영토로, 서쪽은 에스파냐의 영토로 정했다(교황 자오선). 그러나 포르투갈이 이의를 제기해 다음해 토르데시야스 조약을 맺어 분할선을 교황 자오선으로부터 약 1300km 더 서쪽으로 이동했다. 그리고 브라질에 대해서는 카브랄의 탐험 공적으로 인정되어 포르투갈령이 되었다.

그리고 동반구의 분계선은 사라고사 조약을 통해 동경 134도의 동쪽은 에스파냐령으로, 서쪽은 포르투갈령으로 합의했다

마젤란의 세계 일주

태평양에 진입한 마젤란이 지니고 있던 것은 천문 관측의 등 초보적인 항해 도구가 전부였다. 신과 인어의 도움을 받으면서 직관에 의지해 결국 그와 그의 부하들은 세계 일주에 성공했다. 이로써 지구가 둥글다는 것이 실증되었다.

(1529년). 하지만 필리핀 제도는 경계선의 서쪽에 있음에도 불
구하고 에스파냐령으로 인정되었다. 이로써 포르투갈은 인도와
아프리카, 에스파냐는 남북아메리카 대륙에 식민지를 만들게 되
었다.

포르투갈은 아라비아 상인을 물리치고 인도양 일대의 항해
와 통행권을 장악해 동방 무역에 힘을 기울였다. 그리하여 포르
투갈은 인도의 고아·세일론 섬·말라카·몰루카 제도를 획득
했으며, 더 나아가 중국의 광저우(廣州)에서 명나라와 통상을
개시하고 마카오에 거주권을 획득했다. 에스파냐는 식민지의 원
주민에 대한 정복과 개발을 통해 영토적 지배를 확립했다. 에스
파냐는 1520년부터 30년 동안 중남미의 토착 문명을 파괴하고
유럽 최초의 광대한 식민 제국을 건설했다.

멕시코 고원에는 6세기경부터 마야 족이 세운 마야 문명이
꽃피고 있었다. 이어 15세기 중반부터는 북방에서 내려온 아스
테크 족이 멕시코 고원 일대를 정복하고 마야 문명을 계승했다.
상형문자와 달력을 가지고 있었으며 거대한 피라미드 형 신전을

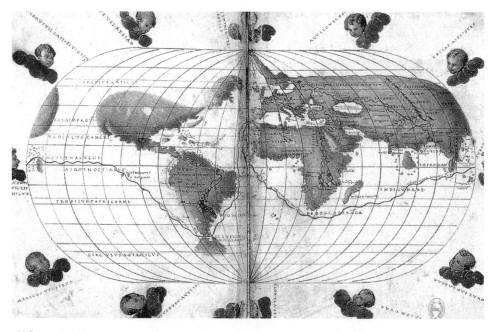

건축했던 아스테크 문명은 1522년 에스파냐의 코르테스에 의해 정복되어 멸망하고 말았다.

한편 지금의 페루에는 13세기 이후 잉카 제국이 건설되어 안데스 일대를 통일하고 있었다. 1532년 200명 정도의 병력으로 잉카 제국에 들어간 에스파냐의 피사로는 계략을 써서 황제를 포로로 잡고 제국을 멸망시켰다.

코르테스와 피사로 같은 사람을 '콘키스타도레스' (정복자) 라고 부르는데, 이들은 대개 본국에서는 하급 귀족이나 미천한 계층에 속하는 자들

이었다. 이들은 식민 제국 건설 과정에서 원주민을 대량 학살하고 약탈을 자행한 것으로 악명이 높다. 정복자들은 저항하는 원주민들을 학살했을 뿐만 아니라 강제 노역에 동원해 금·은, 목화, 사탕, 담배, 커피 등을 본국으로 실어날랐다. 그러다 보니 원주민의 인구가 격감하여 노동력이 부족해졌다. 그러자 정복자들은 아프리카에서 흑인 노예들을 데려왔다. 이 때문에 본국인(백인), 원주민(인디오), 아프리카 흑인 사이의 혼혈이 이루어져 중남미는 복잡한 인종 구성을 가지게 되었다.

두 나라의 식민지 진출이 활발하게 이루어지면서 한편으로는 아시아와 중남미에 기독교를 포교하려는 많은 성직자들이 정복자의 뒤를 따랐다. 그리하여 '한 손에는 칼, 또 한 손에는 성경' 이라는 말이 생겨나기도 했다.

대항해 시대의 결과

신항로와 신대륙의 발견 그리고 식민 제국의 건설을 낳은

아스테크의 수도

유럽 인들이 발견하기 이전부터 아메리카 대륙에는 상당한 수준의 문명이 발전했다. 정교하게 지어진 아스테크 건축물들은 에스파냐 정복자들을 놀라게 했다. 하지만 그들은 아스테크를 정복하면서 이 놀라운 문명을 거의 남겨 놓지 않았다.

에스파냐의 피사로는 속임수를 써서 적은 병력으로도 잉카 제국을 손쉽게 손아귀에 넣었다. 그림은 에스파냐 정복자들이 잉카의 지배자 아타우알파를 살해하는 모습이다. 이후 잉카 인들이 저항했지만 모두 진압되고 잉카 문명은 완전히 사라지고 말았다.

대항해 시대는 '인류 역사상 가장 거대하고 가장 중요한 사건' (아담 스미스) 일 정도로 커다란 결과를 낳았다.

우선 교역권이 인도와 남북아메리카 대륙을 포함할 정도로 확대되고, 대서양과 인도양이 세계 상권의 동맥이 됨에 따라 지중해는 더이상 세계 상권의 중심지가 될 수 없었다. 이 때문에 이탈리아의 도시들 및 그와 연결되어 있던 남독일의 도시들이 몰락하고 대신 대서양 연안의 도시들이 부상했다.

시장의 확대는 유럽의 상인들과 제조업자들에게 전례없는 자극과 기회를 주어 유럽 경제가 비약적으로 발전하게 되었다. 이로써 자본주의 체제가 서서히 모습을 드러내게 되었다. 따라서 16세기 이후의 이러한 상업상의 커다란 변화와 이를 바탕으로 한 유럽 경제의 새로운 발전을 가리켜 '상업 혁명' 이라고 한다.

남북아메리카 대륙에서 대량의 은이 유럽으로 유입됨에 따라 은의 가치가 하락해 물가가 3~5배나 오르는 현상이 일어났다. 이것을 '가격 혁명' 이라고 하는데, 이로 인해 정액 지대를 받던 봉건 영주의 생활이 곤궁해져 몰락이 촉진되었고, 이는 자본주의 경제의 발전에 한 계기로 작용했다.

한편 신세계에 대한 식민지 경영을 통해 이탈리아와 독일을 누르고 성장한 에스파냐와 포르투갈의 번영도 오래 계속되지는 않았다. 식민지 경영과 무역 사업이 절대 왕정의 왕실에 의해 독점되어 국민적인 사업이 되지 못했기 때문이었다. 또 이 두 나라의 식민지 경영은 본국을 위한 착취에 불과해 식민지의 이익을 무시했기 때문에 노동력과 자원이 고갈되었다.

더 나아가 중요한 식민지와의 교역품인 모직물과 면직물 공업을 육성하는 데 태만했

은을 채취하는 원주민들

에스파냐 인들의 감독 하에 은을 채취하는 원주민들. 신대륙을 정복한 에스파냐 인들의 최대 관심은 그곳에 묻혀 있는 금과 은이었다. 하지만 이렇게 얻은 금과 은은 생산적인 곳에 투자되기보다는 주로 절대 왕정의 사치와 전쟁에 쓰여졌다.

기 때문에 17세기에 들어 모직물, 면직물 산업을 발전시킨 영국과 네덜란드에게 패하고 만다. 그리고 신대륙에서 유입된 금과 은도 생산적인 데 쓰이지 못하고 절대 왕정의 사치에 낭비되고 말았다.

끝으로 대항해 시대는 유럽만 변화시킨 것이 아니었다. 이전까지 독자적으로 진행되고 있던 문명들(대표적으로는 유럽과 아시아)이 하나의 역사를 이루게 되어 진정한 의미에서의 세계사가 시작되었다. 그러나 이 세계의 일체화 과정은 유럽이 아시아, 아프리카, 아메리카 등을 지배하는 과정이기도 했다. 그리하여 유럽 이외의 지역에 사는 민족들에게는 침략과 착취, 압제의 역사가 시작된 것이며, 그에 맞서는 투쟁의 역사가 시작된 것이다.

13. 종교 개혁

    종교 개혁이란 16세기 초반 로마 가톨릭 교회의 교의에 대해 심각하게 의문을 제기하고, 결국 로마 교황의 권위를 부정하며 로마 교회로부터 분리해 새로운 기독교 교회를 수립한 움직임을 말한다. 종교 개혁은 독일의 루터에서 시작해 취리히(스위스)의 츠빙글리, 프랑스의 칼뱅 등에 의해 전개된 다양한 신교 운동이었다. 이 종교 개혁 이후 가톨릭 교회측을 구교라고 해 신교 제파와 구별했다.

    중세 가톨릭 교회의 세속화에 반대했던 교회 혁신 운동, 남프랑스 지방의 카타리 파(청순파) 등의 '이단'이 개혁의 선구라고 할 수 있으며, 14세기 후반부터 15세기 초반에 걸쳐 전개되었던 위클리프(영국)와 후스(뵈멘)의 개혁 운동도 마찬가지 역할을 했다.

    또한 르네상스 시기의 인문주의자들은 그리스 로마의 고전 연구를 통해 기독교의 근본 정신으로 돌아가자는 주장을 펴기도 했다. 특히 에라스무스의 「우신 예찬」, 신약 성경의 그리스 어 원전과 라틴 어 번역 등의 출판(1516년)은 교회에 대한 비판과 새로운 신앙(이것을 복음주의라고 하는데, 신약 성경의 5복음서에 신앙의 기초를 두고 있기 때문이다)을 보급하는 데 기여했다. 이로 인해 사람들은 "에라스무스가 낳은 알을 루터가 부화시켰다"고 말하기도 한다.

종교 개혁이 독일에서 시작된 까닭

당시 독일은 중앙집권화가 진전되지 않고 다수의 영방(왕권으로부터 주권이 독립된 지방 국가)으로 분열된 상태였다. 게다가 종교 세력도 강해 교황과 교회가 간섭하고 착취하기 좋은 대상이었다. 당시 유행하던 '독일은 로마의 젖소'라는 말은 이러한 사정을 잘 나타내는 것이었다.

분열된 독일을 통일하여 거대한 제국을 건설하겠다는 야심을 품고 있던 황제 카를 5세(1519~1556년)는 목표를 달성하기 위해 교황의 힘을 얻고자 특히 친교황적인 태도를 보였다. 하지만 독일 내의 영방 군주들은 자신들의 독립성이 침해될 것을 우려하여 황제와 그 지지 세력에 대립했기 때문에 독일의 정치적 분열 상태는 지속되었다.

한편 당시 독일의 경제는 대부호 푸거 가로 대표되는 상인 자본들이 좌지우지하고 있었다. 이들 상인 자본은 독점적 지위를 이용해 매점매석 등으로 부를 쌓아 도시의 중산층 생산자나 일반 서민들의 반감을 샀다. 더구나 이들은 막대한 금융 대부를 통해 교황청과 결탁하고 있었기 때문에 이들에 대한 반감은 곧바로 교회에 대한 반감으로 이어졌다.

그리고 독일의 르네상스 곧 인문주의 운동은 신비주의적 경향이 강했으며 종교적 색채가 농후했다. 이러한 정신적 풍토 또한 종교 개혁의 바탕이 되었다.

마르틴 루터

비텐베르크 대학의 신학 교수였던 루터는 부패하고 타락한 가톨릭에 맞서 복음주의를 주장했다. 하지만 종교 개혁은 그가 생각한 것보다 훨씬 더 커다란 사회 운동이 되었고, 따라서 그도 근대 사회 형성에 가장 큰 영향을 미친 인물로 기억되고 있다.

비텐베르크 성 교회의 문

루터는 95개 조의 반박문을 이 '항의의 문' 위에 붙였다. 당시 이 문은 비텐베르크 사람들의 게시판으로 이용되었기 때문에 루터도 여기에 반박문을 붙였다. 이 교회의 문은 원래 나무 문이었지만, 화재로 타버려 1858년 금속제 문으로 바꾸면서 루터의 반박문을 새겼다.

루터가 시작한 사회 혁명

중부 독일 작센 지방의 중산 계급 집안에서 태어난 마르틴 루터(1483~1546년)는 처음에는 부친의 뜻에 따라 에르푸르트 대학을 졸업하고 법률가가 되기 위해 석사 과정에 들어갔다. 그러던 어느 날 죽음의 공포에 휩싸인 그는 이로부터 벗어나기 위해 수도사가 되기로 결심하고 아우구스티누스 수도원에 들어갔다(1505년). 수도원 생활을 통해 사제가 된 루터는 그 후 비텐베르크 대학의 신학 교수로 취임했다(1512년).

하지만 그의 내면은 격렬한 죄의식과 영혼의 구제 문제로 동요하고 있었으며, 결국 이 문제를 해결한 것은 「로마서」 연구를 통해서였다. 그는 「로마서」 연구를 통해 '인간은 선행에 의해 구제받는 것이 아니라 신앙에 의해서만 의롭게 된다'는 결론에 도달했다. 이것이 루터의 복음주의이다.

루터가 이러한 복음주의를 가지고 신학 교수로서 새로운 신학을 전개할 무렵에 부딪친 것이 면죄부 판매 문제였다. 교황 레오 10세가 로마의 성 베드로 대성당의 수축 비용을 마련하기 위해 대량의 면죄부를 발행했던 것이다.

원래 면죄부는 교회에 특별한 공적이 있는 사람에게 그가 범한 죄에 대한 현세에서의 처벌을 면제해주는 증서이다. 그러나 십자군 전쟁 이후에는 교회 재정의 궁핍을 해결하기 위한 수단으로 발행되었으며, 그것을 사는 신자들은 모든 죄가 소멸해 천국에 갈 수 있다는 설교까지 나오게 되었다.

더구나 면죄부 판매는 도가 점점 지나쳐 구매자의 죄만이 아니라 그의 부모와 친지의 영혼까지 면죄부를 산 돈이 금고에 짤랑거리며 떨어지는 소리와 함께 연옥으로부터 뛰어나온다는 식의 과대 선전까지 나돌았다.

그리하여 1517년 10월 루터는 자신이 사제를 겸하고 있는 비텐베르크 성 교회에 「95개 조의 반박문」을 내걸고 구제와 면죄부는 하등 관계가 없음을 주장했다.

라틴 어로 씌어진 반박문은 금세 독일어로 번역되어 때마침 발명된 활판 인쇄 덕분에 독일 전역에 빠른 속도로 퍼졌다. 파

문이 확산되자 교황은 사절을 보내 루터를 심문했다. 하지만 이 과정에서 루터는 자신의 주장과 신념을 더욱 확고히 하게 되어 결국 다음해 로마 교회의 의식과 제도를 부정하는 논문을 세상에 내놓고 교회를 떠나게 되었다.

이에 대해 교황은 루터 스스로 주장을 철회하지 않으면 파문한다는 내용을 담은 칙서를 보냈지만, 루터는 그것을 공개적으로 소각해버렸다. 그리하여 교황은 독일 황제에게 루터의 파문을 요구하고, 황제는 국회가 열리고 있던 보름스로 루터를 소환해 심문했다(1521년). 루터는 여기서도 자신의 견해를 굽히지 않고 완강하게 주장했다. 따라서 황제는 루터에 대한 법의 보호를 박탈했다.

하지만 루터에게 호의적이었던 작센 선거후(황제 선거의 자격을 가진 제후) 프리드리히가 그를 바르트부르크 성에 은신시켰다. 루터는 10개월 정도 은신하면서 신약 성경의 독일어 번역을 완수했다. 이 성경 번역은 루터가 자신의 복음주의를 널리 이해시키기 위한 작업이었는데, 근대 독일어 발전에도 크게 공헌하게 되었다.

루터가 번역한 독일어 성경 초판본의 속표지이다. 사제를 통해서가 아니라 신과 직접 교통하려면 누구나 신의 말씀을 읽어야 했다. 따라서 라틴 어로 씌어진 성경의 번역은 무엇보다 중요한 일이었다.

루터의 종교 개혁은 사태가 더욱 커져 사회적인 운동으로 발전했다. 특히 농민 전쟁이라고 불리는 농민 반란은 규모에 있어서나 사회적 영향에 있어서나 커다란 사건이었다.

1542년 6월 슈바르츠발트 지방의 스틸링겐에서 발생한 농민 폭동은 순식간에 라인란트, 슈바벤, 프랑켄, 튀링겐 등 남부 독일 일대로 확산되었다. 농민들의 요구는 지역에 따라 조금씩 달랐는데, 대표적인 것이 메밍겐 지역의 「12개 조」이다. 그 내용의 핵심은 농노제의 폐지와 봉건적 부담의 경감, 10분의 1세 등 교회가 벌이는 착취의 경감 내지 철폐였다.

한편 봉기한 농민들은 사회 변화의 도화선이 되었던 루터의 지지를 기대했고, 이에 부응해 루터는 「평화에의 권고」라는 팸플릿을 집필했다. 그러나 중부 독일에서 일어난 농민 반란이 점차 폭력적으로 전개되었을 뿐만 아니라 급진적인 생각을 가진 농민 운동 지도자 토마스 뮌처가 등장하자 루터의 태도는 돌변하기 시작했다.

작센 지방 출신의 신학자이자 사제인 뮌처는 루터의 복음주의를 일찍부터 받아들였다. 하지만 그 후에는 그보다 더 급진적인 주장을 전개하면서 루터로부터 이탈해갔다. 뮌처는 1525년 5월 체포되어 처형되었으며 7월 말에는 잘츠부르크가 함락되었다. 이로써 동일의 농민 반란도 끝이 났다. 그동안 희생된 농민이 10만 명이었으며, 살아남은 사람들은 오랫동안 배상금을 지불해야 했다.

루터는 농민 운동 말기에 반란자들을 '미친 개 때려 잡듯이 때려 잡아야 한다'고 주장하며 극도의 적대감을 표시했다. 이렇게 루터는 기독교도의 자유를 어디까지나 내면적·영적인 것으로만 간주해 사회 혁명 운동과는 거리를 두었기 때문에 농민들은 그를 '배신한 박사'라고 불렀다.

Biblia/ das ist/ die gantze Heilige Schrifft Deudsch.
Mart. Luth.
Wittemberg.
Begnadet mit Kür= fürstlicher zu Sachsen freiheit.
Gedruckt durch Hans Lufft.

M. D. XXXIIII.

프로테스탄트의 탄생

독일 내의 루터 파 제후들에 대한 황제 카를 5세의 태도는
대외 관계에 의해 많이 좌우되었다. 보름스 국회 직후 황제는 에
스파냐의 반란 및 프랑스와 대결한 이탈리아 전쟁으로 골머리를
앓고 있었다. 게다가 동쪽에서는 오스만 투르크 제국이 진출해
1526년 헝가리 왕을 타파하는 데까지 이르렀다.

그리하여 1526년 슈파이어 국회가 열렸을 때 카를 5세는
루터 파를 승인하는 타협적인 태도를 보였다. 그러나 1529년 투
르크의 빈 공격을 가까스로 막아내고 북이탈리아에서의 지배권
도 다시 공고히 하자 황제는 같은 장소에서 다시 국회를 열어
루터 파를 금지했다. 분개한 루터 파는 「프로테스타지온」(항의
문)을 제출했다. 이 일로 인해 독일에서는 루터 파를 '프로테스
탄트'라고 부르게 되었는데, 이것은 이후 가톨릭에 맞선 신교 제
파를 가리키는 말이 되었다.

1530년 아우크스부르크에서 열린 국회에서 루터 파는 멜란
히톤이 편찬한 「신앙 고백」을 제출했으나, 그것이 부인되자 다
음해 슈말칼덴 동맹을 결성해 황제에게 대항했다. 양파의 대립은

츠빙글리와 칼뱅

취리히 성당의 설교사였던 울리히 츠
빙글리(왼쪽)는 성서에 대한 자유로운
해석과 교회의 권위에 대한 부정에 근
거하여 종교 개혁에 착수했다. 예정설
이라는 교리로 종교개혁을 수행한 장
칼뱅(오른쪽)은 주네브를 '칼뱅주의의
로마'로 만들었다. 그는 시정을 관장하
는 장로 회의를 통해 정통 교리에 반
대하는 이단에 대해 무자비하게 박해
했다. 가톨릭의 탄압을 피해 스위스로
피신한 칼뱅이 다른 교리를 이단으로
박해한 것은 일종의 아이러니라 할 것
이다.

내란 상태로까지 치달아 아우크스부르크 종교 화의(1555년)로
일단락을 짓게 되었다. 이것은 신교가 현실적인 세력이라는 것
을 전제로 해 독일 내에서의 루터 파의 존재를 공인하여 종교
분쟁을 정치적으로 해결한 것이라 할 수 있다.

하지만 가톨릭과 루터 파 중 어느 것을 선택할 것인가 하는
'신앙의 자유' 문제는 영방 군주(제국 자유 도시의 경우에는 시참
사회)만이 결정할 수 있으며 주민은 그 결정을 따라야만 했다.
또한 루터 파 이외의 신교, 예를 들어 칼뱅 파나 재세례파 등은
엄격히 금지되었는데, 이는 나중에 30년 전쟁을 초래하는 원인
이 된다.

칼뱅주의의 확산

루터의 종교 개혁 운동이 시작된 직후인 1519년 스위스의
취리히에서는 츠빙글리(1484~1531년)의 종교 개혁이 진행되었
다. 루터보다 더 철저하게 성경주의를 내걸었던 그는 1531년 가
톨릭 세력과 싸우다 전사하고 말았다.

츠빙글리의 뒤를 이어 스위스에서 종교 개혁을 이룬 사람이
칼뱅(1509~1564년)이다. 프랑스의 중산 계급 출신인 칼뱅은 파
리 대학에서 법학 · 신학 · 고전어 등을 공부하다가 복음주의로

기울었다. 이 때문에 박해를 받자 파리를 떠나게 된다.

스위스의 바젤로 피신한 칼뱅은 츠빙글리의 주장을 연구한 끝에 1536년 27세의 나이로 「기독교 강요」를 저술해 커다란 반향을 불러일으켰다. 이 저술로 말미암아 그는 일약 신교 이론의 지도자로 떠올랐으며, 1536년 주네브(제네바)에서 새로운 교회를 건설했다. 그런데 칼뱅은 단순히 복음주의를 주장하는 데 그치지 않고 도덕적 준엄함을 요구하는 「신앙 고백」에 모든 사람이 서명할 것을 요구했다. 그러나 시민들이 이에 반발하여 칼뱅은 잠시 시에서 추방당하기도 했다 (1538~1541년).

그러나 주네브의 개혁파가 당쟁에서 승리하자 칼뱅도 되돌아왔다. 칼뱅은 시정부와 협력 관계를 유지하면서 다른 한편으로는 신도에 관해 '장로회'에 모든 것을 위임했다. 여기서 장로란 평신도 가운데 선출된, 신앙과 도덕이 모범적인 사람으로서 목사와 협력하며 교회를 자율적으로 운영하는 사람들을 말한다. 이것은 국가 권력으로부터 교회의 독립성을 추구하는 방식 가운데 하나였다. 1555년 시참사회 선거에서 칼뱅 파가 승리를 거두어 국가에 대한 교회의 우위가 결정되었다. 이것을 가리켜 '신권 정치'라고 한다.

칼뱅은 루터와 마찬가지로 복음주의였다. 하지만 구원 문제에 관해서 "인간이 구원받는 것은 신에 의해 예정된 일이며(예정설), 인간에게는 자신의 구원에 대해 오로지 자신이 구원받는 측에 속한다고 믿는 것만 가능하다"고 주장했다. 그리고 구원에 대한 확증은 "각자가 사회 생활에서 성공하는 것이다"라고 설교했으며, 사회적 성공은 근면·금욕·절약에 의해 가능하다고 말했다. 이러한 칼뱅의 주장은 신흥 시민 계급의 생활 이념과 일치했기 때문에 그들의 지지를 받을 수 있었다.

헨리 8세
고집이 센 헨리 8세는 자신의 이혼 문제 때문에 로마 가톨릭에 반기를 들었다. 이렇게 영국의 종교 개혁은 교리상의 문제 때문에 발생한 것이 아니어서 가톨릭과 별 차이가 없었다. 영국에 칼뱅주의가 도입된 것은 헨리 8세의 아들 에드워드 6세 때이다.

에스파냐의 펠리페와 메리 튜더

국왕의 이혼 문제로 시작된 영국의 종교 개혁

영국의 종교 개혁은 국왕 헨리 8세(재위 1509~1547년)의 이혼 문제에서 발단했다. 튜더 왕조를 열었던 헨리 7세의 장남 아더가 젊어서 죽었기 때문에 차남인 헨리 8세가 왕위를 계승했다. 그리고 아더의 아내 캐서린(에스파냐의 페르난도 5세와 이사벨 여왕의 딸)은 강제로 헨리 8세와 재혼하게 되었는데, 이것은 노골적인 정략 결혼이었다. 두 사람 사이에는 7명의 자식이 태어났지만 딸 메리를 제외하고 모두 요절했다.

그 사이 궁녀 앤 불린과 애정 관계에 있던 헨리 8세는 캐더린과 이혼하려고 교황에게 승인을 요청했다. 교황으로서도 헨리의 요청을 들어주고 싶은 생각이 없지 않았지만, 캐더린은 때마침 루터 파와 싸우고 있던 독일의 카를 5세의 숙모였기 때문에 요청을 받아들이지 않았다. 이에 헨리 8세는 신임 캔터베리 대주교로 하여금 왕비와의 결혼이 무효임을 선언하게 하고 임신중인 앤을 왕비로 맞아들였다. 새로운 왕비 앤이 낳은 아이가 엘리자베스 1세이다.

이어 헨리 8세는 1534년 수장령을 의회에서 통과시키고 영국 교회를 로마 교황으로부터 분리시킴과 동시에 국왕이 영국 국교회의 수장임을 선포했다. 헨리 8세는 잇따라 수도원을 해산하고 수도원의 막대한 토지를 몰수해 왕의 정책을 지지하는 공신들에게 수여했다.

이러한 영국의 종교 개혁은 종교나 신앙 문제가 아니라 헨리 8세의 이혼 문제가 발단

이 되어 로마 교회로부터 분리되었기 때문에 교리나 예배 형식 등은 별다른 변화가 없었다.

1547년 헨리 8세가 죽은 후 아홉 살 난 아들이 에드워드 6세로 즉위했다. 어린 왕을 보살피던 숙부 서머싯 공은 국교회를 프로테스탄트화(루터주의) 하려 했다. 하지만 그를 대신

해 실권을 잡은 월릭 백작에 의해 칼뱅주의적 색채가 강한 「42개 조의 신앙 고백」이 제정되었다(1553년).

하지만 에드워드 6세가 어린 나이로 죽고 나서 헨리 8세의 첫번째 부인 캐서린의 딸 메리가 왕위에 오르자 상황이 바뀌었다. 그녀는 에스파냐 출신 인 어머니의 전통을 이어받아 독실한 가톨릭이었다. 그녀는 헨리 8세가 로마 교회에 대해 반기를 들었기 때문에 그녀의 어머니가 굴욕을 당했을 뿐만 아니라 자신도 직접 왕위를 계승하지 못했다고 생각해 왕위에 오르자마자 시계 바늘을 거꾸로 돌리려 했던 것이다.

하지만 그녀의 이런 노력은 큰 성과를 거두지 못했다. 이미 영국 국민은 프로테스탄티즘에 깊이 젖어들어 있었을 뿐만 아니라 헨리 8세의 수도원 해체로 이득을 본 귀족들도 가톨릭의 부활을 원치 않았기 때문이었다. 여기에다 메리가 카를 5세의 아들이자 에스파냐 왕위 계승자인 펠리페 2세와 결혼하자 영국인의 불신은 더욱 커졌다. 하지만 그녀는 이에 아랑곳하지 않고 다수의 신교도를 처형하는 등 공포 정치를 폈다. 그리하여 1558년 그녀가 죽자 영국민들은 환호 속에 엘리자베스 1세의 즉위를 맞이했다.

트리엔트 공의회

가톨릭 세력은 종교 개혁에 대처하기 위해 트리엔트에서 공의회를 개최했다. 황제 카를 5세의 요청에 따라 교황 바오로 3세가 소집한 이 만국 공의회는 다시 한번 가톨릭의 교의를 확인하는 자리였다.

영국 역사상 가장 유능하고 인기 있는 국왕 중의 하나인 엘리자베스 1세는 부친의 결혼 문제 및 성장 배경 때문에 프로테스탄티즘을 선호했을 뿐만 아니라 종교에 대해 그다지 열광적이지 않은 합리적인 인물이었다. 그녀는 국교회를 확립하면서도 가톨릭 등 다른 교파에 대해 관용적인 태도를 취해 영국이 더이상 종교 문제로 분열되지 않도록 했다(엘리자베스의 타협).

가톨릭 교회의 개혁

종교 개혁이 더이상 거스를 수 없는 흐름을 형성하게 되자 가톨릭 교회측에서도 가만히 있을 수만은 없게 되었다. 가톨릭은 각종 폐단을 시정하고 교리를 재확립하면서 프로테스탄티즘에 대한 반격에 나선다.

이러한 반종교 개혁은 에스파냐에서 먼저 시작되었다. 에스파냐의 귀족 출신인 이그나티우스 데 로욜라는 파리 대학에서 공부한 후 뜻을 같이 하는 사람들과 예수회를 조직했다(1534년). 예수회는 1540년에 교황의 인가를 얻었는데, 이 수도회는 교황에 대한 무조건적인 복종을 규정하고 있다는 점이 특색이다. 또한 예수회는 군대식 조직과 규율을 가지고 있었다. 설립 직후부

터 로마 등의 각지에다 예수회 학교를 설립해 해외 포교에도 열을 올렸기 때문에 짧은 기간에 교세가 빠르게 확장했다.

한편 로마 교회는 티롤 지방 남부의 트리엔트에서 종교 회의를 소집했다(트리엔트 공의회). 신교 제파도 참석할 것을 요청받았으나 거부했다. 이 공의회에서는 기존

의 가톨릭 교의를 재확인하고 교황의 지
상성을 강조했다.

하지만 여기서 확인된 교황권은 사도
베드로의 후계자로서의 종교적 권위에만
한정된 것이었다. 이미 기정 사실이 된
스위스의 칼뱅주의, 프랑스의 갈리카니슴,
당시 성립중이었던 영국의 국교회 등에
대해 교황은 더이상 정치적 간섭을 할 수
없는 처지가 되었던 것이다. 이리하여 가
톨릭도 신교 제파들과 마찬가지로 하나의
종파에 불과하게 되었다.

종교 개혁의 유산

여러 가지 의미에서 종교 개혁은 근대의 막을 연 사건이라
할 수 있다. 우선 르네상스 운동이 교황의 후원을 받는 등 봉건
체제의 틀 내에서 이루어졌다면, 종교 개혁은 교회 체제 자체의
변혁과 사람들의 생활 태도에 대한 쇄신을 가져왔다.

예를 들어 칼뱅이 주장한 예정설에 따라 현세에서 성공을
이루려는 사람들은 근대 자본주의 사회를 능동적으로 맞이하게
된다. 그리고 루터가 주장한 '신앙의 내면화'에 의해 인간의 양
심이 교황의 권위로부터 해방되어 근대 사회 특징의 하나인 개
인주의와 사상의 자유가 눈을 뜨게 되었다. 이리하여 기독교는
중세 귀족 중심의 종교에서 근대 시민 사회의 종교로 탈바꿈하
게 된다.

하지만 다른 한편에서는 르네상스의 합리적 정신에 의해 추
동된 자연 과학의 발전, 특히 새로운 우주관에 대해서는 신구교
모두 적대적인 태도를 취했다. 예를 들어 로마 교회는 갈릴레이
를 탄압했으며, 루터는 성경을 인용하면서 코페르니쿠스를 철저
하게 공격했다.

예수회

상단에 성모 마리아가, 하단에는 로욜
라와 자비에르가 묘사되어 있다. 로욜
라는 종교 개혁이라는 위기 속에서 철
저한 규율을 강조하는 예수회를 통해
가톨릭을 재건하고자 힘썼다.

제4부

근대 사회의
형성과 발전

근대 초기는 절대주의 국가가 차지하고 있다. 절대주의 국가는 신분 제도 등 봉건적 잔재를 가지고 있기는 했지만 관료제와 상비군 등 근대 국가의 요소들을 발전시켰으며 대외 팽창, 중상주의 정책 등을 통해 국민 경제를 성장시켰다.

하지만 절대주의는 자본주의 경제 속에서 성장한 부르주아지에게 그 자리를 내주어야 했는데, 프랑스 혁명은 이것의 가장 극적인 표현이었다.

또한 이 시기에는 뚜렷한 근대 사상이 탄생했는데, 17세기의 과학 혁명과 18세기의 계몽 사상이 그것이다. 뉴턴에 의해 집대성된 근대 과학과 프랑스의 계몽 사상은 인간이 이성을 통해 자연의 한계를 극복하고 끊임없이 진보를 이룰 수 있다는 믿음을 주었다. 그리고 이는 프랑스 혁명과 산업 혁명의 토대가 된다.

과학 혁명과 계몽 사상이 근대로 가는 정신적 입구였다면, 프랑스 혁명 등 시민 혁명과 산업 혁명이라는 '이중 혁명'은 근대 사회로 가는 대로였다. 여전히 미완성이긴 하지만 자유, 평등, 우애라는 보편적인 이념과 산업주의는 인간 능력에 대한 확신과 그 실천이었다.

산업혁명기의 공장 노동자와 마찬가지로 농민의 생활도 비참했다. 쟁기를 끄는 사나이를 그린 캐테 콜비츠의 이 그림은 당시 사회상을 상징적이고 사실적(寫實的)으로 보여준다.

14. 절대주의의 시대 : 근대 사회로 가는 과도기

절대주의(absolutism)란 국왕이 행정·사법·군사 등 거의 모든 분야에서 봉건 영주들의 제약을 받지 않고, 절대적으로 왕권을 행사할 수 있는 정치 체제를 말한다. 유럽에서 이런 절대주의 혹은 절대 왕정이 등장한 것은 16~18세기였다. 구체적으로는 에스파냐와 오스트리아의 합스부르크 왕조, 영국의 튜더 왕조, 프랑스의 부르봉 왕조, 프로이센의 호엔촐레른 왕조, 러시아의 로마노프 왕조 등이다.

절대주의 국가는 국왕이 거의 절대적인 왕권을 행사했다는 점에서 봉건 국가와 구별되지만, 신분 제도의 잔존 등 봉건적 세력이 온존했다는 점에서 근대 국가와도 구별된다.

이 시기는 이미 교황권이 쇠퇴하고 봉건 영주가 몰락함으로써 각 나라마다 중앙집권화가 상당히 진전되었으며, 대항해 시대를 주도한 유럽 강국들의 식민지 경영을 통한 중상주의가 발전해가는 시기였다. 따라서 절대주의 국가는 근대로 넘어가는 과도

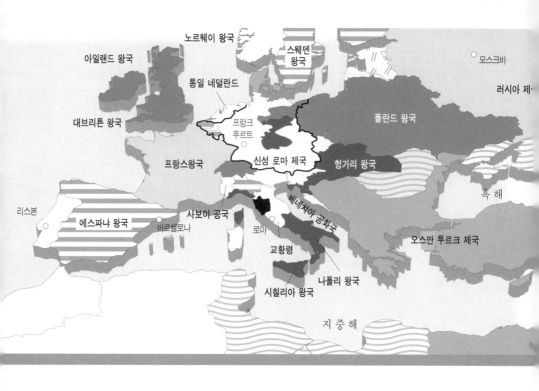

기의 산물이라 할 수 있다.

절대주의의 사회 구조

봉건 사회 질서가 약화되자 귀족들은 개별적으로 농민을 지배하기 힘들어졌다. 그래서 왕권에 의탁해 자신들의 특권을 유지하고자 했다. 왕권은 이를 이용해 귀족들이 갖고 있던 군사권·재정권·사법권 등을 박탈하고, 그들을 상비군과 관료제로 재편성해 왕권을 강화했다.

당시 시민 계급을 대표하고 있던 대상인들은 봉건 영주들의 지역적 할거와 경제적 특권이 자신들이 지향하는 전국적 규모의 상업 활동을 가로막는다고 보았다. 그리하여 국가의 통일과 영토 확대를 지향하는 왕권을 적극적으로 지지했다. 한편 상비군과 관료들의 급여를 지불하기 위해 화폐가 필요했던 국왕은 대상인의 경제력을 이용하고자 독점권을 부여하는 대신 상납금과 특허료

오스트리아 합스부르크 가령 (1699)
오스트리아 합스부르크 가령 (1740년경)
토스카나 (1737년 함스부르크로트링겐령)
부르봉 가의 방계령
시칠리아 부르봉 국가들
파르마 파르마 및 피아첸차 공국
━━ 신성 로마 제국의 경계선
러시아 제국(1689년)
러시아 제국(1740년경)
오스만 투르크 제국
오스만 투르크 제국 속국

등을 받아냈다. 이런 점에서 대상인은 귀족과 함께 왕권을 지지하는 유력한 사회층이었다.

종교 개혁을 통해 거의 모든 국가에서는 정도의 차이가 있을지언정 국가 교회주의의 방향으로 나아갔기 때문에 국왕은 교황으로부터 분리한 프로테스탄트 교회에 대해서도 과세권을 행사했다. 가톨릭이 다수를 차지한 프랑스에서도 이미 교회에 대한 과세권은 국왕의 손에 있었다. 이렇게 교회는 국가에 종속되었고 교황도 이미 종교적 권위를 상실했기 때문에 각국에 대한 정치적 간섭을 할 수 없게 되었다. 한편 각국의 국왕들은 왕권의 절대성을 정당화하기 위해 '왕권 신수설'을 주장했다. 왕권 신수설에 따르면 왕권은 신으로부터 직접 부여받은 것이기 때문에 국왕은 신 이외에는 어떠한 책임도 지지 않는다고 했다.

민중의 다수를 차지하고 있던 농민은 봉건 세력으로부터 억압받고 있었기 때문에 왕권의 강화를 환영하는 편이었다. 또한 국왕도 상비군 병사의 공급원으로서, 그리고 과세 대상으로서 농민을 보호할 필요가 있었다.

이렇게 본다면 절대주의 국가에서 왕권은 귀족, 교회, 시민, 농민 등 서로 이해가 일치하지 않는 신분들의 균형 위에서 성립한 것이라 할 수 있다.

절대주의의 정치와 경제

절대주의를 성립하고 유지하는 데 가장 중요한 요소는 관료제와 상비군이었다. 국왕이 넓은 국가 전체를 지배하려면 그의 수족처럼 움직이면서 행정을 수행하는 관료제가 필수 조건이었다. 그리고 봉건 영주의 군사적 봉사에 대한 의존 없이 국가를 통치할 수 있으려면 언제든지 동원할 수 있는 상비군을 보유해야 했다.

이렇듯 봉건 사회가 해체되면서 제후와 기사들의 군사적 봉사라는 것이 실체가 없어져 갔기 때문에 용병이 성행했다. 바로

절대주의 시대의 유럽(1740년)
근대로 넘어서는 과도기에 성립한 절대주의 국가는 봉건 세력을 억압하는 한편 당시 시민 계급을 대표하던 대상인을 후원함으로써 경제 발전을 뒷받침했다.

네덜란드 인 선주가 바타비아 항에 정
박해 있는 자신의 범선들을 가리키고
있다. 선단은 '무역 차액주의' 에 기초
하여 국부를 늘이려 했던 절대주의 시
대 경제의 상징적인 존재였다.

이 용병이 발전해 국왕의 상비군이 되었다. 국왕이 상비군을 보
유한 최초의 예는 백년 전쟁 말기인 1445년 프랑스의 샤를 7세
때이다.

절대 왕정은 관료제와 상비군을 유지하면서 국가를 통치하
기 위해 많은 돈이 필요했다. 따라서 중상주의(mercantilism)라
고 알려진 일련의 경제 정책을 채택했다. 초기에는 주로 해외 식
민지의 광산을 개발해 귀금속(주로 은)을 입수하는 방법을 썼기
때문에 중금주의(bullionism)라고도 하는데, 에스파냐가 전형적
인 예이다. 또한 포르투갈은 동남아시아의 향신료 무역을 독점해
화폐를 축적했다.

이같은 방법의 배경에는 '전세계의 부(화폐)는 양적으로 일
정하며 국가의 부는 축적된 화폐의 양에 비례한다'는 생각이 자
리잡고 있다. 하지만 식민지에 대한 수탈은 식민지 경제를 파괴
하는 결과를 초래했다.

또한 귀금속이나 향신료의 경우 왕실의 독점 사업이자 중계
무역이기 때문에 국내의 산업 발전을 자극하지 못하고 단순히
왕실의 재정을 확대하는 결과만을 낳았다. 더구나 이렇게 쌓인
부는 생산적인 곳에 쓰이지 않고 왕실의 사치와 낭비에 탕진되

었다. 그리하여 국내 산업을 기반으로 착실하게 성장해온 영국과 프랑스 등이 본격적으로 식민 활동과 세계 무역에 나서게 되는 17세기에 이르면 에스파냐와 포르투갈 모두 쇠퇴의 길을 걷게 된다.

직접적인 중금주의를 대신해 등장한 것이 '무역 차액주의'이다. 영국, 프랑스, 네덜란드 등에서는 가능한 한 수입을 억제하고 수출을 증대시켜 그 차액을 금과 은으로 확보하려 했다. 이를 위해 유력 상인 단체에 특권에 의한 회사를 만들도록 했다 (영국, 프랑스, 네덜란드 등의 동인도 회사).

한편 절대주의 시대는 국가에 의한 국내 산업의 보호와 장려가 이루어지고, 자본주의의 맹아가 싹트기 시작한 때였다. 대항해 시대 이후 상업이 세계적 규모로 확대되면서 자본을 축적한 상인에 의한 선대제(대상인 수공업자에게 원료와 도구를 대주고 생산물을 전량 납품받는 주문 생산의 일환)와 자본가에 의한 매뉴팩처(자본가가 공장을 짓고 거기에 노동자들을 고용해 분업에 의해 생산하는 공장제 수공업을 말한다)가 나타났다.

무역 차액주의를 채택한 나라에서는 수출 증대를 꾀하기 위해 자국의 산업을 발전시킬 필요가 있었다. 따라서 영국에서는 모직물 산업, 프랑스에서는 견직물과 마직물 그리고 포도주 산업이 장려되었다.

합스부르크 가의 여정

루이 14세의 프랑스와 함께 절대왕정의 대표격인 합스부르크 가는 10세기에 남서 독일의 알자스 지방에서 일어난 귀족 가문이다. 황제로 선출된 루돌프 1세(재위 1273~1291년)는 오스트리아를 세습령으로 하는 데 성공했으며, 이후 절묘한 혼인 정책을 통해 착실히 세력을 확대했다. 그리하여 1438년 황제로 선출된 알브레히트 2세 이래 독일의 황제 자리는 실질적으로 합스부르크 가문에서 세습하게 되었다.

카를 5세와 교황 클레멘스 7세

카를 5세(오른쪽)는 신성 로마 제국의 황제로서 유럽의 종교적 단결을 꾀했지만 종교 개혁을 저지할 수는 없었다. 여기에 더해 그의 정치적 지배에서 벗어나려는 프로테스탄트 제후들 때문에 정치적 분열도 막을 수 없었다.

1477년 프랑스의 부르고뉴 공 샤를이 후계자 없이 사망해 부르고뉴 공의 가문이 단절되자(1482년) 합스부르크 가는 부르고뉴 공령의 동반부와 네덜란드, 플랑드르 등을 승계했다. 이로 인해 합스부르크 가는 유럽적인 규모로 세력을 넓히게 되었다. 하지만 한편으로는 프랑스(당시에는 발루아 왕조)와 수세기에 걸친 대립의 시작이기도 했다.

이베리아 반도에서는 아라곤 왕가의 페르난도 5세(카스티야 왕으로서는 페르난도 2세)와 카스티야 왕가의 이사벨이 결혼한 후 양국이 연합해 에스파냐 왕국이 탄생했다(1479년). 이사벨과 페르난도가 죽은 후 두 번째 왕녀 푸아나(황제 막시밀리안 1세의 아들 펠리페 1세와 결혼)의 장남이 에스파냐 왕위를 계승해 카를로스 1세가 되었다(1516년).

이로써 에스파냐 합스부르크 왕조가 성립했으며, 막시밀리안 1세가 죽은 후 그의 손자인 카를로스 1세가 신성 로마 제국의 황제(카를 5세)가 되었다(1519년). 이때가 합스부스크 가의 최고 전성기로서 오스트리아, 네덜란드, 나폴리, 시칠리아, 사르데냐, 에스파냐 및 그 해외 영토에 걸치는 '합스부르크 제국'을 건설하기에 이르렀다.

그러나 카를 5세의 합스부르크 제국은 성립 경위로 보나 지리적 분포로 보나 정돈된 통일 국가는 아니었다. 이것은 혼인 관계 및 상속으로 획득한, 저마다의 역사와 사회 구조를 달리하는 여러 국가와 지역의 혼합물에 불과했다.

국외에서는 프랑스와의 이탈리아 전쟁으로, 국내에서는 루터 파와의 투쟁으로 지친 카를 5세가 퇴위하자 합스부르크 제국은 에스파냐(카를 5세의 아들 펠리페 2세)와 오스트리아(카를 5세의 동생 페르디난트 1세)로 다시 나뉘어졌다.

에스파냐의 융성과 몰락

16세기의 에스파냐는 유럽의 그 어느 나라보다도 우월한 지위를 누렸다. 펠리페 2세 시대가 최고 전성기였는데, 당시 에스파냐는 최대 식민지 보유국으로서 막대한 양의 은을 시민지로부터 들여왔다. 그리고 1571

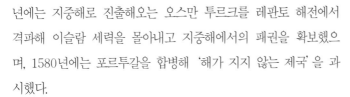

년에는 지중해로 진출해오는 오스만 투르크를 레판토 해전에서 격파해 이슬람 세력을 몰아내고 지중해에서의 패권을 확보했으며, 1580년에는 포르투갈을 합병해 '해가 지지 않는 제국'을 과시했다.

하지만 펠리페 2세 시대는 에스파냐의 전성기이자 몰락이 시작된 때이기도 하다. 네덜란드와 벌인 전쟁(네덜란드 독립 전쟁, 1568~1609년)에서 패해 결국 네덜란드를 내주었으며, 1588년에는 영국을 침공한 '무적 함대'가 10일 동안의 전투 끝에 완패해 함대가 궤멸하고 말았다.

한편 프랑스의 위그노 전쟁에 개입했던 에스파냐는 패색이 짙어지자 1598년에 프랑스와 강화 조약을 맺게 된다. 이로 인해 실의에 빠진 펠리페 2세는 얼마 후 사망하고 말았다. 그리고 그 많던 에스파냐의 금과 은도 왕실의 사치와 계속되는 전쟁으로 탕진되어 펠리페 2세 말년에는 국가 재정이 거의 파산 지경에 이르게 되었다.

네덜란드의 독립

1477년 이래 합스부르크령이었던 네덜란드는 중세부터 모직물 공업이 발전했을 뿐만 아니라 북해와 발트 해를 무대로 하는 원격지 무역의 거점이었기 때문에 도시가 발전하고 시민 계급이 상당히 성장했다. 여기에 더해 대항해 시대 이후 상업의 중심이 이동하면서 안트베르펜, 암스테르담, 로테르담 등의 도시는 세계 상업과 금융의 중심으로 떠올랐다.

종교 개혁에서는 루터 파보다 칼뱅 파가 우세했다. 특히 북부의 경우 도시와 농촌의 중산 계급을 중심으로 전투적인 칼뱅주의가 전개되었다.

1556년 이후 네덜란드를 차지했던 에스파냐 합스부르크 왕조는 재정 적자를 메우기 위해 네덜란드에 대한 수탈을 강화했다. 또한 광신적인 가톨릭교도였던 펠리페 2세는 중앙집권적 통합 정책의 하나로 지역적 차이를 무시하고 가톨릭을 강요했다. 이러한 펠리페 2세의 강압 정책에 반대하여 1566년 플랑드르와 브라반트 지방의 도시들에서 시민 반란이 일어났다. 그러자 펠리페 2세는 알바 공을 파견해 철저히 탄압했다.

1566년 오라녜 공 빌렘을 지도자로 하는 네덜란드 독립 전쟁이 시작되었다. 국외로 망명했던 전투적인 칼뱅주의자들은 프랑스의 신교도인 위그노 및 영국의 해적과 연합해 에스파냐의 상선들을 습격하기도 했다.

하지만 가톨릭이 다수인 남부의 10개 주는 에스파냐와 타협하면서 저항 운동에서 탈락했다(1579년). 이에 대해 칼뱅 파의 북부 7개 주는 위트레흐트 동맹을 결성하고 독립 선언(1581년)을 천명하면서 투쟁을 계속해나갔다. 1588년 에스파냐의 무적 함대가 영국군에 대패한 후 전세는 네덜란드에 유리하게 돌아가기 시작했다. 결국 1609년 휴전 조약을 맺고 네덜란드는 실질적인 독립을 얻게 되었다(국제적인 승인은 1648년 베스트팔렌 조약을 통해서 이루어졌다).

정식 명칭이 네덜란드 연방 공화국인 독립국 네덜란드의 정치 체제는 중앙에 국가 원수인 총독과 입법권을 가진 연방 의회가 있었으나, 주마다 주의회가 있고 자치권도 강한 분권적인 성격을 띠었다.

네덜란드의 독립은 시민 계급의 승리였고, 따라서 독립으로 인해 가장 많은 혜택을 누린 것도 그들이었다. 네덜란드와 암스테르담은 독립 이후 세계적인 상업 중심지로 이름을 날렸을 뿐만 아니라 정치적 · 사상적으로도 자유로운 곳이어서 학문과 예술의 꽃을 피우게 된다. 화가 렘브란트, 철학자 스피노자, 국제법의 그로티우스 등이 이 시기에 등장했으며, 종교적 · 사상적 이유 때문에 다른 나라에서는 출판할 수 없는 서적들도 자유롭게 출판될 수 있었다.

프랑스 신구교의 대립과 위그노 전쟁

프랑스의 신교도는 국가 권력으로부터 교회의 독립을 강조하는 전투적인 칼팽 파였는데, 구교측에서 그들을 '위그노'라고 불렀다. 위그노는 중남부에 많았으며, 사회적으로는 상인이나 수공업자 등 중산 계급이 주축을 이루고 있었다.

프랑스의 앙리 2세(재위 1547~1559년)는 독일의 신교도를 원조하면서도 본국에서는 신교도에 대한 탄압을 강화했다. 한편 신교측에도 콜리니 제독 및 에스파냐와 인접한 나바르 지방에서

성 바르톨로메오의 대학살

위그노 지도자 가운데 한 사람인 나바르 왕 앙리의 결혼식을 축하하기 위해 모여든 위그노들을 구교도들이 결혼식 직후인 성 바르톨로메오 휴일에 습격하여 학살했다. 엄청난 피를 부른 이 종파 간의 대립은 앙리 4세가 구교로 개종하고, 이후 신교도들에게 신앙의 자유를 허용케 하는 낭트 칙령을 공표함으로써 종결되었다.

왕을 칭하고 있던 부르봉 가 등 유력 귀족이 있었다. 이렇게 위그노 전쟁은 신구교의 종교 대립뿐만 아니라 귀족간의 세력 다툼, 귀족과 왕권의 대립, 왕위 계승 문제 등이 얽힌 복잡한 갈등이었다.

1559년 앙리 2세가 불의의 사고로 급사하자 큰아들인 열다섯 살의 프랑수아 2세가 왕위를 계승했지만, 실권은 로렌 지방의 대귀족 기즈 공이 장악했다. 기즈 공 체제 하에서는 위그노에 대한 박해가 날로 커져 공포 정치로까지 불릴 지경이었다. 이에 반발한 앙리 2세의 왕비이자 프랑수아 2세의 모후인 카트린 드 메디시스는 그를 궁정에서 몰아내었다. 그리고 1560년 프랑수아 2세가 죽고 그의 동생 샤를 9세가 열 살의 어린 나이로 왕위에 오르자 모후인 카트린 드 메디시스가 섭정을 실시했다.

1562년 샹파뉴 지방의 바시에서 위그노의 대량 학살 사건이 일어나 이를 계기로 위그노 전쟁이 시작되었다. 전쟁이 점차 고조되어 가던 1572년 섭정을 하던 모후가 이번에는 기즈 가와 연합해 신교측 귀족을 살해한 사건이 발생했다. 성 바르톨로메오축일인 8월 23일 위그노의 지도자 가운데 한 사람인 나바르 왕 앙리가 샤를 9세의 누이 마르그리트와 결혼하는 것을 축하하기 위해 파리에 모여든 위그노들을 구교도들이 습격한 것이다. 이 일로 위그노 지도자의 한 사람인 콜리니를 비롯해 2000명이 학살되었는데, 지방에서의 피살자까지 합치면 수천 명 이상이 희생되었다.

1574년 샤를 9세가 죽고 동생 앙리 3세가 23세의 나이로 즉위했다. 그는 위그노에 대해 유화 정책을 내보였지만 신교측의 나바르 왕 앙리뿐만 아니라 '가톨릭 동맹'을 조직한 기즈 공 앙리도 왕위를 노리면서 반국왕파가 되었기 때문에 사태는 세 앙리의 권력 투쟁이라는 양상으로 더욱 복잡해졌다.

앙리 4세

프랑스 왕위의 정통 계승자였던 앙리 4세는 구교측의 저항으로 말미암아 "파리는 미사를 드릴 만하다"라는 말과 함께 프로테스탄트 신앙을 포기했다. 그러고 나서야 비로소 그는 통치권을 행사할 수 있었다.

1588년 기즈 공 앙리가 왕에 의해 암살되던 다음 해, 이번에는 왕이 예수회 수사에 의해 암살되어 발루아 왕조가 단절되었다. 따라서 발루아 왕녀인 마르그리트를 아내로 맞이했던 나바르 왕 앙리가 앙리 4세로 즉위했다.

그러나 파리 시민을 비롯한 구교측의 저항에 봉착한 앙리 4세는 1593년 가톨릭으로 개종하고 다음해에 대관식을 올렸다. 이리하여 정식으로 부르봉 왕조가 성립했다. 그리고 국내의 구교측을 계속해서 지원해온 에스파냐와 강화 조약을 맺은 1598년에 '낭트 칙령'을 공표해 신교도에게 대폭적인 신앙의 자유를 허용함으로써 장기간에 걸친 피비린내 나는 종교 전쟁을 종결지었다.

왕권 강화의 길

앙리 4세(재위 1589~1610년)는 신구교 양측의 융화에 성공했기 때문에 오랜 분란에 지친 국민들에게 환영을 받았다. 그

콜베르

부유한 상인의 아들로 태어난 콜베르는 루이 14세 시절에 재무 대신에 중용되었다. 그는 수입을 억제하기 위해 관세율을 올리고 국산품의 수출을 장려하는 등 전형적인 중상주의 정책을 폈다.

의 치세 동안 국내의 통일이 급속히 진전되었으며, 더불어 견직물 공업 등 산업 발전도 상당히 진전되었다. 이런 치적 때문에 그가 광신적인 구교도에 의해 거리에서 암살되었을 때 많은 국민이 애석해했다고 한다.

앙리 4세의 뒤를 이어 왕위에 오른 이가 루이 13세(재위 1610～1643년)이다. 그는 나이가 어렸기 때문에 모후인 마리 드 메디시스가 섭정을 폈다. 그리고 1617년에 이르러서야 루이 13세가 직접 정치에 나섰으며, 1624년에는 리슐리외를 재상으로 임명했다.

왕권 강화와 국력 증진을 최대 목표로 삼았던 리슐리외는 고등 법원을 중심으로 한 귀족들의 힘을 약화시켰으며, 다시금 왕권에 도전하려는 위그노를 제압했다. 그는 또한 국왕에 의해 임명되는 지방 장관을 전국에 파견한 뒤 지방 행정을 관장케 해 중앙집권을 강화했으며, 30년 전쟁에 개입해 독일의 신교도를 지원함으로써 프랑스의 국익을 증진시키기도 했다.

태양왕 루이 14세 : 부르봉 절대 왕정의 절정

루이 13세의 아들인 루이 14세(재위 1643～1715년)는 즉위할 때의 나이가 다섯 살밖에 되지 않았다. 따라서 루이 13세 때와 마찬가지로 에스파냐 출신의 모후 안느가 섭정을 폈다. 그녀는 리슐리외 대신 마자랭을 중용했다.

때마침 루이 13세 치하 때 권한이 축소되어 불만이 쌓인 고등 법원과 귀족들이 '프롱드의 난'을 일으켰다(1648～1653년). 정부측이 반란군에 밀려 한때 고전했지만 국민 속에 뿌리박지 못한 이 반란은 실패로 돌아갔고 그 결과 마자랭의 권력과 관료제적인 절대 왕정이 강화되는 계기가 되었다.

마자랭이 죽은 후 루이 14세는 재상을 두지 않고 직접 통치에 나섰다. 그리고 국무 회의에서 모후를 비롯한 구귀족을 몰아내고 대신 부르주아 계급을 등용했다. 1665년에 그는 콜베르를 행정의 요직인 재무 대신으로 임명했다. 오늘날의 재무부와 내무부를 총괄하는 자리에 오른 콜베르는 국고 수입을 증대시키기 위해 상공업을 보호하고 육성했으며, 동인도 회사를 통해 해외 무역에도 주력하는 등 중상주의 정책을 추진했다. 이를 그의 이름을 따 '콜베르주의'라고도 하는데, 유럽 전체가 불황기였던 17세기 후반에 프랑스는 오히려 국부와 국력이 크게 신장되었다.

　루이 14세는 이러한 부를 바탕으로 파리 근교에 호화로운 베르사유 궁전을 지어 1682년 그곳으로 옮겼다. 그는 또한 문화와 예술을 장려했으며, 이 시기에는 라신, 코르네유, 몰리에르 등 위대한 극작가들이 활동해 프랑스 고전 문학과 바로크 예술이 꽃피게 되었다.

　루이 14세는 황태자의 스승으로 뽑힌 보쉬에의 왕권 신수설을 수용했다. 그리고 자신을 태양에 비유했기 때문에 '태양왕'이라고도 불렸다. 계몽 사상가 볼테르는 「루이 14세의 시대」 (1751~1756년)에서 왕의 법령을 비판하는 고등 법원의 법복 귀족에 대해 루이 14세가 "짐 없이 국가는 없다. 짐은 곧 국가

베르사유 궁전
루이 14세는 아버지 루이 13세의 작은 사냥용 집터 주위에 웅장한 베르사유 궁전을 세웠다. 루이 14세와 프랑스의 잠재력을 보여준 이 궁전은 프랑스가 유럽의 문화적·정치적 리더임을 과시하고 있는 셈이다.

루이 14세

절대 왕정 시대의 상징인 태양왕 루이 14세는 왕권 신수설에 따라 국가와 자신을 동일시하면서 프랑스의 번영과 영광을 꾀했다. 하지만 절정은 곧 추락의 시작이라고, 영토 확장을 위해 수많은 전쟁을 벌인 그는 후대에게 텅 빈 왕실 금고를 물려주었다.

다"라고 말했다고 썼다. 이것의 진위는 불분명하지만 루이 14세의 절대 왕권을 짐작케 하는 대목이다.

루이 14세는 증대된 국력을 바탕으로 영토를 확대하려는 야망을 가졌다. 그는 16세기 이래 '자연 국경론'(자연적·지리적 경계를 국경으로 삼는다는 생각)에 따라 동쪽으로는 라인 강 좌안까지, 서쪽으로는 피레네 산맥까지를 영토로 주장하면서 여러 번의 침략 전쟁을 펼쳤다.

루이 14세는 먼저 에스파냐 왕실 출신인 왕비의 상속권을 내세워 에스파냐령 네덜란드를 침략했다(1667~1668년). 이 전쟁에서 별다른 소득을 올리지 못한 그는 재차 전쟁을 벌였으나(1672~1678년) 네덜란드는 오라녜 공 빌렘의 지도 하에 완강하게 저항했다. 결국 이 전쟁은 네이메겐 조약으로 종결되었으며, 프랑스는 프랑슈 콩테 지역을 확보하는 것으로 만족할 수밖에 없었다.

더 나아가 루이 14세는 동쪽으로 진출하고자 왕위 계승자가 끊긴 팔츠의 계승권을 놓고 이번에는 자기 동생의 비가 팔츠 가 출신임을 내세워 이른바 아우크스부르크 동맹 전쟁(팔츠 계승 전쟁, 1688~1697년)을 일으켰다. 그러자 프랑스의 침략에 맞서기 위해 네덜란드, 독일의 유력한 영방 국가들, 오스트리아, 에스파냐, 스웨덴, 영국 등이 동맹을 맺었다. 결국 프랑스 해군이 영국 해군에 패해 라이스바이크 조약(1697년)이 체결되었으며, 프랑스는 알자스의 일부를 차지하는 데 그치고 말았다.

그러나 라이스바이크 조약이 체결된

지 4년 후 왕위 계승자가 없던 에스파냐의 카를로스 2세가 그의
모든 영토와 왕위를 루이 14세의 손자 필리프(펠리페 5세)에게
물려주고 사망했다. 이로써 프랑스와 에스파
냐가 부르봉 왕실에 의해 통합된다면 유럽
의 세력 판도가 완전히 뒤바뀌는 결과를 가
져올 것이다. 그리하여 영국, 네덜란드, 오스
트리아를 주축으로 하는 헤이그 동맹이 결
성되어 이른바 에스파냐 왕위 계승 전쟁
(1701~1713년)이 벌어지게 되었다.

　헤이그 동맹은 오스트리아 합스부르크
의 황제 레오폴트 1세(재위 1658~1705년)
의 차남 카를을 에스파냐 국왕으로 옹립하
려 했다. 전세는 동맹에게 유리하게 돌아갔
지만 1711년 레오폴트 1세를 계승한 장남
요제프 1세가 죽자 차남인 카를이 오스트리
아 합스부르크의 황위를 이어받아 카를 6세
로 등극했다. 상황이 이쯤 되니 그가 에스파
냐까지 지배하는 것은 다시금 유럽의 세력
균형을 해치는 일이 되었다. 게다가 영국에
서도 주전파 휘그 대신 화평파인 토리가 의
회의 다수를 차지함으로써 결국 1713년 위트레호트 조약이 체결
되었다.

　위트레호트 조약 결과 펠리페 5세의 왕위 계승은 인정되었
지만 프랑스와 에스파냐의 합병은 금지되었다. 그리고 양국은 영
국과 오스트리아에 영토를 할양했다. 이리하여 프랑스는 '명예를
얻고 실리를 잃어버리게' 되었으며, 부르봉과 합스부르크의 대립
에 영국이 조정자로서 등장하게 되었다.

　여러 차례의 대외 전쟁을 통해 프랑스의 재정은 바닥이 났
다. 여기에 더해 루이 14세가 낭트 칙령을 폐지함으로써(1685

볼테르의 「루이 14세의 시대」 당시의 파리는
오늘날에 비해 매우 낙후되어 있었다. 그곳에
는 빛도, 안전함도, 또 청결함도 결여되어 있
었다. 따라서 끊임없이 도로의 잡초를 제거해
야 했고, 밤중 내내 5천 개의 표지등으로 길
을 비춰야 했다. 또한 두 개의 다리를 새로
건설했을 뿐만 아니라 무너진 다리도 복구해
야 했으며, 시민들의 안전을 위해 파수병들은
걸어다니거나 말을 타고 다니며 끊임없이 순
찰을 돌아야 했다. 왕은 이 모든 책임을 맡아
관리했고, 이에 필요한 지출을 신용으로 충당
했다. 국왕은 1667년 경찰 통제만을 전담하는
행정 관직을 창설했다. 대부분의 유럽 대도시
들은 한참 뒤에야 파리 시의 모델을 모방했지
만, 어느 도시도 그 수준에 필적하지 못했다.
어디에도 파리처럼 포장된 도로는 없었다.

마그데부르크 공방전

30년 전쟁중인 1631년 신교파 도시인 마그데부르크가 황제군에게 공격당했다. 이 전투로 말미암아 2만 5천 명의 시민이 사망하고 도시는 완전히 불타 버렸다.

년) 약 5만 명에 달하는 상공업자와 기술자 위그노들이 네덜란드, 영국, 신대륙 등으로 빠져나갔다. 따라서 태양왕이 사망할 무렵에는 프랑스도 석양을 맞이하게 되었다.

독일의 30년 전쟁

아우크스부르크 종교 화의(1555년) 이후 독일의 각 영방 국가에서는 정치적 집권화가 진행되었다. 한편 이 화의를 통해 루터 파는 인정된 반면 칼뱅 파는 여전히 인정되지 않았기 때문에 신구교의 대립은 잠재적이긴 했지만 여전했다.

이 사이 예수회가 진출해 구교 세력이 상대적으로 커졌으며 17세기초에는 바이에른 공 막시밀리안을 중심으로 가톨릭 동맹이 결성되었다.

1612년 황제 마티아스는 자신의 사촌 페르디난트 2세를 신교도가 많은 뵈멘(보헤미아)의 왕으로 임명했다. 그런데 페르디난트 2세는 골수 가톨릭이었기 때문에 노골적으로 신교도를 박해했다. 뵈멘의 신교도 귀족들은 이에 반발해 팔츠 선거후 프리

드리히를 왕으로 추대하고 전쟁에 돌입했다(1618년). 전쟁이 발발하자 에스파냐가 개입해 라인 강변의 팔츠를 공격했고, 페르디난트 2세는 가톨릭 동맹의 지원을 얻어 뵈멘의 반란군을 격파했다(1620년). 이로써 팔츠 선거후는 도망가고 반란 귀족의 영지는 몰수당했으며, 뵈멘은 오스트리아 합스부르크의 세습 왕국이 되었다.

하지만 사태는 이것으로 끝나지 않았다. 합스부르크 가의 세력 확대를 저지하기 위해 루터 파인 덴마크 왕 크리스티안 4세(1588~1648년)가 영국과 네덜란드의 지원을 등에 업고 개입했다. 그러나 덴마크 군은 발렌슈타인이 이끄는 황제군에 패했다. 이로 인해 아우크스부르크 화의가 철회되고 독일에서는 신교가 위기를 맞게 되었다.

이에 발트 해에서 독일 세력이 강화되는 것을 두려워한 신교국 스웨덴의 구스타브 아돌프 2세가 개입해 북부 독일의 폼메른에 상륙했다. 또한 북부 독일의 2대 신교 영방인 브란덴부르크 프로이센과 작센도 반황제 편에 섰다. 그리고 다음해인 1631년

30년 전쟁의 참상

종교적 분쟁일 뿐만 아니라 정치적 분쟁이었던 30년 전쟁은 유럽 전체가 관련되었다. 이 전쟁의 본마당이었던 독일은 엄청난 인적·물적 손실을 입었으며 정치적 분열 상태가 고정화되어 통일의 길은 요원하게 되었다.

스웨덴 군이 대승을 거두었기 때문에 전세가 역전되어 황제군은 수세에 몰리게 되었다.

한편 16세기 이래 합스부르크 가와 경쟁 관계에 있던 프랑스가 이 전쟁에 끼여들었다. 독일 내의 신교 세력과 스웨덴을 계속 지원하던 루이 13세의 재상 리슐리외는 1635년 마침내 독일 황제와 에스파냐에 선전 포고를 했다. 그러나 구교국인 프랑스가 독일의 신교도를 지원한 것을 보면 30년 전쟁의 동기를 종교적인 문제라고만 보기 어렵다. 오히려 이 전쟁은 정치적·국제적 권력 투쟁의 일환이었다.

프랑스 군은 라인 강을 넘어 남부 독일로 진격했으며, 스웨덴 군도 공격을 재개했다. 이에 따라 황제군은 점차 수세로 몰리고 날이 갈수록 패색이 짙어졌다. 그리하여 1648년 베스트팔렌 조약이 체결되고 30년 전쟁이 막을 내렸다.

30년 전쟁의 결과 프랑스의 우월한 지위가 국제적으로 인정되었다. 독일의 경우 칼뱅 파가 승인되어 종교적 분쟁이 가라앉게 되었다. 하지만 전장이 되었던 독일의 인적·물적 손실은 어마어마했다. 독일의 인구는 전쟁 전 1800만이었는데, 전쟁 후에는 영토가 잘려져 나간 것까지 감안해 700만으로 줄었다. 농촌은 황폐화되고 도시는 침체했다. 영토 변경에 따라 주요 항구를 상실해 세계 상업 무대에서 후퇴할 수밖에 없었다. 그리고 정치적으로는 분열 상태가 고정화되어 통일 제국의 성립은 먼 미래의 일이 되고 말았다.

프로이센의 흥기

오늘날의 에스토니아, 라트비아, 리투아니아 등 발트 해 연안에는 슬라브 인들이 살고 있었다. 13세기에 들어서 독일의 기사단이 발트 해 연안을 정복한 뒤 이주해 기사단령이 되었으며, 1525년 프로이센 공작령에 편입되어 프로이센 공국이 되었다.

그러나 15세기 이래 브란덴부르크 선거후였던 호엔촐레른 가문이 프로이센을 상속해 브란덴부르크 프로이센이 되었다. 대선거후 프리드리히 빌헬름 시절에 상비군이 마련되었으며, 대귀족을 억압하면서 절대주의로의 길을 걸었다. 또한 1685년 프랑스의 루이 14세가 낭트 칙령을 폐지해 수많은 위그노들이 망명했을 때 그들을 적극적으로 받아들였는데, 나중에 이들이 경제적 발전에 크게 기여했다.

대선거후의 아들인 프리드리히 1세(재위 1688~1713년)는 '프로이센 왕'의 칭호를 얻었으며(1701년), 프리드리히 빌헬름 1세(1713~1740년) 때에는 유럽의 강대국으로 발전할 수 있는 토대가 마련되었다. 프리드리히 빌헬름 1세는 관료 조직을 정비하고 상비군을 강화함으로써 왕의 지배력을 확대했다.

그리하여 그의 아들 프리드리히 빌헬름 2세(1740~1786년)는 왕위와 함께 잘 정비된 관료 조직과 상비군, 풍부한 재정을 물려받을 수 있었다. 그리고 이를 바탕으로 프로이센의 국제적 지위를 높여갔다. 그 첫번째 기회는 오스트리아 왕위 계승 문제였다. 오스트리아의 황제 카를 6세에게는 딸 마리아 테레지아밖에 없었다. 그래서 황제는 생전에 자기 딸이 왕위를 계승할 수 있도록 국내 귀족과 열강들의 다짐을 받기 위해 노력했다.

하지만 1740년 카를 6세가 사망하고 23세의 마리아 테레지아가 뒤를 잇게 되자 사태는 간단치 않았다. 프로이센의 프리드리히 2세는 재빨리 섬유 공업이 발달하고 석탄과 철이 풍부한 슐레지엔을 점령했다. 여기에 프랑스, 에스파냐, 바이에른 등이 가세했고, 영국은 오스트리아 편에 가담했다.

이 전쟁은 유럽 대륙에서뿐만 아니라 인도와 아메리카에서도 영국과 프랑스의 패권 다툼으로 전개되었다. 해외에서의 전쟁은 승패가 가려지지 않은 채 엑스 라 샤펠 조약(1748년)으로 현상 유지가 결정되었다. 그리고 마리아 테레지아는 왕위가 인정되

프리드리히 2세
잘 정비된 관료 조직과 상비군을 바탕으로 프리드리히 2세는 여러 차례의 전쟁을 통해 프로이센을 유럽의 강대국으로 만들었다. 이런 업적으로 인해 후세 사람들은 그를 대왕이라고 부르게 된다.

었지만 프로이센은 드레스덴 조약(1745년)으로 슐레지엔을 차지
하게 되었다.

오스트리아 계승 전쟁으로 인해 유럽의 국제 관계에서는
'외교 혁명'이라고 할 만한 극적인 변화가 일어났다. 가장 큰 변
화는 프로이센이 중부 유럽의 강대국으로 부상하는 데 위협을
느낀 프랑스가 오랜 적대 관계에 있던 오스트리아와 동맹을 맺
은 것이었다. 이때 프리드리히 2세를 증오하고 있던 러시아의 여
제 예카테리나도 이 진영에 합류했다.

그러자 프로이센은 영국에 접근했다. 영국은 해외에서 프랑
스와 다툼을 벌이고 있었을 뿐만 아니라 왕실의 고향인 하노버
를 지켜줄 세력을 원하고 있었기 때문에 프로이센과 손을 잡았
다. 이렇게 7년 전쟁(1756~1763년)이 시작되기 직전, 유럽의
동맹 관계는 완전히 변하고 말았다.

동맹 관계의 변화는 곧바로 전쟁을 의미했다. 먼저 움직인
것은 기민한 프로이센의 프리드리히 2세였다. 그는 오스트리아의
전쟁 준비가 미비한 틈을 타서 1756년 6월 동원령을 내렸다. 7
년 전쟁이 시작된 것이다. 하지만 오스트리아는 스웨덴, 러시아,

프랑스, 독일의 제후들과 힘을 합쳐 싸웠기 때문에 영국이 유일한 동맹국이었던 프로이센은 고전을 면치 못했다. 항상 진두에서 지휘했던 프리드리히 2세는 독약을 가지고 다니면서 만일의 경우 자살할 각오까지 했다.

그러나 프로이센은 파멸 일보 직전에 이르러 역전에 성공했다. 1762년 러시아의 여제 예카테리나가 사망하고 표트르 3세가 뒤를 이었다. 그는 독일식 교육을 받았을 뿐만 아니라 프리드리히의 열렬한 숭배자였기 때문에 러시아 군을 철수시키고 프로이센과 동맹을 맺었다. 이로써 동맹 관계는 무너지고 전쟁에 지친 교전국들은 후베르투스부르크 조약으로 프로이센의 슐레지엔 영유를 확인한 채 전쟁을 끝냈다(1763년).

한편 7년 전쟁은 프랑스와 영국의 식민지 쟁탈전이라는 또 다른 성격을 가지고 있다. 이것이 프렌치 인디언 전쟁인데, 여기서는 영국이 승자였다. 1763년의 파리 조약으로 프랑스는 북아메리카의 식민지를 상실했으며, 인도의 플라시 전투(1757년)에서도 영국의 패권이 확립되었기 때문에 동서양에 걸쳐 영국의 식민지 지배가 확고해졌다.

한편 프리드리히 2세는 국내 정치에서 합리주의를 강조하는 계몽 전제 군주의 면모를 발휘했다. 그는 상공업을 육성하면서 중상주의를 추진했고「프로이센 일반국법전」을 공포했다. 농업 부문에서 어느 정도 농민을 보호하는 정책을 펴기는 했지만 토지 귀족(융커)을 국가의 근간이라 생각했기 때문에 가혹한 부역 노동에 의한 대농장 경영이 발전했다.

프리드리히 2세는 일상 생활에서 프랑스 어를 사용할 정도로 프랑스 문화에 심취해 있었다. 그는 계몽 사상가 볼테르를 스승으로 삼았으며, 황태자 시절에「반마키아벨리론」을 익명으로 출판하기도 했다. 또 포츠담에 로코코 풍의 궁전 상 수시(프랑스어로 '근심이 없다'는 뜻)를 건축해 그곳에서 지냈으며, 스스로를 '상 수시의 철학자'라고 부르면서 철학자들을 초대하곤 했다.

요제프 2세와 예카테리나 여제
요제프 2세는 당시 어떤 계몽 군주보다 적극적인 개혁을 시도했다. 이는 그가 얼마나 시대의 변화를 잘 인식하고 있었는지를 보여준다. 하지만 오스트리아는 그의 개혁을 수용하기에는 여전히 시대에 뒤처져 있었다.

프리드리히 2세 치하의 프로이센은 전쟁을 통해 국토가 거의 배로 늘었으며, 인구는 250만에서 650만으로, 군대는 8만에서 20만으로 늘었다. 그리고 그의 만년에 이르러 국가 재정은 부왕에게 물려받은 것보다 다섯 배나 더 늘었다. 이런 치적 때문에 사람들은 그를 '대왕'이라고 불렀다.

요제프 2세의 오스트리아

7년 전쟁 후 마리아 테레지아는 개혁을 시도했다. 하지만 독실한 가톨릭인 그녀의 개혁은 한계가 있었다. 계몽 전제 군주로서 오스트리아의 전반적인 개혁을 시도한 것은 요제프 2세(재위 1765~1790년)였다. 그는 부친 프란츠에 이어 왕위를 계승했지만 신중한 어머니 마리아 테레지아와 공동으로 통치하는 동안에는 그 뜻을 펴지 못했다. 어머니의 사후 친정에 나선 그는 이성의 시대에 적합한 개혁들을 착수했다. 그는 농노를 해방하고 평등주의에 입각한 새로운 법령을 마련해 사형과 고문을 폐지했으며, 신앙의 자유를 보장하고 교육에도 힘을 썼다.

그러나 이러한 개혁의 대부분은 귀족들의 반대에 부딪혀 실패했다. 그리고 전체 인구의 4분의 1밖에 되지 않는 독일인을 중심으로 국가를 통합하고 중앙집권을 강화하려는 정책 또한 다른 민족들의 저항에 부딪혔다. 따라서 요제프 2세는 다음과 같은 묘비명을 스스로 작성했다. "가장 훌륭한 의도를 가졌으나, 하려고 한 모든 일에 성공하지 못한 사람이 여기에 잠들다."

15. 제국 러시아의 흥기

러시아 제국의 탄생

러시아의 기원은 노르만 인이 862년 노브고로트 공국을 건설한 데까지 거슬러 올라간다. 그 후 키예프 공국 시대에는 비잔틴 문화를 수용하면서 발전했다. 13세기 후반에는 동유럽에 침입한 몽골 제국의 지배 하에 들어갔다가 1480년 모스크바 대공국으로 독립했다.

이반 4세(1533~1584년) 때 이르러 공식적으로는 처음으로 전러시아의 차르(황제)라고 칭하면서 러시아 제국이 시작되었다. 이 러시아 제국은 농노제를 기반으로 하는 강력한 중앙집권적 전제 국가였다.

이반 4세 이후 제위 계승을 둘러싸고 내분이 일어났으며, 외국군이 침입해 제국이 흔들렸다. 그러다 1613년 왕비 계통의 모스크바 귀족 미하일 로마노프가 제위에 오름으로써 로마노프 왕조가 시작되었다.

표트르 대제의 북방 전쟁

서방으로의 출구를 원했던 러시아의 표트르 대제는 스웨덴과의 북방 전쟁에서 승리함으로써 원하던 바를 이루었다. 북방 전쟁을 통해 그는 에스토니아, 리보니아, 핀란드 남부를 획득했으며, 핀란드 만에 새로운 수도 상트 페테르부르크를 건설해 천도했다.

표트르 1세의 개혁

17세기를 지나면서 러시아는 서서히 강대국으로 부상했지만 아직도 국민 대다수가 문맹이었을 뿐만 아니라 아시아적 성격이 강한 후진 지역에 머물러 있었다. 이런 러시아를 유럽적인 근대 국가로 만든 이가 바로 표트르 대제였다.

황제 페오도르가 적자 없이 사망하자 옛부터 내려오는 젬스키 소보르(대의제 의회)는 이전의 황제인 알렉세이의 서자 표트르를 황제로 선출했다. 당시 그는 열 살에 불과했기 때문에 이복 누이 소피아가 친위대 스트렐치의 지지를 업고 섭정을 폈다. 그러나 스트렐치가 전횡을 일삼았기 때문에 1689년 표트르는 소피아를 수녀원에 유폐하고 실권을 장악하게 되었다.

'바다로 나가는 출구'를 원했던 그는 오스만 투르크가 지배하고 있던 흑해 북부의 아조프로 원정을 나섰다. 고전 끝에 결국 아조프를 확보하긴 했지만 그는 러시아의 후진성을 깨닫게 된다. 그리하여 1797년에서 1798년까지 250명의 사절단을 보내 프로이센, 네덜란드, 영국, 오스트리아 등을 시찰하게 했다. 그런데 이 시찰단 속에는 신분을 감춘 표트르 황제가 섞여 있었다. 그는

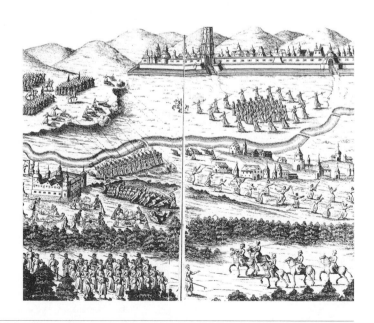

직접 서유럽의 선진 문화를 보고 싶었던 것이다. 시찰 과정 동안 조선소에서 직공으로 일하기도 한 그는 다수의 외국인 전문가를 데리고 귀국했다.

　서유럽 시찰에서 돌아온 표트르 황제는 곧바로 개혁에 착수했다. 교육을 중시하고 율리우스력(러시아력)을 채택했으며, 러시아 최초로 해군을 창설하고 귀족제를 개선했다. 또한 조선 공업과 철공업에 매뉴팩처를 도입했으며, 러시아 정교의 총주교 제도를 폐지하고 종교를 국가에 종속시켰다.

　서구화를 통해 러시아의 근대화를 꾀했던 표트르는 유럽과 직접 접촉할 수 있는 발트 해로 진출하려 했다. 그러려면 발트 해를 지배하고 있는 스웨덴을 꺾어야만 했다. 표트르는 곧 덴마크, 폴란드와 동맹을 맺고 스웨덴과 북방 전쟁(1700～1721년)을 시작했다.

　전쟁 초기에 러시아는 고전을 면치 못했다. 후퇴한 표트르는 1년 동안 군대를 정비한 다음 다시 전투에 나서 5만의 러시아 군과 3만의 스웨덴 군이 폴타바에서 맞붙게 되었다(1709년). 이 전투에서 중상을 입은 스웨덴의 칼 12세는 투르크로 도망갔다. 러시아군은 대승을 거두고 1721년 니스타드 조약을 맺었다. 마침내 북방 전쟁을 통해 러시아는 강국으로 발돋움했으며, 북유럽의 강자였던 스웨덴은 몰락하게 되었다.

　전쟁중이던 1703년 표트르는 발트 해로 흘러드는 네바 강 하구에 상트 페테르부르크를 건설하기 시작해 10년 만에 완성한 후 천도했다(1713년). 이로써 러시아는 '서방으로 열린 창'을 얻게 되었다. 이 사이 표트르는 두 번째 유럽 시찰에 올랐다(1716～1717년). 그리고 시찰 후 중앙과 지방의 행정 · 관료 기

표트르 대제

표트르 대제는 서구의 문명과 기술을 배우기 위해 네덜란드, 영국, 오스트리아 등지를 여러 차례 여행했다. 러시아로 돌아온 그는 서구식 개혁을 시도했는데, 그 가운데 상징적인 일이 수염을 깎는 것이었다. 하지만 이 민중 판화에 묘사된 것처럼 그의 개혁 중에는 피상적인 것도 많았다.

계몽 사상의 열렬한 신봉자인 예카테리나 2세는 서구식 개혁과 인간적 통치를 행하려고 했다. 하지만 귀족들의 반대에 의해 농노제 폐지가 실패하면서 국민들의 삶은 오히려 더 어려워졌다. 특히 푸가초프의 반란을 계기로 그녀는 반동 정책으로 돌아섰다.

구를 정비했으며, 징병제를 마련했다.

한편 표트르 치세 35년 동안은 끊임없는 전쟁의 시기였고, 새로운 수도를 건설하는 데에도 엄청난 돈이 필요했다. 그리하여 표트르는 화폐 가치를 저하시키고 모든 것에 세금을 부과했으며, 새로운 세원을 위해 인두세를 신설했다. 이를 위한 국세 조사 과정에서 부동층이 농노로 기록되어 농노제가 양적으로 팽창했으며, 관직자에 대한 토지 하사 또한 농노제 강화에 일조했다.

여제 예카테리나 2세의 전제 정치

표트르 대제가 사망한 이후 37년 동안 러시아의 궁정은 제위 계승을 둘러싼 쿠데타로 어수선했다. 그리하여 짧은 이 기간 동안 4명의 여제와 3명의 황제가 교체되었다. 표트르 3세의 부인 예카테리나는 독일의 작은 나라의 공주 출신이었는데, 남편이 병약했을 뿐만 아니라 정신적으로도 약간 이상하여 불행한 결혼 생활을 보냈다. 1762년 남편이 즉위하자 예카테리나는 불만을 품은 근위 연대와 손을 잡고 쿠데타를 일으켜 남편을 퇴위시키고 제위에 올랐다.

제위에 오른 예카테리나 2세(재위 1762~1796년)는 프랑스의 계몽 사상가 볼테르와 서신을 교환했으며, 몽테스키외의 「법의 정신」을 읽는 등 계몽 군주를 자임했다. 그녀는 지방 제도와 사법 제도를 개혁하고 도시에 특권을 부여하며 근대화를 꾀했으나, 오히려 귀족의 특권이 확대되면서 농민들은 흡사 귀족의 노예처럼 되어버렸다.

이러한 경향에 반발했던 것이 농민 전쟁 '푸가초프의 반란'(1773~1775년)이다. 그러나 이 반란을 잔혹하게 진압한 것을 계기로 여제는 기존의 정책을 바꾸어 개혁파를 탄압하는 등 반동

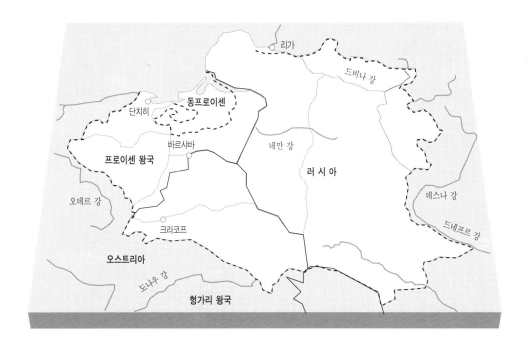

성을 드러냈다. 그리고 이후 1789년에 발발한 프랑스 대혁명에 대한 거부감도 그녀의 반동 정치를 점점 강화시켰다. 이런 점에서 표트르 대제에게는 유럽 문화가 도달해야 할 목표였던 것에 반해 예카테리나 여제에게는 프랑스 계몽 사상이 단순한 유행 추구였다고 보여진다.

대외적으로 예카테리나 2세는 러시아의 전통적인 팽창 정책을 이어가 유럽과 흑해 방면으로 진출하려 했다. 그리하여 두 차례에 걸친 러시아-투르크 전쟁을 통해 흑해 연안에 영토를 확보했으며, 세 차례에 걸친 폴란드 분할에 참가해 폴란드 영토의 대부분을 손에 넣었다.

폴란드의 분할

폴란드는 서슬라브 계의 폴라니 인이 9세기에 세운 나라로서, 야기에우워 왕조(1386~1572년) 시대에는 독일 기사단을 압도하면서 리투아니아를 합병해 영토가 발트 해로부터 흑해에까

폴란드의 분할

한때 발트 해에서 흑해에 이르는 광대한 영토를 가졌던 폴란드는 내분과 외국의 간섭으로 점차 국력이 약해지다가 마침내 러시아, 오스트리아, 프로이센에게 분할되어 점령당하고 말았다. 민족주의라는 시대의 흐름 속에서 폴란드 인들은 독립을 위해 투쟁했다. 하지만 그들이 독립을 쟁취한 것은 제1차 세계대전 이후의 일이다.

지 이르는 강대국이 되었다. 하지만 야기에우워 왕조가 멸망한 후 귀족들의 전횡으로 말미암아 선거제로 뽑히는 왕의 권한이 약화되었고, 계속되는 외국의 간섭으로 인해 국력도 현저하게 약해져갔다.

그 와중에 러시아의 예카테리나 2세는 서방으로 진출하려고 프로이센의 프리드리히 2세와 오스트리아의 마리아 테레지아를 끌어들여 폴란드 분할을 제안했다. 그리고 이를 통해 세 나라는 저마다 인접한 폴란드의 영토를 차지했다.

이러한 외국의 침략에 대해 코시치우슈코를 중심으로 하는 폴란드 애국자들이 들고 일어나 헌법을 제정(1791년)하는 등 힘을 모았다. 그러나 마침 프랑스 혁명으로 오스트리아가 정신이 없는 틈을 타서 러시아(예카테리나 2세)와 프로이센(프리드리히 빌헬름 2세) 사이에 제2차 폴란드 분할이 이루어졌다.

이번에도 코시치우슈코 등 애국자들이 봉기했지만 러시아와의 싸움에서 패배했으며(1794년), 나머지 영토는 다시 러시아, 프로이센, 오스트리아 사이에 최종적으로 분할되고 말았다. 이로써 폴란드 왕국은 사라지고 말았다. 그 후 폴란드 민족은 기회가 있을 때마다 독립을 위해 투쟁을 계속했지만 그들이 다시 독립한 것은 제1차 세계 대전이 끝났을 때이다.

16. 영국 혁명과
입헌 정치의 발전

엘리자베스 1세의 치세

1558년 '유혈의 메리'가 병으로 죽고 배다른 자매인 엘리자베스 1세(재위 1558~1603년)가 25세의 나이로 즉위했다. 메리여왕의 가톨릭 복고 정책과 신교도 탄압의 공포 정치에 시달리던 국민들은 이 젊은 여왕의 즉위를 환호로 맞이했다.

하지만 엘리자베스 1세는 독실한 신교도는 아니었다. 그녀는 전형적인 르네상스 문화인으로서 광신을 극도로 혐오했다. 그리하여 그녀는 신교적인 국교회를 확립하면서도 극단파를 제외하고는 종교적으로 관용적인 태도를 취했다.

대내적으로는 추밀원을 중심으로 유능한 정치가들을 등용했으며 정치는 성실청(星室廳)을 통해, 종교는 특설 고등 법원을 통해 통제했다.

모직물 공업을 육성하고 장려했기 때문에 농촌을 중심으로 급속히 발전했다. 하지만 양을 키우기 위해 목초지를 확대한 '인

엘리자베스 여왕

무개 마차를 탄 엘리자베스 여왕이 군
중들의 환호를 받고 있다. 천사의 모습
을 한 전령관이 여왕의 명성을 찬양하
고 있다. 영리했던 그녀는 국민의 사랑
을 받는 방법이 무엇인지를 잘 알았다.
평생 독신을 고집한 것도 그 가운데 하
나였다.

클로저'가 광범위하게 이루어지면서 토지에서 쫓겨난 농민들이
전국을 떠돌아다녔기 때문에 치안에 문제가 생겼다. 그러자 여왕
은 부랑자를 처벌하는 법을 만드는 한편 1601년 '구빈법'으로
부랑자를 구제하는 정책을 폈다.

엘리자베스 1세는 또한 중상주의를 채택해 독점을 부여하는
방식으로 공업을 육성했다. 뿐만 아니라 1600년에는 영국 동인
도 회사를 설립해 희망봉 동쪽 지역의 무역과 식민의 독점권을
부여했다.

대외적으로는 평생 독신으로 지내면서 에스파냐의 펠리페 2
세를 비롯한 많은 구혼자들을 적절히 조종해 큰 효과를 보았다.
그리고 엘리자베스 1세는 '짐은 영국과 결혼했다'는 말을 공공
연하게 해 국민들을 기쁘게 했다.

엘리자베스는 영국의 국력이 프랑스와 에스파냐에 못미친다
는 것을 알고 표면적으로는 세력 균형 정책을 펴면서도 뒤로는
드레이크 등 해적들을 지원했다. 모직물 공업과 밀접한 관련을

가진 네덜란드의 독립 전쟁에서는 같은 신교도의 나라라는 이유로 네덜란드를 지원했다. 이 때문에 에스파냐의 무적 함대가 영국으로 쳐들어 왔으나, 영국은 이를 물리쳐 에스파냐의 해상권을 빼앗았다.

이러한 내적 발전과 외국과의 대결 속에서 국민의 정신적 결속과 일체감이 생겨났으며, 이는 엘리자베스 여왕 시대를 국민 문학의 황금기로 만들었다. 셰익스피어(1564~1616년)의 문학과 프랜시스 베이컨(1561~1626년)의 경험론 철학이 이 시대의 대표적인 성과였다.

프랜시스 베이컨

베이컨은 스콜라적 편견인 우상을 배척하고 새로운 과학의 진보에 어울리는 새로운 인식 방법을 제창하여 실험에 기초한 귀납법적 연구 방법을 주장했다.

혁명으로의 길

1603년 처녀 여왕 엘리자베스 1세가 죽으면서 튜더 왕조가 단절되자 스튜어트 가의 스코틀랜드 왕 제임스 6세가 영국 왕 제임스 1세(재위 1603~1625년)로 즉위했다. 이는 그의 증조모가 헨리 7세의 딸(엘리자베스 1세의 숙모)이었기 때문이다. 그런데 제임스 1세는 스코틀랜드 시절부터 왕권 신수설을 신봉한 인물이었다. 영국의 왕이 되자마자 그는 강력한 왕권 확립을 실천에 옮기려 해 의회와 충돌하게 된다.

'주교가 없으면 왕도 없다'는 신념의 소유자인 제임스 1세는 국교회 제도를 왕권의 지배 하에 두면서 비국교도에 대한 탄압을 강화했다. 이 주교가 없으면 왕도 없다는 말은 나라의 구석구석까지 뻗쳐 있던 국교회의 교구 조직이 불충분한 지방 행정 조직을 대신했기 때문에 매우 중대한 의미를 가지는 것이었다. 국교회는 원래 칼뱅 파이지만 다른 나라와는 달리 왕의 이혼 문제가 계기가 된 영국 종교 개혁의 성격 때문에 가톨릭적 요소를 가지고 있었다. 스코틀랜드의 칼뱅 파는 장로주의로서, 이는 장로가 지도하는 교회의 전국 조직을 주장했다.

비국교도의 다수를 차지하고 있던 영국의 전투적인 칼뱅 파는 국교회로부터 가톨릭적 요소를 제거하고 정화된 교회를 지향

프랜시스 드레이크

해적이라 할 수 있는 드레이크는 세계를 일주하면서 엄청난 노획물을 가져다 엘리자베스 1세에게 바쳤다. 그에 대한 보답으로 여왕은 그에게 귀족의 작위를 내렸다. 한편 드레이크는 에스파냐의 무적 함대를 격파하는 데 큰 공을 세우기도 했다.

한다는 의미에서 퓨리턴(청교도)이라고 불렸다. 박해를 받은 청교도들은 네덜란드와 기타 다른 지역으로 신앙의 자유를 찾아 떠났는데, 그 가운데 일부는 메이플라워 호를 타고 아메리카 대륙으로 건너갔다.

제임스 1세를 계승한 찰스 1세(재위 1625~1649년)도 왕비가 가톨릭인 프랑스 왕녀여서 가톨릭 신앙과 프랑스식 절대 군주에 경도되었기 때문에 의회와의 관계가 점점 악화되었다. 이에 더해 찰스가 신임한 대주교 로드는 완고한 국교회주의자로서 영국 국교회를 가톨릭에 가까운 방향으로 몰고 가면서 청교도에 대한 박해를 강화했다.

한편 에스파냐 및 프랑스와의 전쟁에 말려든 찰스는 전쟁 비용을 마련하기 위해 1628년 의회를 소집했다. 하지만 의회는 오히려「권리 청원」을 의결했다. 이것은 의회의 승인 없이 조세를 징수할 수 없으며, 법률에 의하지 않고 국민을 구속하거나 투옥할 수 없다는 내용을 담은 요구였다. 그러나 국왕은 다음해 의

회를 해산시키고 11년 동안 자의적인 전제 정치를 실시했다. 그리고 선박세 등 새로운 세금을 부과하고 독점권을 남발했다.

청교도 혁명

1639년 종교 문제 때문에 스코틀랜드에서 반란이 일어났다. 국왕은 이를 진압하기 위한 전비를 마련할 수 없어 할 수 없이 다음해 의회를 소집했다. 하지만 오랫동안 왕의 전제 정치에 불만을 가지고 있던 의회는 왕의 전비 마련을 도와주기는커녕 그동안 쌓인 불만을 털어놓는 자리가 되고 말았다. 그리하여 국왕은 3주 만에 의회를 다시 해산했다(단기 의회).

같은 해 10월에 의회가 다시 소집되었는데(장기 의회), 참석자의 다수가 젠트리였다(정원 547명 중 333명). 젠트리(향신[鄕紳])란 귀족보다 아래에 있으며 요먼(독립 자영농)보다는 위에 있는 계층으로서, 지방에서 넓은 토지를 소유한 명망가들이었다. 또한 젠트리에는 토지 소유자 말고도 법률가, 의사 등 전문직 종사자와 부유한 상인도 포함되었다. 요컨대 젠트리란 도시와 농촌의 중산 계급이라 할 수 있다.

1641년 의회는 국왕의 실정과 의회의 불만을 담은 「대항의서」(Grand Remonstrance)를 11표 차로 의결했다. 그러자 찰스는 다음해 군대를 이끌고 의회에 들어가 햄던을 비롯한 급진파 의원들을 체포하려 했다. 이에 의원들은 런던 시청으로 피신했고, 런던 시는 그들을 인도하라는 왕의 요구를 거부했다. 그리하여 1642년 여름이 지나면서 국왕과 의회의 대립은 내란으로 발전하게 되었다.

의회파는 경제적으로 발전했던 잉글랜드 동부와 남부 출신이 많았으며, 일부 귀족과 중소 젠트리·자영 농민·런던 시의 대상인과 상공업자의 지지를 받았다. 한편 국왕파는 잉글랜드 북부와 서부 출신이 많았으며, 대부분의 귀족과 대젠트리 및 그들을 따르는 농민 등이 지지했다.

내란 초기에는 국왕군이 유리하게 전투를 이끌었다. 이때 의회군의 지도자로 등장한 인물이 동부의 젠트리 출신인 올리버 크롬웰(1599~1658년)이다. 그는 캠브리지 대학에서 공부한 뒤 귀향해 농장을 경영하다가 1640년에 의원으로 선출되었다.

크롬웰은 의회군에게 청교도적 규율과 정치 의식을 불어넣어 그들이 왜 싸워야 하는지를 분명히 할 수 있도록 했다. 그리하여 1644년 의회군은 마스턴 무어 전투에서 국왕군을 격파했다. 이때 국왕군의 한 장군이 "저 군대는 아무리 공격해도 무너지지 않는 철과 같다(ironside)"고 했기 때문에 크롬웰의 부대를 철기군이라고 불렀다.

마스턴 무어 전투에서 승리한 크롬웰은 그 후 타협적인 의회군 사령관을 몰아내었으며, 능력 본위로 인재를 등용하는 '신모범군'(New Model Army)을 육성했다. 이 신모범군과 함께 크롬웰은 1645년 네이즈비 전투에서 또다시 국왕군을 대파했다.

패배한 국왕 찰스는 스코틀랜드로 피신했지만, 스코틀랜드는 돈을 받고 그를 의회군에게 넘겼다.

승리한 의회파는 새로운 질서 수립을 둘러싸고 크게 두 파로 분열했다. 의회의 다수를 차지하고 있던 장로파는 온건한 입헌 왕정을 바라고 있었으며, 독립파는 각 교파의 자유와 독립과 의회 주권을 주장했다. 여기에 의회군 내에서는 공화정을 주장하는 보다 급진적인 수평파가 대두했다.

이러한 분열을 틈타 탈출한 국왕 찰스는 스코틀랜드와 손을 잡고 1648년 의회군을 공격했다. 하지만 국왕은 또다시 패배했다. 그 해 12월 크롬웰은 프라이드 대령으로 하여금 장로파 의원들을 숙청케 했으며, 다

음해인 1649년 1월에는 의회 내에 특별 법정을 마련해 찰스 1세를 반역죄로 처형했다.

크롬웰의 독재

국왕의 처형으로 영국은 '자유 공화국'(Commonwealth and Free State)이 되었다. 그러나 내란을 겪으면서 재정난이 심각해진데다가 아일랜드에서는 국왕파의 반란, 스코틀랜드에서는 장로파의 반항, 국내에서는 수평파 등 급진 민주파들의 저항이 이어졌으며, 네덜란드의 상업적 공세까지 겹쳐져 영국은 더욱 어려운 처지에 빠졌다.

이에 대해 크롬웰이 이끄는 공화국군은 수평파를 탄압하고 아일랜드와 스코틀랜드 등의 반란을 무자비하게 진압했다. 또한 항해 조례를 발표해(1651년) 네덜란드의 중개 무역에 타격을 가했다. 이 항해 조례는 영국 또는 영국 식민지에 상품을 운반할 수 있는 선박의 조건을 영국이나 상품 생산국의 선박에 한정한 것이다. 결국 이 조치로 말미암아 영국은 네덜란드와 전쟁을 벌이게 되었다(1652~1654년).

찰스 1세의 처형

청교도 혁명은 국왕의 처형과 공화국 수립으로 이어졌다. 1649년 런던에서 거행된 찰스 1세의 공개 처형은 온유럽을 충격에 빠뜨렸다. 그도 그럴 것이 이것은 이전의 역사에서 찾아볼 수 없는 초유의 사태였기 때문이다.

크롬웰의 정책을 효율적으로 실행하려면 독재 정치가 필요했다. 따라서 그는 1653년 영국 헌정사상 유일한 성문 헌법인 「통치 장전」을 제정하고 호국경(Lord Protector, 청교도 혁명 당시의 최고 행정관으로서 호민관이라고도 한다. 세습이 아닌 선거에 의해 임명된다)에 취임했다. 그는 자신의 통치에 방해가 되는 의회를 해산하고 군대를 배경으로 한 독재 정치를 폈다.

1658년 크롬웰이 죽은 후 그의 지명에 의해 아들 리처드 크롬웰이 호국경에 취임했다. 하지만 그는 아버지와는 달리 평범한 젠트리에 불과해 어려운 시대의 지도자가 되기에는 적합하지 않은 인물이었다. 그러자 군은 의회를 부활시켰고, 리처드는 스스로 자리에서 물러났다(1659년).

청교도 혁명이 남긴 것

민주주의라는 면에서 청교도 혁명은 왕과 귀족이 없는 공화국을 실현했다. 그러나 유산자만이 선거권을 가지는 제한 선거였으며, 수평파가 요구했던 「인민 협약」은 의회의 심의도 받지 못하고 표류했다. 이런 점에서 '자유 공화국'은 선언적인 의미가 더 크다고 할 수 있다.

17세기말 무렵 영국 주민들의 구성을 보면 농업 종사자 426만 명, 공업 종사자 24만 명, 상업 종사자 24만 명이었다. 이 구성비를 살펴볼 때 청교도 혁명이 농민과 영주의 관계에 영향을 미친 것은 별로 없다. 왜냐하면 이미 봉건적 토지 소유제가 붕괴해 영주의 권리라는 것이 별다른 문제가 되지 않았기 때문이다. 그러나 토지 처분과 관련해 농민의 손에 주어진 것은 거의 없었다. 예를 들어 어느 교회 주교의 토지를 매입한 사람들의 구성을 보면 젠트리와 상인 79%, 농민 9%, 기타 12%였다. 즉 청교도 혁명은 어디까지나 유산 부르주아지와 지주의 이익을 옹호한 것이었다고 할 수 있다.

게다가 아일랜드를 정복할 당시 잔학 행위가 광범위하게 저

질러졌기 때문에 '크롬웰의 저주'는 아일랜드 인에게 뿌리깊은 증오심을 남겼다. 1652년의 식민법으로 영국인에 의한 토지 수탈이 이루어져 아일랜드 전체 경작지의 3분의 2를 영국인 지주들이 차지했다. 토지를 잃은 아일랜드 인들은 소작인과 노동자의 처지로 떨어지거나 아메리카로 이주했으며, 대륙으로 건너가 용병이 된 사람도 적지 않았다. 이 과정에서 수많은 어린이와 여성들이 사망해 아일랜드 인구는 150만 명(1641년)에서 85만 명(1652년)으로 격감했다.

왕정 복고

찰스 1세의 아들 찰스는 대륙에서 망명 생활을 하다가 크롬웰이 죽고 난 후 정국이 혼미해지자 귀국을 결심했다. 그는 귀국 직전 네덜란드에서 선언을 발표해 정치범의 사면, 혁명 과정에서 이루어진 토지 소유권 변동의 인정, 신앙의 자유 등을 보장하겠다고 약속했다. 그리하여 1660년 5월에 왕정 복고가 이루어졌다(찰스 2세, 재위 1660~85년).

하지만 찰스 2세는 이 약속을 이행치 않았다. 그는 처형 등으로 정치범을 처벌했으며, 몰수 토지를 옛소유자에게 반환케 하는 등 반동 정치를 폈다. 또한 프랑스의 루이 14세와 도버 밀약을 맺어 프랑스로부터 자금을 지원받았으며, 한편으로는 가톨릭의 부활을 꾀했다. 더 나아가 프랑스와 손잡고 네덜란드와 전쟁을 벌였는데, 이는 왕의 이익을 위해 영국 번영의 기초를 이루는 상공업의 최대 경쟁 상대인 프랑스를 도와주는 꼴이었다.

1672년 국왕이 「신앙 관용 선언」(실제로는 가톨릭의 부활)을 제출하자 이에 맞서 의회는 다음해에 「심사율」을 가결했다. 이 심사율의 내용은 비국교도가 공직과 의원에 선출되는 것을 금지하는 것으로서, 왕의 가톨릭 복귀를 방지하려는 뜻이 담겨 있다. 나아가 의회는 1679년에 「인신 보호령」을 제정해 왕권에 타격을 가했다. 이러한 의회의 움직임에 대해 찰스 2세는 의회에 의

지하지 않고 전제적인 통치를 하려 했으나 얼마 안 가서 뜻을 이루지 못하고 사망했다.

그런데 찰스 2세에게는 적자가 없어서 생전에 이미 왕위 계승 문제가 분분했다. 유력한 후계자인 찰스 2세의 동생 요크 공이 가톨릭임을 공공연하게 주장했기 때문에 의회가 그를 왕위 계승자에서 배제해야 한다고 주장한 것이다. 그래서 의회는 찰스 2세 시대에 여러 번 왕위 계승 배제 법안을 제출했는데, 그때마다 의회가 해산되어 법안이 통과되지 못했다. 이 배제 법안에 찬성하는 파를 휘그 당, 반대하는 파를 토리 당이라고 부른다.

휘그 당은 대상인과 신흥 금융가 및 그들과 관계 있는 귀족, 젠트리 등이었으며, 그 배후에는 비국교도인 청교도 중산 계급이 있었다. 토리 당은 귀족과 젠트리가 중심이었으며, 그 배후에는 국교도와 농민들이 있었다.

1685년 찰스 2세가 죽고 난 뒤 결국 요크 공이 제임스 2세(재위 1685~1688년)로 즉위했다. 초기에는 의회가 토리 당이 우세해 국왕과의 관계가 좋았으나, 국왕이 상비군을 증강하자 대립이 심해졌다. 또한 국왕은 심사율을 위반해 관직과 국교회 성직에 가톨릭교도를 등용했고 「신앙 관용 선언」을 발표해 신앙의 자유를 선포했다. 그러나 이러한 조치를 환영하던 비국교도들도 국왕이 점차 가톨릭 부활을 노골화하고 의회 없는 전제 정치를 꾀하자 일치단결해 국왕에게 반대했다.

그래도 내란의 기억이 생생한 의회나 국민들은 한 가지 희망을 가지고 참았다. 제임스의 첫번째 왕비에게는 딸밖에 없었고 그 가운데 메리는 신교도인 네덜란드 총독 윌

「권리 장전」(1689년) 국왕은 왕권에 의해 의회의 승인없이 법률을 정지하거나 법률의 집행을 정지할 수 있는 권한이 있다고 하지만, 그것은 위법이다…… 대권의 이름을 빌어, 의회의 승인없이 의회가 승인하는 또는 승인하려는 것보다 장기간, 혹은 의회가 승인하는 또는 승인하려는 것과는 다른 별개의 방법으로 국왕의 사용을 위해 금전을 징수하는 것도 위법이다…… 평시에 의회의 승인을 받지 않고 국내에서 상비군을 징집해 이를 유지하는 것은 법률에 위반된 것이다…… 의회에서의 언론의 자유와 토의 또는 의사 절차는 의회 이외의 어떠한 법원 또는 다른 장소에서도 이를 비난하거나 문제삼아서는 안된다.

리엄 3세와 결혼했기 때문
에 그녀의 왕위 계승을 기
다렸던 것이다.

명예 혁명과 「권리 장전」

그런데 1688년 6월
제임스 2세가 가톨릭인 두
번째 왕비에게서 아들을
얻었다. 이로써 메리의 왕
위 계승이 어렵게 되자 의
회는 국왕의 폐위를 결의
하고 메리의 남편 윌리엄
에게 초청장을 보냈다. 그
러자 윌리엄은 이에 응답해 약 14,000명의 군대를 이끌고 영국
에 상륙했다. 이때 싸우려는 국왕측 군대가 없었기 때문에 제임
스 2세는 프랑스로 도망가고 말았다.

1689년 1월 의회는 윌리엄 3세(재위 1689~1702년)와 메리
2세(재위 1689~1694년)를 공동 통치자로 추대했다. 또한 의회
는 윌리엄 3세와 메리 2세를 추대하면서 동시에 「권리 장전」을
받아들이게 했다. 영국 헌정사상 가장 중요한 문서라고 할 수 있
는 「권리 장전」은 국민의 생명과 재산의 보호, 언론의 자유 등
기본적인 인권을 승인하는 내용을 담고 있다.

이렇게 피 한 방울 흘리지 않고 혁명이 이루어졌기 때문에
이를 '명예 혁명' 이라고 한다. 하지만 청교도 혁명과는 달리 명
예 혁명은 광범위한 민중의 참여 없이 유산 계급의 지배를 재편
성한 것에 불과하다고 할 수 있다. 하지만 오늘날의 영국인들은
영국형 입헌 군주제의 기초가 만들어졌다는 점에서 명예 혁명을
더 중시하고 있다.

명예 혁명이 토리 당과 휘그 당의 제휴에 의해 이루어졌기

런던의 하원

마그나 카르타 이후 국왕의 권력을 경
계하는 기능을 가졌던 영국 의회는 명
예 혁명 이후 더욱 역할이 커졌다. 도
시와 주에서 선출된 500명의 의원들은
각각 출신 지역의 이익을 대변했다. 경
제가 정치를 지배했기 때문에 주요 안
건은 차입, 조세, 관세 등이었다.

때문에 윌리엄 3세는 양당의 대표에게 연립 내각을 만들도록 했다. 그 결과 17세기말 이후 의회의 다수당이 내각을 조직하는 정당 정치가 시작되었다.

메리 2세와 윌리엄 3세가 죽은 후 둘 사이에 자식이 없었기 때문에 왕위는 메리의 동생인 앤이 왕위를 계승했다(재위 1702~1714년). 그리고 앤 여왕의 통치 시기인 1707년에 잉글랜드와 스코틀랜드가 정식으로 통합해 '대브리튼 왕국'이 성립되었다.

덴마크의 왕자와 결혼했던 앤 여왕에게도 자식이 없어서, 1714년 여왕이 죽은 후 제임스 1세의 증손자인 독일의 하노버 공이 조지 1세(재위 1714~1727년)로 즉위했다. 그는 즉위 당시 54세였을 뿐만 아니라 영어를 못했기 때문에 국정을 내각에 위임했다. 이로 인해 1721년부터 1742년까지 내각을 조직했던 휘그 당의 월폴은 내각의 정치 책임은 국왕에게가 아니라 하원에 대해 진다는 책임 내각제의 선례를 만들었다. 이렇게 해서 '국왕은 군림하되 통치하지 않는다'는 영국 헌정의 전통이 생기게 되었다.

17. 절대주의 시대 유럽의 문화

절대주의가 전성기를 맞이하면서 국왕의 궁정이 문화의 중심적 역할을 하게 되었다. 그리고 다른 한편에서는 자본주의의 발달에 따른 시민 계급의 성장으로 새로운 문화 조류도 생겨났다. 궁정 문화는 문학과 미술이 두드러졌으며, 시민 문화는 계몽 사상과 자연 과학이 발전했다.

바로크와 로코코

바로크(Baroque)는 포르투갈 어의 barroco(비뚤어진 모양의 진주)에서 유래한 프랑스 어이다. 원래는 18세기의 프랑스 고전 주의자들이 르네상스 뒤에 나타난 16세기말부터 18세기 전반까지의 미술 양식을 경시하는 뜻으로 붙인 명칭이지만, 오늘날에는 미술 양식뿐만 아니라 한 시대 전체를 가리키는 말이 되었다. 바로크 양식은 르네상스 미술의 조화로운 양식과는 달리 관능성, 풍부한 움직임, 명암의 뚜렷한 대비, 정열과 힘, 호화로운 장식 등이 특징이다. 미술과 건축이 중심이었지만 문화와 사상에까지 영향을 미쳤다.

건축에서는 루이 14세가 만든 베르사유 궁전이 대표적인 예이다. 현재와 같은 모습으로 완공된 것은 19세기 전반이며, 남북으로 뻗은 날개를 더해 길이가 약 580미터에 달하는 대궁전을 중심으로 화려한 정원이 펼쳐져 있다. 루이 14세의 위광을 비추어주었던 이 궁전은 많은 모방을 낳았는데, 오스트리아의 쇤부룬 궁전, 러시아의 동궁(冬宮) 등이 그 예이다.

회화에서는 플랑드르의 루벤스(1557~1640년), 네덜란드의 렘브란트(1609~1669년), 에스파냐의 벨라스케스(1599~1660년) 등이 유명하다. 특히 렘브란트는 '빛과 그림자의 화가' '혼의 화가' 등으로 불리며, 종교화 이외에 풍속화, 풍경화, 초상화 등에서도 많은 걸작을 남겼다.

바로크 음악은 독일의 바흐(1685~1750년)와 헨델(1685~1759년)에 와서 절정을 이루었다. 그들이 만든 새로운 음악 속에는 정서주의와 합리주의, 자연주의와 형식주의가 조화를 이루고 있다.

한편 로코코(Rococo)는 프랑스 어 rocaille(조개 껍질)에서 온 말로, 바로크와 마찬가지로 경멸적인 뜻이 담겨 있다. 웅대하고 호화로운 바로크 양식에 비해 로코코 양식은 작은 스케일과 곡선을 많이 사용함으로써 우아하고 섬세한 아름다움이 특징이다. 로코코는 본래 18세기초 주로 프랑스에서 바로크 양식 건축물의 실내 장식으로 시작되었지만 이후 독자적인 양식으로 발전했다.

회화에서는 프랑스의 와토(1684~1721년)가 선구자로서 우
아한 화풍을 드러내고 있다. 그밖에 문학에서는 루이 14세 시대
의 프랑스 궁정을 중심으로 조화와 균제를 중시하는 고전주의가
융성했는데, 비극 작가 코르네유(1606~1684년), 라신(1639~
1699년), 희극 작가 몰리에르(1622~1673년)가 등장했다.

영국에서는 밀턴(1608~1674년)과 번얀(1628~1688년) 등
의 청교도 문학이 선보였으며, 시민 사회의 성장에 따른 개인의
감정과 사상을 자유로이 표현한 디포(1660~1731년), 스위프트
(1667~1745년)의 작품이 나오기도 했다.

새로운 자연관과 철학

미술과 문학을 중심으로 하는 궁정 문화와는 달리 새로이
대두한 시민 계급을 배경으로 하는 시민 문화에서는 철학·자연
과학·정치 사상·계몽 사상 등이 발전했다.

르네상스 말기에 영국의 프랜시스 베이컨(1561~1625년)은
개별적인 사실에 대한 관찰로부터 일반 법칙을 도출하는 귀납법
을 주창해 영국 경험론 철학의 선구자가 되었다. 그의 귀납법 및
관찰과 실험에 대한 강조는 근대 과학의 발전에 지대한 공헌을
하게 된다.

뉴턴

'자연은 일정한 법칙에 따라 운동하는 복잡하고 거대한 기계'라는 역학적 자연관에 기초해 뉴턴은 근대 과학의 토대를 마련했다. 질서정연하게 통합된 기계적인 우주상을 제시한 뉴턴의 과학은 합리적이고 법칙적인 질서가 우주에 내재하며 인간 이성이 이를 파악할 수 있음을 보여줌으로써 이후 계몽사상 등 근대 사상에 지대한 영향을 미쳤다.

이에 대해 프랑스의 데카르트(1596~1650년)는 수학적인 증명 절차에 따라 진리를 인식하는 연역법을 주장했다. 이렇게 해서 데카르트는 영국의 경험론 철학과 대비되는 합리론 철학의 길을 열었다.

그밖에 프랑스의 파스칼(1623~1662년), 네덜란드의 스피노자(1632~1677년), 독일의 라이프니츠(1646~1716년) 등은 기독교 신앙과 과학적인 자연관 및 합리주의를 결합하려는 시도를 했다.

18세기말에 독일의 칸트(1724~1804년)는 경험론과 합리론을 종합하는 한편 인간의 인식 능력에 대한 근본적인 반성을 더해 비판 철학을 성립시켰다. 이로써 칸트는 독일 관념론의 시조가 된다.

중세적 세계관과 자연관은 르네상스 시기에 이미 코페르니쿠스와 갈릴레이에 의해 커다란 타격을 받았다. 시민 계급의 성장과 경제의 발전에 따라 실험과 관찰에 의해 자연 현상의 법칙성을 밝히려는 노력을 바탕으로 자연 과학이 발달하게 된다.

영국의 뉴턴(1642~1727년)은 만유인력의 법칙을 발견해 근대 물리학의 기초를 놓았다. 자연 분류법을 고안한 스웨덴의 린네(1707~1778년), 화학의 라부아지에(프랑스, 1743~1794년)와 천문학의 라플라스(프랑스, 1749~1827년) 등도 이때 등장했다. 의학 분야에서는 종두법을 고안한 제너(영국, 1749~1823년)와 혈액 순환설을 주장한 하비(영국, 1578~1657년) 등이 커다란 업적을 쌓았다.

자연법과 사회 계약설

자연 과학의 발달을 뒷받침한 합리주의 정신은 인간 사회에 대한 고찰 속에서 자연법 사상을 낳았다. 자연법이란 인간의 본성에 알맞는 영구 불변의 법을 말한다. 자연법 사상가들은 이것이 인간 사회의 근본 질서를 이루고 있으며, 현존하는 법률과 제도보다 우월하다고 생각했다. 로마 시대 스토아 철학에서의 '세계 이성'과 중세 기독교 신학(스콜라 철학)에서의 '신의 의지'를 대신해 근대 시민 사회에 와서는 '인간의 본성'이 중심적인 자리를 차지했으며, 혁신 사상의 원천이 되었다.

그로티우스(네덜란드, 1583~1645년)는 해외 무역과 식민지를 둘러싼 대립과 항쟁이 격화될 때 「해양 자유론」과 「전쟁과 평화의 법」을 통해 자연법에 기초한 국가간의 합리적인 규칙을 찾으려 해 '국제법의 아버지'라고 불린다.

유물론 철학에 기반한 청교도 혁명 시기의 사상가인 홉스(1588~1679년)는 「리바이어던」에서 이렇게 주장한다. 인간의 자연 상태는 '만인에 대한 만인의 투쟁'이기 때문에, 이를 피하기 위해 사람들은 계약에 의해 국가를 만들었다는 것이다. 그리고 각 개인은 태어날 때부터 가지고 있는 권리(자연법적 권리)를 주권자인 군주에게 위임한 것이기 때문에 국가의 명령에 절대 복종해야 한다고 주장한다. 홉스는 이렇게 사회 계약설과 왕권의 절대성을 동시에 주장하면서 결과적으로는 절대 왕정을 옹호하게 된다.

모든 인식의 근원을 감각과 경험에서 구하는 경험론 철학을 확립한 로크(1632~1704년)는 홉스와 마찬가지로 사회 계약설

에 근거하면서 「정부론」을 통해 각 개인은 자기의 생명·자유·재산을 지키기 위해 국가를 수립했기 때문에 그 국가가 국민의 권리를 침해하는 경우에는 정부를 교체할 권리, 즉 저항권과 혁명권이 있다고 했다. 이러한 로크의 주장은 영국의 명예 혁명을 이론적으로 옹호한 것이라 할 수 있으며, 프랑스 계몽 사상에 계승되어 미국 독립 혁명과 프랑스 혁명 등 일련의 시민 혁명에 커다란 영향을 미쳤다.

계몽 사상

18세기에 프랑스를 중심으로 성립해 다른 지역에도 널리 퍼진 계몽 사상은 새로운 시대를 준비하는 철학이자 이데올로기였다. 그리고 그것의 사상적 기반은 17세기의 합리주의와 로크의 철학 및 정치 사상, 뉴턴의 기계적 우주관이었다.

계몽 사상은 인간 이성에 대해 절대적으로 신뢰하면서, 모든 미신과 전통적인 편견을 제거하고자 했다. 이런 의미에서 볼 때 '계몽'이란 '무지몽매한 상태로부터 인간을 깨우친다'라는 뜻이다.

프랑스의 몽테스키외(1689~1755년)는 「법의 정신」에서 영국의 입헌 정치를 높이 평가하면서 시민적 자유를 보장하기 위한 3권 분립을 주장했다. 볼테르(1694~1778년)는 「철학 서한」에서 프랑스의 제도들을 영국의 제도들과 비교하면서 한편으로는 비판했다.

특히 그는 특권 계급을 공격하고 가톨릭 교회를 인류 진보의 적으로 규탄했다. 볼테르의 이러한 비판들은 프로이센의 프리드리히 대왕이나 러시아의 예카테리나 여제 등 계몽 전제 군주들에게 많은 영향을 주었다.

루소의 「사회 계약론」(1762년) 구성원 전체의 공동의 힘으로 각자의 신체와 재산을 방어하고 보호하며, 각 개인은 전체에 결합되어 있지만 자기 자신에게밖에 복종하지 않고, 이전과 같이 자유로울 수 있는 하나의 결합 형태를 발견하는 것, 이것이 바로 사회 계약이 해결해 주는 근본 문제이다…… 우리들 각자는 자기의 신체와 모든 힘을 공동의 것으로 하여 일반 의지의 최고 지도 하에 맡기고, (그런 정치 조직 속에서) 우리 모두는 각 구성원을 전체 가운데 불가분한 한 부분으로 받아들인다.

계몽 사상가 중에서 가장 급진적인 사람은 프랑스의 장 자크 루소(1712~1778년)였다. 그는 「인간 불평등 기원론」과 「사회 계약론」 등에서 인민 주권론을 주장해 프랑스 혁명에 커다란 영향을 미쳤을 뿐만 아니라 오늘날에까지 민주주의자들의 사상적 기반이 되고 있다. 또한 루소는 자연으로의 회귀를 주창하면서 인간의 자연적 감정을 중시했기 때문에 낭만주의의 선구자로 평가받기도 한다.

그밖에 프랑스의 디드로(1713~1784년)와 달랑베르(1717~1783년) 등은 새로운 과학적 지식과 계몽 사상을 널리 보급하려는 뜻에서 당대의 저명한 학자들과 사상가 160명을 동원해 「백과 전서」를 편찬했다. 당시 절대 왕정은 「백과 전서」의 간행을 불온시하여 탄압을 했다. 하지만 그들은 1751년부터 간행을 시작해 1780년까지 총 28권을 완간했다.

백과 전서
볼테르, 몽테스키외, 루소 등 당대의 저명한 계몽 사상가의 협력 하에 디드로, 달랑베르 등이 편찬한 「백과 전서」는 새로운 사상, 기존 체제에 대한 비판, 당대의 과학 및 기술 등 온갖 지식을 담고 있다. 이 사진은 1751년판의 표지이다.

케네와 스미스의 새로운 경제 사상

경제학 분야에서도 절대주의의 경제 이론이자 정책이었던 중상주의를 비판하는 새로운 사상이 생겨났다. 자연법 사상에 근거한 새로운 경제 사상은 주로 국가의 산업 규제에 비판의 초점을 맞추었다.

중상주의에 대한 최초의 비판자들이었던 중농주의자들은 부의 원천은 생산이며, 생산의 기반은 농업이라고 보았다. 따라서 그들은 농산물의 자유 거래를 필두로 해 경제 활동의 자유를 주장했다. 프랑스의 케네(1694~1774년)와 튀르고(1727~1781년), 네케르(1732~1804년) 등이 그들이었는데, 특히 케네는 「경제표」를 출판해(1758년) 중농주의의 기초를 수립했다.

영국의 아담 스미스(1723~1790년)는 프랑스에 갔을 때 볼테르, 튀르고, 네케르 등과 친교를 맺었다. 그는 귀국 후 「국부론」을 출간해(1776년) 중상주의를 비판했을 뿐만 아니라 중농주의의 이론적 협애함도 비판했다.

스미스는 국부의 원천을 모든 생산적 노동에서 찾았으며, 분업과 자유 경쟁의 이점을 주장했다. 더 나아가 그는 중농주의자들이 말하는 자유 방임을 더욱 진전시켜 개인이 자기의 이익을 추구하도록 방임하면 '보이지 않는 손'이 작용해 사회 전체의 복리를 증진시키게 된다고 말했다.

이러한 스미스의 학설은 산업 혁명 발흥기의 영국의 사정을 반영하고 있으며, 산업 혁명과 그 후 자유 무역의 발전에 영향을 미쳤다. 이리하여 스미스는 맬더스(1766~1834년), 리카도(1772~1823년), 존 스튜어트 밀(1806~1873년)로 이어지는 영국 고전파 경제학의 선구자로 평가받는다.

아담 스미스의 「국부론」　서로 다른 직업을 가진 사람들 사이에 나타나는 재능의 차이를 만드는 것이 교환 성향이라면, 이 차이를 유용하게 만드는 것도 교환 성향이다…… 동물은 독립적으로 자기 자신을 지탱하고 보호해야만 하며, 자연이 그들에게 제공한 각종의 재능으로부터 어떠한 이익도 얻지 못하고 있다. 이와 반대로 인간들 사이에서는 가장 차이나는 재능들이 서로 유용하며, 각각의 재능에 의한 서로 다른 생산물들은 거래·교환하는 일반적인 인간 성향에 의해 공동 재산이 되고, 이 공동 재산으로부터 개인은 다른 사람의 재능으로 만들어진 생산물 중 자기가 필요로 하는 것을 구매할 수 있다.

18. 미국 독립 혁명 :
식민지에서 합중국으로

식민지의 건설

영국이 아메리카 대륙에 본격적으로 진출한 것은 17세기 들어서였다. 1607년 최초의 식민지인 버지니아를 건설한 이래 1732년의 조지아에 이르기까지 영국은 북아메리카 동해안에 13개의 식민지를 건설했다.

1607년 버지니아 식민지에 최초로 정주 식민지 제임스타운이 건설되었는데, 이곳에서 담배 재배에 성공해 본국으로 수출하기 시작했다. 한편 본국에서 스튜어트 왕조의 전제 정치와 국교 강제의 움직임이 두드러지자 정치적 불만을 가진 사람들과 종교의 자유를 찾는 사람들, 그리고 경제적 이득을 노리는 사람들이 버지니아의 '성공'에 고무되어 신대륙으로 몰려왔다.

1620년 9월 플리머스 항을 출발한 메이플라워 호는 70여 일의 항해 끝에 현재의 매사추세츠 주에 도착했다. 칼뱅 파인 102명의 남녀노소가 종교의 자유를 찾아 이주했던 것이다. 신대

원주민과 함께 한 유럽 이주자

종교의 자유와 경제적 기회를 찾아 신
대륙에 도착한 초기의 유럽 이주자들
은 그 수도 적었고 원주민과 좋은 관
계를 유지했다. 하지만 이민자의 수가
점차 늘어나면서 원주민들을 박해하고
추방했다.

륙에 상륙한 그들은 '메이플라워 계약'을 맺고 새로운 사회를
건설할 때 모든 사람들의 동의에 의해 정부를 세우기로 맹세했
다. 이리하여 지적·경제적으로 중산 계급이 중심이었던 영국
이주민에 의해 대서양 건너편에 또 하나의 자유로운 영국이 탄
생하게 되었다.

한편 1619년 버지니아에서 최초로 대의제 식민지 의회가 만
들어졌으며, 이후에는 13개 주 전체에 의회가 만들어졌다. 그리
고 그 해 버지니아에는 네덜란드 상인들에 의해 20명의 아프리
카 출신 흑인 노예들이 처음으로 들어왔다. 이들이 훗날 남부 대
농장(담배, 쌀, 면화 재배)의 노동력이 되는 흑인 노예의 효시가
된다.

격화되는 본국과 식민지의 대립

영국은 중상주의 정책의 하나로서 1751년 항해 조례를 공표
했다. 여기에는 본국과 식민지의 통상에 영국 선박만을 이용할
것을 강제하는 내용을 담고 있다. 그러나 1760년과 1772년에
공표된 항해 조례는 수출입세를 신설하고 식민지 통상을 규제하

는 것이어서 식민지에게 커다란 타격을 주었다. 그밖에 당밀법, 양모법, 모자법, 철법 등도 식민지의 산업을 억제해 본국과 경쟁하지 못하도록 하는 것들이었다.

그럼에도 불구하고 7년 전쟁(1756~1763년) 이전의 중상주의 정책은 주로 네덜란드 상인을 겨냥한 것이었기 때문에 식민지에 대해서는 그다지 간섭하지 않는 편이었다. 그래서 이것을 '건전한 방임'이라고 불렀다.

보스턴 학살 사건
과세 문제로 본국과 식민지의 대립이 날로 격화되는 가운데 1770년 영국군이 뉴 잉글랜드에 증파되고, 이는 보스턴 학살 사건으로 이어졌다.

그러나 7년 전쟁이 끝난 후 영국은 전비 부담 때문에 재정난이 가중되었다. 그래서 식민지에 대해 중상주의적 통제를 강화하고 새로운 과세를 하려 했다. 또한 전쟁 후 영국이 프랑스로부터 획득한 미시시피 강 동쪽의 광대한 지역을 국왕 직할지로 삼아 식민지인의 이주를 금했다. 하지만 이 조처는 이미 그 지역으로 활동 무대를 넓힌 식민지인의 거센 반발을 받았다.

1764년의 설탕법은 당밀법을 개정한 것으로서 타국 식민지로부터 수입하는 설탕에 대한 과세를 엄격히 한 것이었다. 또한 1765년의 인지법은 신문·어음·졸업 증서 등 모든 문서에 인지를 첨부할 것을 규정한 것이다. 이 법에 대해 식민지인들은 식민지 대표가 참석하지 않는 본국 의회에서의 결정은 무효라는, '대표 없이 과세 없다'라는 법리에 근거해 영국 상품 불매 동맹을 결성해 저항했다. 결국 이 법은 다음해 철폐되었다.

1767년 영국은 타운센드 법을 제정해 차·종이·도료·유리·납 등에 대해 과세했다. 이 문제를 둘러싸고 1770년 보스턴에서 본국 군대와 식민지인들이 충돌했는데, 이를 '보스턴 학살 사건'이라고 부른다. 이 사건 이후 본국은 차에 대한 세금만을 남기고 타운센드 법을 폐지했다.

하지만 1773년 차법에서는 당시 파산 상태에 빠진 동인도 회사의 구제를 위해 식민지에 대한 차 판매 독점권을 주었을 뿐만 아니라 세금까지 면제해 주었다. 그리하여 동인도 회사의 차가 대량으로 싼 값에 풀리자 식민지 상인들은 큰 타격을 받았다. 상황이 이렇게 되자 차는 상징적일 뿐만 아니라 현실적인 억압의 중심이 되었다.

그러던 중 같은 해 보스턴 항에 입항한 동인도 회사의 선박두 척을 인디언으로 변장한 60여 명의 식민지인들('자유의 아들들')이 습격해 싣고 있던 차를 모두 바다에 던져버리는 '보스턴차 사건'이 일어났다. 이 보스턴 차 사건은 본국과 식민지의 대립이 독립 혁명으로 나아가는 데 도화선이 되었다.

독립 혁명

본국인 영국 정부와 식민지의 관계가 날로 험악해지는 가운데 1773년부터 거의 모든 식민지에 통신 위원회가 설치되었다.

이 통신 위원회는 식민지인들의 의견과 정보를 교환하기 위한 기관이었다.

1774년 영국군에 의해 보스턴 항이 폐쇄되자 통신 위원회를 기반으로 한 제1회 대륙 회의가 개최되었다. 대륙 회의는 본국 의회의 식민지에 대한 입법권을 부정했고, 본국과의 통상 단절을 결정했으며, 본국 상품들에 대한 불매 운동을 결의했다. 그리하여 1775년 4월 보스턴 근교의 렉싱턴에서 영국군과 식민지의 민병대가 충돌했다. 이로써 마침내 독립 전쟁이 일어나게 된 것이다.

식민지 각지에서 의용군들이 모여드는 가운데 같은 해 5월 제2회 대륙 회의가 개최되어 조지 워싱턴을 총사령관으로 선출했다. 대륙 회의는 이후 「연합 규약」(1781년)이 만들어질 때까지 사실상의 식민지 정부로서 독립 전쟁을 이끌었다.

한편 전쟁이 일어나자 식민지인들은 애국파, 본국인 영국에 대한 충성파, 중립파로 갈라졌다. 물론 이때까지는 주로 본국의 학정에 대한 저항이었을 뿐, 독립에 대한 의지를 분명하게 표명하는 세력은 아직 하나도 없었다. 그러나 1776년 1월에 출판된 토머스 페인의 「상식」은 이러한 상황을 단번에 뒤바꿔놓았다. 영국 출신의 언론인이었던 페인은 식민지가 독립해 공화국이 되는 것이 가장 상식적인 일이라고 주장했다. 이 책은 수개월 동안, 당시로서는 경이적인 부수인 약 20만 부가 팔려나갔다.

본격적인 독립 투쟁은 독립에 대한 식민지인의 의지를 표명하는 것으로써 시작되었다. 1776년 7월 4일 제퍼슨 등에 의해 작성된 「독립 선언서」가 발표되었다. 내용은 천부인권론·사회 계약론·혁명권 등을 천

토머스 페인

영국 출신의 언론인인 페인은 「상식」을 출판함으로써 미국 독립의 길을 제시했다. 그의 철저한 공화주의는 로크의 자유주의와 함께 미국 정치에 지대한 영향을 미쳤다.

토머스 페인의 「상식」(1776년) 일부 저술가들은 사회와 정부를 혼동하기 때문에 그것들을 거의 구별하지 못한다. 그러나 그 둘은 다를 뿐만 아니라 다른 기원을 가지고 있다. 사회는 우리의 욕구에 의해 산출되며, 정부는 우리의 사악함에 의해 산출된다. 사회는 우리의 정서를 통합함으로써 우리의 행복을 긍정적으로 증진시키며, 정부는 우리의 악덕을 억제함으로써 우리의 행복을 부정적으로 증진시킨다. 사회는 상호 작용을 고무하며, 정부는 구별을 창출한다. 사회는 후원자이며, 정부는 처벌자이다. 모든 상태의 사회는 축복이며, 정부는 그것이 설사 최상의 상태에 있다 하더라도 필요악에 불과하다.

명하는 것이었으며, 영국 국왕(조지 3세)의 학정을 구체적으로 지적하면서 식민지인들이 벌이는 독립 전쟁의 정당성을 내외에 호소하는 것이었다.

드디어 전쟁이 본격화되었다. 독립 의지를 천명해 사기가 오른 식민지군이 1777년 사라토가 전투에서 승리한 것을 계기로 전쟁은 식민지에게 유리하게 돌아갔다. 게다가 1778년에는 프랑스가, 1779년에는 에스파냐가 식민지와 동맹해 영국과 싸웠다. 그리고 1780년에는 식민지와의 통상을 금지하는 영국에 반대해 러시아를 중심으로 무장 중립 동맹이 성립하여 영국은 국제적으로 고립되어갔다.

그리하여 1781년 요크타운 전투에서 패한 영국은 파리 조약(1783년)으로 식민지의 독립을 승인했다. 그리고 알레가니 산맥에서 미시시피 강에 이르는 영토를 식민지에게 할양했다.

> **「독립 선언서」(1776년)** 우리는 다음과 같은 것을 자명한 진리라고 생각한다. 즉 모든 사람은 평등하게 태어났으며, 조물주는 몇 개의 양도할 수 없는 권리를 부여했고, 그 권리 중에는 생명과 자유와 행복의 추구가 있다. 이 권리를 확보하기 위하여 인류는 정부를 조직했으며, 이 정부의 정당한 권력은 인민의 동의로부터 유래하고 있는 것이다. 또 어떠한 형태의 정부이든 이러한 목적을 파괴할 때에는 언제든지 정부를 변혁 내지 폐지하여 인민의 안전과 행복을 가장 효과적으로 가져올 수 있는, 그러한 원칙에 기초를 두고 그러한 형태로 기구를 갖춘 새로운 정부를 조직하는 것은 인민의 권리인 것이다.

아메리카 합중국의 성립과 헌법 제정

독립 선언 이후 각각의 식민지들은 연합 규약을 승인하여 아메리카 합중국이 되었다. 이것은 13개 식민지가 각각 독립된 State(현재는 주[州]라고 번역한다)로서 연합을 형성한 것이므로 '합주국'(合州國)이라고 할 수 있다.

그러나 이러한 합주국으로는 외교나 무역 활동 등에 지장이 있기 때문에 합중국 헌법 제정 회의가 만들어졌다. 1789년 새로운 헌법을 만들 제1회 회의가 필라델피아에서 개최되어 헌법을 제정하고, 워싱턴을 초대 대통령으로 선출했다. 이로써 실질적인 아메리카 합중국이 성립되었다.

이때 채택된 헌법이 3권 분립의 원리에 입각한 공화제 헌법이었다. 입법권을 가진 연방 의회는 각 주마다 2명씩 이루어진 상원과 인구 비례에 따라 선출된 하원으로 구성되었다.

행정권은 임기 4년의 대통령에게 속했다. 대통령은 군대 통수권을 장악하며, 각 부 장관을 의회의 승인 하에 임명할 수 있다. 대통령은 의회에 대해 해산권과 발언권을 가질 수 없으며 대신 법안에 대한 거부권을 행사할 수 있다. 사법권은 연방 최고 재판소와 각 주의 하급 재판소에 속한다. 한편 헌법 해석 문제에 대해서는 사법권이 입법권보다 우월하기 때문에 법원이 사실상 위헌 입법 심사권을 가지고 있다.

그런데 헌법은 인권 조항을 가지고 있지 않아 1791년의 제1조부터 제10조에 이르는 수정 조항에서 신앙의 자유와 언론 출판의 자유가 승인되었다. 이 연방 헌법에 대해 찬반 논의가 많았는데, 연방 정부의 권한을 강화하려는 연방파와 각 주의 자치를 최대한 보장하려는 주권파가 이로 인해 대립했다. 그리하여 논란 끝에 '대타협'을 통해 연방 헌법이 발효하게 된 것은 1788년의 일이었다.

독립 선언서의 서명

1776년 7월 2일 제2차 대륙 회의에서 채택되어 7월 4일 공표되었다. '건국의 아버지들'이라고 불리는 사람들이 독립 선언서에 서명하고 있다. 모두 56명이 서명했다. 미국은 현재 이 날을 실질적인 독립일로 기념하고 있다.

조지 워싱턴

워싱턴은 풍부한 전투 경험을 자산으로 독립군 사령관이 되었다. 독립 전쟁을 승리로 이끈 그는 합중국의 초대 대통령이 되는 영광을 누린다. 이 그림은 1776년 크리스마스에 야간을 이용해 델라웨어 강을 건너는 모습이다.

시민 혁명으로서의 독립 전쟁

영국으로부터의 독립을 가져온 독립 전쟁은 식민지 사회의 내부적으로도 커다란 변화를 가져왔다.

18세기에 이르자 식민지에서도 유럽의 구체제와 같은 모습이 나타나기 시작했다. 점차 사회 계급이 분화하고 토착 귀족 계급이 형성되어갔던 것이다. 그러나 독립 전쟁을 치르면서 마침내 이러한 식민지의 봉건적 제도들이 폐지되었다.

귀족 제도와 장자 상속제 등이 폐지되고, 영업의 자유 등 근대적 권리가 실현되었으며, 국왕·구영주·망명 왕당파의 토지가 주정부에 의해 몰수되었다. 또한 본국의 중상주의 정책에 의해 이득을 보던 식민지 내부의 보수파도 몰락하는 등 사회 혁명이 진행되기 시작했다.

19. 프랑스 대혁명 :
자유 · 평등 · 우애의 깃발 아래

프랑스 혁명은 전형적인 시민 혁명이라고 할 수 있다. 시민 혁명이란 봉건 사회 내부에서 성장한 신흥 시민 계급(부르주아지)이 중심이 되어 절대 왕정을 타도하고 국가 권력을 장악한 역사적 변혁을 가리킨다. 그리고 그 결과로 성립한 것이 시민 사회이다.

봉건 사회의 신분적 차별이 없어진 시민 사회는 기본적인 인권이 보장되며 만인이 법 앞에서 평등한 사회이다. 또한 사유 재산과 영업의 자유 등이 보장되기 때문에 자본주의적 생산이 가장 잘 이루어질 수 있는 사회라 할 수 있다. 이런 시민 사회를 다른 말로 근대 사회라고도 한다.

시민 혁명이 일어난 전제 조건은 첫째 자본주의적 경제의 발전과 부르주아지의 성장이다. 상층 부르주아지는 절대 왕정과 유착하면서 성장했기 때문에 특권 계급이라 할 수 있지만, 광범위한 중산 부르주아지는 '혁명'에 의해서만 가능한 자본주의적 자유를 요구했다. 둘째, 절대 왕정을 타도하고 커다란 변화를 가져오려면 '힘'이 필요한데, 그 힘이란 민중의 직접 행동이었다. 이때 민중이 직접 행동에 나서게 된 계기는 궁핍이었다. 셋째, 중산 시민의 요구와 민중의 직접 행동이 결합하려면 변화의 방향을 지시할 사상 운동이 필요했다. 프랑스 혁명의 경우 계몽 사상이 그 몫을 했다.

이러한 시민 혁명의 원류는 16세기 네덜란드의 독립과 17세기 영국 혁명이며, 미국의 독립 혁명을 거쳐 18세기말 프랑스 혁명에 와서 절정에 달했다.

구체제와 혁명의 발발

혁명 이전의 프랑스 사회를 앙시앵 레짐(구체제)이라고 한다. 앙시앵 레짐 하의 프랑스에는 과거의 유물인 신분제가 남아 있어 2%밖에 안되는 제1신분(성직자)과 제2신분(귀족)이 98%의 제3신분(시민, 농민)을 지배하고 있었다.

게다가 지배층은 토지의 35%를 소유하면서도 세 부담은 10%뿐이었으며, 제3신분은 50%의 토지를 소유하고서도 80%의 세를 부담했다. 제3신분의 중산 부르주아지는 정치적 권리가 없었으며, 대다수 농민은 영주에 대한 공납과 국가에 바치는 무거운 세 부담에 시달리고 있었다. 뿐만 아니라 이들은 교회에 10분의 1세까지 바쳐야 하는 형편이었다.

이와 같은 점을 살펴볼 때 구체제의 모순이 프랑스 혁명의 깊은 원인이라는 것은 분명하다. 그렇다면 이러한 현실을 토대로 하여 혁명이 폭발하도록 불을 붙인 것은 무엇일까?

시에이에스의 「제3신분이란 누구인가」(1789년)
제3신분이란 누구인가? ― 모두이다.
제3신분은 지금까지 정치적 영역에서 무엇이었는가? ― 아무것도 아니었다.
제3신분은 무엇이 되기를 원하는가? ― 어떤 것이 되기를 원한다. 민중은 무엇인가가 되기를 원한다. 그들은 삼부회에 진정한 대표를 보내기를 원한다. 즉 자신의 의지를 대변하고 자신의 이해를 수호할 수 있는 자신들의 대표를 원한다…… 민중은 삼부회에서 자신들의 영향력이 최소한 특권 계급과 동등하지 않다면 참가할 수 없다. 따라서 민중은 다른 두 신분의 대표자와 같은 수의 대표를 요구한다.

먼저 계몽 사상을 들 수 있다. 계몽 사상은 프랑스에서 가장 두드러졌을 뿐만 아니라 미국 독립 혁명에도 영향을 미쳤다. 그리고 미국 독립 혁명의 성공은 역으로 프랑스 인들을 강하게 자극시켰다.

다음으로 국가 재정의 궁핍을 들 수 있다. 루이 14세와 15세 시절을 지나면서 계속되는 전쟁과 궁정의 낭비로 말미암아 프랑스의 재정은 날로 어려워졌다. 게다가 새로 즉위한 루이 16세(재위 1774~1792년)가 영국에 맞서 미국 독립 혁명을 지원하는 바람에 재정난은 더욱 심각해졌다.

루이 16세는 재정난을 타개하고자 중농주의자로 알려진 튀르고와 은행가 네케르를 재무 장관으로 임명해 개혁을 시도했다. 튀르고와 네케르는 상투적인 방법으로는 재정난을 도저히 타개할 수 없음을 깨닫고 근본적인 개혁을 시도하려 했다. 이들의 개혁 내용 가운데 가장 중요한 점은 특권 계급이 가진 면세 특권의 폐지였다. 하지만 이것은 성직자와 귀족들의 강한 반발에 부딪치고, 두 사람은 결국 사직하고 말았다.

이리하여 프랑스는 혁명 전야에 귀족들에 의해 일종의 무정부 상태가 야기되었다. 그들의 속셈은 재정난을 이용해 절대 왕정 하에서 상실한 정치 권력을 회복하자는 것이었다. 샤토브리앙의 말처럼 "귀족이 혁명을 시작하고 평민이 이를 성취하게" 되는 '귀족 혁명' 이 시작된 것이었다. 이러한 재정 개혁의 향방은 시민과 농민에게도 중요한 관심사였다. 여기에 1788년 몰아닥친 큰 흉작으로 말미암아 기아 · 공황 · 실업이 만연해 사회 불안은 더욱 가중되었다.

1788년 재무 장관에 다시 임명된 네케르의 제안에 따라 루이 16세는 그동안 열리지 않았던 삼부회를 1789년 5월 베르사유에서 소집했다. 이때 소집된 삼부회의 구성을 보면 제1신분과 제2신분은 각 300여 명이었고, 제3신분은 600여 명이었다.

삼부회가 소집되자마자 의결 방법을 둘러싸고 신분간의 대립이 격화되었다. 특권 계급인 제1신분과 제2신분은 신분별로 투표할 것을 주장했고, 제3신분은 개인별 투표를 요구했기 때문에 결국 삼부회의 활동은 중지되고 말았다.

그리하여 제3신분 의원들은 6월 20일 별도로 국민 의회를 조직하고 헌법이 제정될 때까지 해산하지 않기로 결의했는데, 이를 '테니스 코트의 서약' 이라고 부른다. 여기에 진보적인 귀족과 하급 성직자들이 합류해 헌법 제정 국민 의회가 성립했다.

1789년 7월 국왕은 국민들에게 인기가 있던 재상 네케르를 파면했다. 때마침 파리에서는 식료품 위기가 있었기 때문에 시민들은 더욱 분노했다. 격앙한 시민들은 7월 14일 전제 정치의 상징인 바스티유 감옥을 습격해 점령했다. 국왕은 어쩔 수 없이 국민 의회를 승인했지만 폭동은 전국적으로 확산되었다. 배고픈 농민들은 영주의 저택을 습격했고 지방 도시에서도 시민들이 봉기했다.

루이 16세

사냥과 철공 일을 좋아했던 이 젊은 왕은 착하기는 했지만 우유부단하고 활력과 의지가 없었다. 그리하여 그는 구체제의 모순을 조금도 해결하지 못하고 혁명을 맞이했다. 그런데 절대 왕정을 수호하겠다는 의지만큼은 확고했던 그는 입헌 군주의 자리를 참을 수 없었고 오스트리아의 힘을 빌리고자 프랑스를 빠져나가다가 체포되는 수모를 겪는다. 결국 자코뱅 파에 의해 단두대의 이슬로 사라지고 말았다.

마침내 8월 4일 국민 의회는 "봉건제를 폐지한다"고 선언했다. 이로써 농노제와 영주 재판권 등 농민의 인신적 예속을 표현하는 영주권과 교회에 대한 10분의 1세의 즉각 폐지가 결정되었다. 그러나 봉건적 공납은 되사기, 즉 유상 폐지로 결정되었는데, 그 금액이 1년 공납의 30배였기 때문에 실제로 토지를 취득할 수 있는 농민은 많지 않았다.

혁명이 진전되면서 국민 의회로서는 혁명의 이념을 분명히 할 필요가 있었다. 그래서 나온 것이 진보적 귀족인 라파예트 등이 중심이 되어 기초한 「인간과 시민의 권리 선언」이었다. 이 선언은 인간의 자유와 평등은 천부인권이라는 것에 기초해, 주권 재민 · 언론의 자유 · 사유 재산의 불가침성 등을 규정하고 있다.

구체제가 무너진 가운데 새로운 프랑스를 건설하기 시작한 국민 의회가 당면한 문제는 재정 문제였다. 먼저 의회는 1789년에서 1790년에 걸쳐 교회 재산을 몰수했고, 이를 담보로 해 아시냐 채권(후일 지폐로 되었다)을 발행했다. 또한 길드와 내류 관세, 통행세를 폐지해 자유주의 경제 정책을 추진했다. 더 나아가 도량형의 통일, 지방 행정 제도의 변경 등 여러 개혁 조치를 실

「인간과 시민의 권리 선언」
일명 「인권 선언」이라고도 한다. 1789년 8월 26일 국민 의회에서 채택되어 91년 헌법에 전문이 수록되었다. 인간의 자유와 권리의 평등, 국민 주권 등을 규정하고 있는 이 역사적 문서는 구체제의 사망 선고일 뿐 아니라 새로운 사회에 대한 전망을 담고 있다.

국민 의회의 「인간과 시민의 권리 선언」(1789년)

1. 인간은 자신의 권리라는 측면에서 자유롭고 평등하게 태어났으며……

2. 모든 정치적 결사의 목적은 신성불가침한 인간의 자연권 보존에 있는데, 거기에는 자유 · 재산 · 안전 · 압제에 대항하는 저항이 포함된다.

3. 국민(nation)은 본질적으로 모든 주권의 원천이다. 어떤 개인이나 인간 집단도 여기서 유래하지 않는 권위를 부여받을 수 없다.

4. 정치적 자유는 타인의 권리를 침해하지 않는 정도에서 행동할 수 있는 힘이다.

6. 법은 공동체 의지의 표현이다. 모든 시민은 개인적으로든 대표자를 통해서든 그것의 형성에 참여할 권리를 가진다.

10. 공공 질서를 파괴하지 않는 한 누구나 자신의 견해를 표명한 것 때문에 박해받아서는 안된다.

17. 재산권은 신성불가침한 것이므로 명백한 공공의 필요 이외에는 누구도 재산을 박탈당하지 않는다.

시했다. 그러나 이 당시까지만 해도 의회를 이끌던 세력은 입헌 군주정을 주장하는 사람들이었다.

1791년 6월 왕비 마리 앙투아네트의 모국인 오스트리아의 힘을 빌어 왕권을 유지하고자 국왕 일가가 오스트리아로 도주하는 사건이 발생했다. 하지만 국왕 일행은 국경 근처의 바렌에서 체포되어 파리로 연행되었다.

이 사건으로 말미암아 국왕과 궁정에 대한 민중의 반감이 더욱 커졌다. 여기에 더해 1791년 8월 신성 로마 제국의 황제(오스트리아) 레오폴트 2세(프랑스 왕비의 오빠)와 프로이센의 왕이 필니츠에서 만나 프랑스 국왕을 도와줄 것을 다른 나라들에게 호소하면서 간섭 의도를 드러냈다.

한편 국민 의회는 9월에 최초의 헌법(91년 헌법)을 제정해 발포했으며, 이에 따라 국민 의회를 해산하고(9월 30일), 새로운 입법 의회를 소집했다(10월 1일). 이 선거는 선거권을 유산 시민에게만 준 제한 선거였기 때문에 새 의회에서는 자유주의 귀족을 중심으로 하는 입헌 군주주의자(푀양 파)가 다수였다. 여기에 상공업 시민을 중심으로 온건한 공화주의를 제창하는 지롱드 파가 대립했다.

1792년 4월 정권을 장악한 지롱드 파는 오스트리아에 대해 선전 포고를 했다. 이에 프로이센이 오스트리아 편에 가담해 프랑스로 침입해 들어왔다. 전쟁 준비가 거의 없었을 뿐만 아니라 혁명의 와중에서 군대 조직이 약해진 프랑스는 개전과 더불어 패배를 거듭했다.

그리하여 7월 입법 의회는 "조국이 위기에 처해 있다"고 비상 사태를 선언했고, 이에 호응해 지방의 의용군이 속속 파리로 집결했다. 이때 마르세유 의용군이 파리로 들어오면서 "나가자! 조국의 아들들아, 영광의 날이 왔도다……"라고 시작하는 행군가를 불렀다. 이 노래가 나중에 프랑스의 국가 「라 마르세예즈」가 된다.

프랑스가 전쟁에서 고전하자 국왕이 외국 침략군과 결탁했
다는 소문이 널리 퍼지게 되었다. 그래서 8월 파리 시민은 튈르
리 왕궁을 습격해 국왕 일가를 감금하고 왕권을 정지시켰다(8월
10일의 혁명).

한편 의용군으로 전열을 가다듬은 프랑스 군은 9월 20일 발
미 전투에서 프로이센 군에게 처음으로 승리를 거두었다. 이때
바이마르 공을 따라 종군했던 괴테는 "여기에서, 그리고 오늘부
터 세계사의 새로운 시대가 시작된다. 그리고 여러분은 그것에
참가했다고 말할 수 있다"고 기록했다. 그리고 바로 이날 보통
선거에 의해 선출된 국민 공회가 소집되어 왕정의 폐지와 공화
정의 수립을 선언했는데, 이것이 바로 제1공화정이다.

자코뱅 파의 대두와 공포 정치

급진적 공화주의를 주장하는 자코뱅 파가 국민 공회에 진출
해 지롱드 파와 대립했다. 자코뱅 파는 소상인, 직인 등 소부르
주아지, 소상인, 직인 등을 포함하는 과격한 혁명가인 소시민과

상 퀼로트라 불리는 하층민 계층에 기반을 두고 있었다.

자코뱅 파는 국민 공회 회의장에서 높은 곳에 자리했기 때문에 몽타냐르(산악파)라고도 불렸으며, 의장석에서 보았을 때 왼쪽에 있었기 때문에 좌파라고도 불렸다. 급진파를 좌파라고 부르는 관례는 이때부터 생겼다.

국민 공회는 1793년 1월 근소한 표 차이로 국왕의 사형을 표결했고, 국왕 루이 16세는 혁명 광장(현재의 콩코르드 광장)에 세워진 단두대에서 처형되었다. 국왕의 처형은 국내외에 커다란 충격을 주었다. 게다가 발미 전투의 승리 이후 공세를 취한 프랑스 군이 벨기에 지방을 점령하자 영국 수상 피트는 여러 나라와 손잡고 동맹을 결성해 프랑스에 맞섰다. 이것이 제1차 대불 동맹이다. 대불 동맹의 결성으로 프랑스 내에서는 반혁명파가 세를 얻어 내란이 빈발했으며 대외 전쟁은 전면화되었다.

한편 아시냐 지폐가 많이 발행되면서 물가가 오르고 재정이 악화되는 등 경제 위기가 심각해졌다. 1793년 봄에는 전투마다 패배하기에 이르렀다. 결국 경제 악화와 전투에서의 패배는 지롱드 파의 책임이었다.

그리하여 혁명 재판소와 공안 위원회가 설치되어 새로운 혁명 정부가 강력한 권한을 가지게 되었으며, 파리 시민들이 국민 공회를 압박해 지롱드 파가 추방되었다(1793년 6월). 반면에 자코뱅 파는 독재 체제를 형성하게 되었다.

자코뱅 파 독재의 중심 기관은 공안 위원회였다. 7월 이후 공안 위원회의 지도자가 된 로베스피에르를 중심으로 자코뱅 파는 봉건적 특권을 무상으로 폐지해 무산 농민을 소토지 소유자로 바꿔 혁명의 대열에 집결시켰으며, 남자 보통 선거권을 규정한 새 헌법(93년 헌법 또는 자코뱅 헌법)을 제정했다(공포는 비상 사태를 이유로 연기되었다). 또한 물가 통제, 징병제의 실시, 혁명력 제정, 기독교의 부정과 이성 숭배의 신종교 창설 등 급진적인 개혁을 쉼없이 실시했다.

이러한 자코뱅의 급진적인 개혁에는 상당한 반대가 뒤따랐다. 그러나 자코뱅 파는 왕당파, 지롱드 파 등 개혁에 반대하는 세력의 중심 인물들을 혁명 재판소에 보내 단두대에서 처형하도록 했다. 이 때문에 이 시기의 정치를 '테러'(공포 정치)라고 부르게 되었다. 또한 왕비 마리 앙투아네트를 처형하고(1793년 10월), 물가와 임금을 통제하는 등 국민의 경제 생활 전체를 공안 위원회가 감시했다.

로베스피에르

아라스 출신의 변호사이자 루소의 열렬한 독자인 로베스피에르는 '청렴결백한 남자'라고 불렸다. 민중 운동의 힘을 자각한 그는 상 퀼로트와 결합하는 것이 필요하다는 것을 알고 최초로 사회 입법을 제시했으며, 혁명의 방위를 위해 공포 정치를 폈다. 하지만 대외 전쟁이 호전되면서 사람들은 공포 정치에 신물을 냈고 다시 자유를 원했다. 결국 자신의 역사적 사명을 마친 로베스피에르는 그가 다른 반혁명분자들에게 했던 것과 마찬가지로 단두대에 올라가야 했다.

테르미도르 반동

1794년에 들어서자 경제 통제도 별다른 성과를 낳지 못했다. 여기에 봉건적 특권의 무상 폐지로 생겨난 광범위한 소토지 소유농, 그리고 통제를 벗어나 자유로운 경제 활동을 원하는 중소 상공업 시민 등은 혁명이 더이상 진전하는 것을 원하지 않고 보수화되었다. 이리하여 자코뱅 파가 점점 지지 기반을 상실하는 가운데 독재에 대한 반발이 날로 커져갔다.

1794년 7월 27일(혁명력의 테르미도르[熱月] 9일) 국민 공회 내의 반로베스피에르 파 의원들은 연설을 하려던 로베스피에

테르미도르 반동으로 로베스피에르 등 좌파가 약화되자 이번에는 우파로부터의 위협이 나타났다. 1975년 7월 망명 귀족과 영국군이 프랑스에 상륙했다가 격퇴된 일이 있었는데, 그 3개월 후 파리에서 왕당파의 대대적인 봉기가 일어났다. 공화국 정부는 나폴레옹 장군에게 이 봉기를 진압하라고 명령했다. 아래의 그림은 파리의 생 로슈 교회 앞에서 봉기한 왕당파에게 공화국 군대가 총격을 가하는 모습이다.

르에게 "독재자를 타도하자"라고 외치면서 그의 체포를 결의했다. 체포된 로베스피에르는 다음날 단두대에서 처형되었다(테르미도르 반동).

로베스피에르를 처형한 테르미도르 파는 혁명 재판소를 해체하고 공안 위원회의 권한을 축소하는 등 공포 정치 자체를 해체했다. 더 나아가 경제에 대한 통제 정책도 포기했다. 하지만 공포 정치의 와해 속에서도 왕당파와 보수적인 우파의 또다른 백색 테러와 생활고에 시달리는 민중의 반발로 정치 상황은 불안하기만 했다.

중간파인 테르미도르 파가 주도하는 국민 공회는 1795년 10월 새 헌법(95년 헌법)을 발포하고 해산했다. 대신 유산 계급을 중심으로 한 제한 선거로 이루어진 5백인회와 원로원의 양원제인 입법부를 두었으며, 통치는 원로원이 선출하는 5명의 총재 정부가 하게 되었다.

부르주아 정부의 위기

95년 헌법으로 성립한 총재 정부(1795년 10월~1799년 11

월)는 대외 전쟁을 치르는 가운데 경제난과 재정난, 더 나아가 정치적 불안정에 시달렸다. 총재 정부는 자유주의 경제 정책과 인플레 정책을 폈지만, 인플레에 의한 물가 앙등과 식료품 부족 등 사회 불안 요소를 제거하지 못했다.

이러한 가운데 자코뱅 잔당들의 반정부 운동과 바뵈프가 이끄는 '평등파의 음모' 사건이 발생했다. 바뵈프 등은 사유 재산제의 폐지를 궁극적인 목표로 하는 근대 공산주의의 선구자라 할 수 있다. 그러나 1795년 5월 조직 내의 배신으로 인해 모두 체포되었고 다음해 바뵈프 등 2명은 사형에 처해졌으며, 나머지는 유형을 가게 되었다. 이러한 왼쪽으로부터의 공격 뿐만 아니라 왕당파 등 우익의 반란도 빈번하게 일어났다.

또한 대외 전쟁의 성격이 '혁명 방위'에서 '침략 전쟁'으로 바뀌면서 군대의 힘이 커지게 되었다. 부르주아 총재 정부로서는 내부 위기에 대처하는 것은 말할 것도 없고 이러한 전쟁을 수행할 만한 능력조차 없었다. 그래서 국유 재산의 매각 등으로 혁명에서 이득을 얻은 부르주아지나 농민은 정국의 불안정과 총재 정부의 무능력에 실망해 그들의 기득권을 지켜줄 강력한 지도자를 기대하게 되었다. 그가 바로 나폴레옹이었다.

부르주아 혁명으로서의 프랑스 혁명

변호사였던 로베스피에르와 당통, 검사국 서기였던 생 쥐스트, 의사이자 물리학자 그리고 신문 발행인이었던 마라 등 자코뱅 파 지도자의 대부분은 소부르주아지 출신이었다. 그리고 대중 운동에서 그들을 지지하던 층은 하층민을 중심으로 하는 상 퀼로트였다.

물론 프랑스 혁명은 부르주아지 권력의 확립 과정이었지만, 부르주아지 단독의 힘이 아니라 소부르주아지의 협력과 대중 운동이라는 직접적인 힘이 필요했다. 하지만 소부르주아지 권력(자코뱅 독재)의 유지도 당시의 역사적 단계에서는 불가능했다. 따라서 테르미도르 반동은 필연적인 일이었다. 물론 여기에서 반동이란 소부르주아 독재에 대한 부르주아의 반동이며, 왕당파 등에 의한 반동은 아니다.

부르주아 권력의 확립에 따라 프랑스에서는 자본주의가 순조롭게 발전하게 되었다. 사회적으로는 불평등한 신분제에 기초한 구체제가 타도되고 자유롭고 평등한 시민 사회로의 발전이 가능해졌다. 사상적으로 프랑스 혁명은 종교적이고 낡은 사고 방식에 대한 계몽 사상의 전면적인 승리라 할 수 있으며, 이는 이후 근대 사상의 기초가 되었다.

20. 나폴레옹 시대

풍운아 나폴레옹의 등장

나폴레옹은 1769년 코르시카 섬에서 태어났다. 그는 파리의 사관 학교를 졸업하고 17살 때인 1786년에 포병 소위로 임관했다. 대혁명을 열광적으로 지지했던 나폴레옹은 1793년 영국군에게 점령되었던 툴롱 항을 탈환하는 데 큰 공을 세웠다. 이 일로 자코뱅 파의 인정을 받지만, 그 때문에 테르미도르 반동 때 잠시 투옥되기도 했다.

그러나 1795년 파리 중심부에서 일어난 왕당파의 반란을 진압하면서 군사적 재능을 다시금 발휘한 나폴레옹은 곧 사단장으로 승진했다. 1796년에 여섯 살 연상인 파리 사교계의 꽃 조제핀과 결혼했으며, 결혼 이틀 후에는 오스트리아를 공격하기 위한 이탈리아 원정군의 사령관이 되었다.

나폴레옹은 이탈리아에서 오스트리아 군을 완전히 몰아내었다. 그 결과 체결된 캄포 포르미오 조약(1797년)에서 프랑스는

CODE CIVIL
DES
FRANÇAIS.

ÉDITION ORIGINALE ET SEULE OFFICIELLE.

À PARIS,
DE L'IMPRIMERIE DE LA RÉPUBLIQUE.
AN XII. — 1804.

나폴레옹 법전

1804년 황제의 자리에 오른 나폴레옹은 혁명 성과의 일부를 공고히 하는 수단으로 나폴레옹 법전을 도입했다. 법적 평등과 소유권 등을 분명히 한 이 법전은 나폴레옹보다 훨씬 오래 살아남았다.

이집트 원정

1798년 나폴레옹은 영국과 인도의 연결을 차단하려는 목적으로 이집트 원정을 시도했다. 그 후에도 마찬가지이지만 영국에 대한 나폴레옹의 이러저러한 공격은 별다른 성과를 거두지 못했다.

오스트리아로부터 벨기에와 롬바르디아를 양도받았다. 나폴레옹은 이 승리로 말미암아 프랑스 국민들 사이에서 명성이 높아지게 된다.

1798년 5월 나폴레옹은 영국에 대한 간접적인 공격의 일환으로 5만여 명의 병사를 이끌고 이집트 원정에 나섰다. 이집트 원정 자체는 큰 성공을 거두지 못했지만 나폴레옹 군대와 함께 원정을 떠난 학자들은 로제타 스톤을 발견하는 등 이집트 학 발전에 크게 공헌했다.

통령 정부의 성립과 혁명의 종식

나폴레옹 군대가 이집트에 상륙한 사이 넬슨 제독이 이끄는 영국 함대가 프랑스 함대를 격파했다. 그리고 이집트에서 나폴레옹 군대가 고립되어 있는 동안 영국이 주도하는 제2차 대불 동맹이 성립했으며, 동맹군의 공격에 의해 이탈리아를 상실했다. 이 소식을 들은 나폴레옹은 500명의 병사만을 데리고 이집트를 탈출해 프랑스로 돌아왔다.

파리로 돌아온 나폴레옹은 1799년 11월 9일(혁명력 브뤼메르[霧月] 18일) 쿠데타로 총재 정부를 타도한 뒤 3인의 통령과 4원제 의회로 구성된 통령 정부를 수립한다. 그리고 스스로 제1통령에 취임했다. 이리하여 프랑스 혁명은 전쟁을 통해 등장한 군인의 독재로 막을 내리게 되었다.

군사적 승리를 통해 정권의 안정을 꾀한 나폴레옹은 알프스를 넘어 밀라노를 점령하는 등 각지에서

오스트리아 군을 격파한 후 영국과 화평 교섭을 시도했다. 1802년 3월에는 영국과 아미앵 화약을 맺었다. 이로써 제2차 대불 동맹이 해소되고 10년 만에 평화가 찾아왔다.

1801년 나폴레옹은 교황과 종교 협약을 맺었다. 이 협약은 가톨릭이 프랑스 국민 대다수의 신앙임을 인정하는 것이 전제되었다. 그것을 바탕으로 주교는 정부가 지명하고 교황이 서임하며, 교구 신부는 주교가 임명하도록 했다. 또한 교회는 10분의 1세와 혁명중에 몰수된 재산을 포기하며, 그 대신 국가가 성직자에게 봉급을 지급하기로 했다.

알프스를 넘는 나폴레옹
프랑스 혁명기의 사람들은 고전 고대에서 자신들이 실현하고자 하는 이상을 발견하곤 했다. 다비드가 그린 이 그림의 나폴레옹도 로마 시민들이 입던 토가를 걸치고 있다. 당시 나폴레옹은 한니발이나 카를 대제와 비교되곤 했는데, 많은 사람들에게 그는 그러한 낭만적인 역할을 완전히 체현하고 있는 것으로 비추어졌다.

한편 1800년 이래 민법 기초 위원회에서 심의되어 온 36장 2281조로 된 민법전(1807년에 '나폴레옹 법전'으로 이름을 바꿨다)이 1804년 3월에 공포되었다. 이 민법전은 '소유권 법전'이라고 불리는 것처럼 개인 소유권의 불가침성을 강조하고 있으며, 법적 평등·신앙의 자유 등 프랑스 인권 선언의 정신을 구현하고 있다. 특히 부동산 소유가 중심이었기 때문에 부르주아지와 혁명기에 성장한 소토지 소유 농민의 승리를 반영하고 있다고 할 수 있다. 나폴레옹 스스로 그 어떤 활동보다도 중요시했던 법전의 편찬은 프랑스 혁명의 종착점이자 근대 유럽 법전의 출발점이었다.

그밖에 나폴레옹은 프랑스 은행을 설립하고 직접세를 설정하는 등의 세제 개혁과 혁명력 폐지, 태양력 채용 등 여러 정책을 차례로 실행했다. 그리고 1802년에는 종신 통령의 자리에 올랐다.

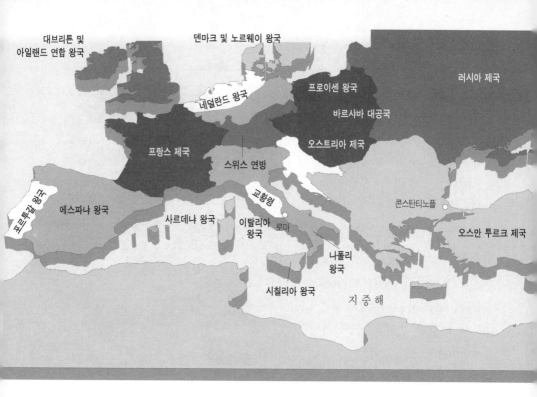

대브리튼 및
아일랜드 연합 왕국

덴마크 및 노르웨이 왕국

프로이센 왕국

러시아 제국

네덜란드 왕국

바르샤바 대공국

오스트리아 제국

프랑스 제국

스위스 연방

교황령

포르투갈 왕국

에스파냐 왕국

사르데냐 왕국

이탈리아 왕국

로마

콘스탄티노플

나폴리 왕국

오스만 투르크 제국

시칠리아 왕국

지 중 해

나폴레옹의 유럽 제패

프랑스가 짧은 시간 안에 유럽 대륙을 석권하면서 '제국'을 건설할 수 있었던 것은 나폴레옹의 뛰어난 군사적 재능과 혁명 이념 때문이라 할 수 있다. 하지만 프랑스가 수출한 자유·평등·우애의 혁명 이념은 각지의 민족주의를 자극했고, 이는 나폴레옹 제국의 몰락을 재촉하게 되었다.

나폴레옹 제국

1804년 5월 국민 투표에 의해 나폴레옹은 '프랑스 국민의 황제'에 취임해 나폴레옹 1세라고 칭했다. 12월 노트르담 대성당에서 교황이 참석한 가운데 대관식이 치러졌는데, 이때 나폴레옹의 나이 30세였다.

한편 전비 부담에 대한 국민의 반대로 아미앵 화약을 맺었던 영국은 1803년부터 다시 프랑스와 교전 상태에 들어갔으며, 1805년에는 오스트리아, 러시아, 스웨덴과 함께 제3차 대불 동맹을 결성했다. 이에 나폴레옹은 영불 해협의 가을 안개가 걷히기를 기다리면서 영국 상륙 작전을 준비했다.

그러나 그 해 10월 에스파냐의 카디스 항을 출발한 프랑스 – 에스파냐 연합 함대는 대서양으로 나가는 출구인 트라팔가르에서 넬슨이 이끄는 영국 함대에 대패했다(넬슨은 이 전투에서 전사했다). 그러나 대륙에서는 오스트리아 – 러시아 연합군을 아우스터리츠 전투에서 크게 꺾어, 이로써 제3차 대불 동맹이 해소 되었다.

1806년 7월에는 서남 독일의 16개 영방을 라인 동맹으로 편성하고 나폴레옹 스스로 보호자가 되었다. 8월에는 신성 로마 제국의 황제 프란츠 2세가 신성 로마 황제의 칭호를 포기하고 오스트리아 황제 프란츠 1세라고 칭했다. 이로써 962년 이래 지속되어 온 신성 로마 제국이 완전히 해체되었다.

계속해서 나폴레옹은 프로이센 군을 격파하고 1807년 7월 틸지트 조약을 맺어 프로이센 영토를 빼앗고 배상금을 부과했다. 이리하여 라인 강과 엘베 강 사이에 베스트팔리아 왕국이 세워지고 구폴란드 영토에는 바르샤바 대공국이 건설되어 프랑스 세력은 라인 강 오른쪽까지 이르렀다.

오스트리아, 러시아, 프로이센이 프랑스 군대에 굴복하자 나폴레옹은 1807년 11월 유일하게 남은 적인 영국에 대한 '대륙 봉쇄'를 발표했다. 이는 유럽 대륙과 영국의 통상을 금지한 것으로서, 영국에게 경제적인 타격을 주는 동시에 프랑스의 시장을 확대하려는 의도에서 비롯된 것이다.

1810년 나폴레옹은 조제핀과 이혼하고 18세의 오스트리아 황녀 마리 루이즈와 재혼했다. 다음해 기다리던 황태자를 얻은 나폴레옹은 아들에게 로마 왕의 칭호를 부여했는데, 이때가 나폴레옹의 절정기였다.

나폴레옹의 몰락

1808년 5월 나폴레옹은 에스파냐 궁정 내부의 분열을 이용해 침략해 들어가 왕을 폐위시키고 자신의 형 조셉을 에스파냐 왕위에 앉혔다. 그러자 에스파냐의 수도 마드리드의 민중이 프랑스가 벌인 침략에 반대하는 봉기를 일으켰고, 이는 전국적인 폭동으로 확대되었다.

에스파냐 각지에서 저항 운동이 조직되고 게릴라 전법(소규

제국을 건설하기 시작한 나폴레옹의 손길은 일찍이 절대주의 국가를 형성했던 에스파냐에까지 뻗쳤다. 당연하게도 이에 대해 에스파냐 민중은 곳곳에서 봉기를 일으켰으며, 게릴라 투쟁으로 응답했다. 이 동판화는 에스파냐의 대표적인 화가 고야가 연작으로 만든 「전쟁의 재앙」 중의 하나로, 프랑스 군에 학살당하는 민중의 모습을 그리고 있다.

모 전쟁)으로 맞섰기 때문에 12만 명에 달하는 프랑스 군도 에스파냐 민중의 봉기를 잠재울 수 없었다. 엎친 데 덮친 격으로 영국이 에스파냐를 지원하고 나서자 나폴레옹 군대는 패전의 위기까지 몰렸다. 이를 두고 훗날 나폴레옹은 "에스파냐의 궤양이 나를 파멸시켰다"고 술회하기도 했다.

한편 대륙 봉쇄령에도 불구하고 해상권은 여전히 영국이 장악하고 있었다. 영국은 이를 바탕으로 유럽 시장을 대신해 라틴 아메리카와 근동 방면의 시장을 개척했다. 또한 프랑스 대륙에 대해서도 밀수 등으로 상품을 매매했기 때문에 대륙 봉쇄령은 영국 경제에 별다른 타격을 주지 못했다.

반면에 프랑스 경제는 대륙 봉쇄령으로 인해 오히려 고통받는 처지가 되었다. 초기에는 대륙 시장을 독점했기 때문에 어느 정도 번영을 누릴 수 있었다.

하지만 시간이 갈수록 원료와 사탕 등 식민지에서 들여오는 물품이 부족해 물가가 상승했으며, 주로 영국을 대상으로 하던 곡물 수출이 막히게 됨에 따라 경제적인 피해가 심했다. 그리고 영국을 대신해 유럽 나라들에게 상품을 충분히 공급할 수 있을 정도로 프랑스의 공업이 발전하지 못했다. 그러다 보니 프랑스 이외의 나라들은 심각한 경제적 타격을 받게 되었으며, 이에 따라 밀수가 성행하게 되었다.

대륙 봉쇄령에 의해 자국의 곡물 수출길이 막힌 러시아가 맨먼저 나서서 영국과 통상을 재개했다. 이러한 러시아의 배반을 그대로 보고 있을 수 없었던 나폴레옹은 1812년 6월 오스트리아, 프

로이센과 동맹해 67만 명의 대군을 이끌고 러시아 원정길에 올랐다. 그러나 러시아 군은 나폴레옹과의 정면 대결을 피하는 길을 택했다.

1812년 9월 중순에 모스크바에 입성한 나폴레옹의 눈앞에는 불타는 모스크바만이 기다리고 있었다. 4일 동안 불타올라 끝내 아무것도 남지 않은 모스크바에서 나폴레옹 군대는 기아와 추위에 시달릴 수밖에 없었다.

더이상 어쩔 수 없었던 나폴레옹은 10월 무렵 철수하기로 결심했다. 하지만 일찍 내린 눈이 철군길을 더디게 했을 뿐만 아니라 도처에서 기습해오는 러시아 군 때문에 그 해 말에 귀국했을 때 남은 병력은 수만 명에 불과했다고 한다.

프랑스 군의 대패배는 나폴레옹의 정복과 지배에 시달리던 나라들을 고무했다. 그리하여 제6차 대불 동맹이 결성되어 오스트리아 · 프로이센 · 러시아 연합군이 라이프치히 전투에서(1813년) 나폴레옹 군을 대파하고(제[諸]국민 해방 전쟁) 이듬해 파리에 입성했다. 나폴레옹은 황제의 자리에서 쫓겨나 지중해의 엘바 섬으로 유배되었다. 그리고 프랑스에는 루이 18세(루이 16세의 동생)가 즉위해 부르봉 왕조를 부활시켰다.

연합국은 전후 처리를 위해 빈 회의(1814년 9월~1815년 6월)를 열었지만 이해가 일치하지 않아 난항을 거듭했다. 이러한 사정을 알아챈 나폴레옹은 1815년 3월 엘바 섬을 탈출해 파리로 돌아와 다시 제위에 올랐다.

그러나 제7차 대불 동맹이 만들어지고 6월 워털루에서 영국의 웰링턴 장군이 이끄는 연합군에게 또 한번 패배해 이번에는 대서양의 고도 세인트 헬레나로 쫓겨났다. 그는 1821년 5월 그곳에서 51세의 일기를 마감했다. 이로써 나폴레옹의 시대가 끝났으며, 7세기 이래 계속되어온 영국과 프랑스의 대결도 영국의 승리로 막을 내렸다.

이렇게 짧은 시간에 유럽 대륙을 제패했던 나폴레옹이 몰락 나폴레옹이 세력을 확대하면서 유럽 전역에 수출한 프랑스 혁명의 이념이 마침내 나폴레옹 자신에게 겨누어졌다. 나폴레옹이 최초로 패한 대규모 전투는 라이프치히 전투였는데, 이것을 '제(諸)국민의 해방 전쟁'이라고 부른다. 왜냐하면 이제 나폴레옹은 해방자가 아니라 유럽의 나머지 지역을 지배하는 억압자였기 때문이다. 이 카툰은 해방을 열망하는 여러 국민들이 나폴레옹 군대를 향하고 있는 가운데 나폴레옹이 자신의 해골과 마주하고 있는 장면이다.

하게 된 원인은 바로 그의 대륙 지배에 있었다. 당초 나폴레옹 군은 오스트리아 등 절대 왕정에 지배받던 민족들에게는 민족 해방의 기수, 즉 해방군이었다. 하지만 나폴레옹 군에 의해 '수출'된 자유와 평등의 혁명 이념이 각 민족 사이에 뿌리박게 되자 이번에는 나폴레옹의 지배 자체가 그들의 민족주의와 충돌할 수밖에 없었다. 이렇게 '해방자 나폴레옹'은 자신이 뿌린 혁명 이념이 싹트자 '압제자 나폴레옹'이 되었던 것이며, 대륙 봉쇄령은 그 완성으로 작용하게 되었다.

뿐만 아니라 프랑스의 부르주아지와 소토지 농민들은 재산의 안전과 유지를 위해 나폴레옹을 지지했지만 침략 전쟁이 계속되어가면서 피해가 늘자 불만이 고조되었다. 즉 프랑스 내에서도 나폴레옹은 개혁자에서 압제자로 바뀌어갔던 것이다.

한편 전술에서도 문제가 있었다. 나폴레옹 전술의 특징은 병력의 일점 집중, 중앙 돌파, 각개격파였다. 이 전술을 연구해 수학적으로 정확하게 수행했다는 점에서 나폴레옹은 군사적 천재

라고 할 수 있다. 하지만 그는 이러한 전술을 너무 고집했다. 나폴레옹이 자신의 전술을 확립한 것은 북이탈리아에서였다. 즉 나폴레옹의 전술은 지형이 유사한 중부 유럽에서는 효과가 있었지만 에스파냐의 산악 지대나 러시아의 대평원에서는 통용될 수 없었던 것이다.

나폴레옹의 유산

프랑스 국내에서 나폴레옹은 '혁명의 한정 상속인'이었다. 소유·평등·자유, 이것이 부르주아 혁명의 최저한의 성과였다. 이러한 성과를 확보하고 키운 것이 나폴레옹 권력의 본질이라고 할 수 있다.

국제 관계에서 살펴보면, 나폴레옹 제국의 형성으로 인해 유럽이 한 사람의 지배 하에 들어갔는데, 이것은 초유의 일이라 할 수 있다. 한편 프랑스 혁명으로 생긴 새로운 제도와 사상이 프랑스 이외의 지역에 이식되어 봉건제의 폐지 및 근대 법전의 채용 등 유럽의 근대화에 커다란 영향을 미쳤다고 할 수 있다. 특히 프로이센의 슈타인과 하르덴베르크에 의한 위로부터의 개혁은 독일 통일의 길을 열어주었다는 점에서 매우 중요하다.

21. 산업 혁명 : 근대 사회의 추동력

영국에서 먼저 시작된 혁명

18세기 후반 신대륙과 유럽 대륙에서 독립과 혁명의 불꽃이 격렬히 타오를 때 섬나라 영국에서는 새로운 시대를 열게 된 또 다른 혁명, 즉 산업 혁명이 일기 시작했다. 산업 혁명이란 18세기 후반부터 약 1세기 동안, 영국에서 시작되어 서유럽과 미국에까지 전개된 기술 혁신과 그에 수반된 사회의 변혁을 가리킨다. 여기서 기술 혁신이란 기존의 도구를 대신해 기계를 사용하는 대량 생산 방식이 나타난 것을 말한다.

산업 혁명이 영국에서 먼저 시작된 것은 다음과 같은 몇 가지 이유 때문이다.

우선, 영국은 17세기 후반부터 18세기 후반까지 네덜란드와 프랑스를 물리치고 해상권을 장악하면서 인도와 북아메리카를 중심으로 하는 광대한 해외 시장(식민지)을 얻었다. 해외 시장은 기존의 수공업 생산으로는 도저히 따라갈 수 없을 만큼 수요가 큰 것이었다. 그리고 다른 나라에 비해 일찍 시민 혁명이 일어나 (17세기) 기존의 길드 체제가 무너지고 대신 선대제와 공장제 수공업(매뉴팩처)이 발달했으며, 식민 활동과 대외 교역을 통해 대량의 부, 즉 자본이 축적될 수 있었다.

한편 농업의 발전도 두드러졌다. 말이 끄는 파종기와 제초기 가 사용되었으며, 가축 사료로 쓰이는 순무 재배와 토지의 비옥 도를 증진시키는 클로버 재배가 새로 도입되었다. 이러한 농업 기술상의 진보와 함께 도시 인구가 늘어남에 따라 곡물 수요도 늘어났다. 이 때문에 대지주와 부유한 농민들은 중소 자영농민의 토지와 마을의 공동지를 종획해(제2차 인클로저) 자본주의적 대 규모 농장 경영을 발전시켰다. 이것이 '농업 혁명'이다.

농업 혁명의 결과 근세 영국 농업을 지배하던 독립 자영농 이 해체되었다. 토지를 잃은 그들은 농업 노동자가 되거나 도시 로 흘러들어가 공업 노동자가 되었다. 이로써 영국에 풍부한 노 동력이 마련될 수 있었다. 게다가 영국에는 석탄·철 등 산업 발전에 필수적인 자원이 풍부했으며, 여기에 더해 해상권을 장악 하고 있었기 때문에 식민지로부터 원료를 들여오는 것도 쉬웠다.

마지막으로, 일찌감치 진행된 시민 혁명으로 인해 영국은 상 공업의 자유가 확립되었고, 부르주아지의 사회적 지위도 높아졌 다. 17세기 이래 자연 과학과 기술의 진보가 두드러졌으며, 경험 주의의 발상지로서 과학적 지식을 실생활에 응용하는 기반도 닦 여 있었다.

산업 혁명의 전개

늘어나는 수요를 따라잡기 위한 대량 생산은 기술 혁신(기 계의 발명)으로 가능했는데, 이 기술 혁신은 먼저 목면 공업 분 야에서 시작되었다. 17세기 영국 동인도 회사가 수집한 인도산 면직물은 기존의 모직물보다 값싸고 편리했기 때문에 수요가 점 점 늘었다. 그리고 면사는 모보다 균질하기 때문에 기계화가 쉬

목면 공업의 기계화

오른쪽은 아크라이트가 발명한 수력 방적기이다. 왼쪽은 크럼프턴이 발명한 뮬 방적기인데, 이것을 통해 제니 방적기, 수력 방적기 등의 결점을 극복하게 되었고, 따라서 더 가늘고 강한 실을 생산할 수 있게 되었다.

왔다. 뿐만 아니라 영국이 지배하는 인도와 북아메리카에서 면화를 쉽게 확보할 수 있었다.

직물 생산은 원료에서 실을 뽑는 방적 공정과 실을 가지고 천을 짜는 직포 공정으로 나뉘는데, 한쪽의 기계화는 다른 쪽의 기계화를 자극해 직물 생산 전체의 기계화가 촉진되었다. 1733년 존 케이가 발명한 '나는 북'(flying shuttle)이 1760년대의 면직물 공업에 응용되면서 직포 생산이 크게 증가하자 면사의 수요가 점차 늘었다. 그리고 이를 충족시키기 위해 잇달아 새로운 방적기가 발명되었다. 하그리브스, 아크라이트, 크럼프턴 등에 의해 방적기가 나날이 개량되었으며, 이에 자극받아 카트라이트가 동력으로 움직이는 역직기를 발명했다(1785년).

이러한 기계화 과정에서 와트가 증기 기관을 개량해 방적기와 기계의 동력을 이용하게 되면서 생산 효율은 비약적으로 증대되었다. 한편 미국의 휘트니는 면화씨에서 종자를 제거하는 조면기를 발명해(1793년) 미국 남부의 면화 재배가 급속도로 확장되었다. 이 조면기 한 대는 하룻동안 1000~1500명이 일하는 것과 맞먹었다.

목면 공업인 경공업에서 시작된 산업 혁명은 기계 자체를 만드는 기계 공업과 기계 원료로서의 철을 생산하는 제철업 등

와트의 증기 기관

산업혁명이 가능하기 위해서는 새로운 동력원이 필요했다. 그래서 등장한 것이 증기 기관이었다. 탄광의 물을 뽑아 내는 데 사용되던 증기 기관은 18세기 초 뉴커먼에 의해 개량되었고, 18세기 후반 와트에 의해 다시 개량되어 모든 기계의 동력원으로 이용되기 시작했다. 이로써 인간은 생물의 한계를 넘어서 엄청난 생산력을 발전시킬 수 있게 되었다.

중공업의 발달을 촉진시켰다. 그 선두 주자는 목탄 연료를 대신해 석탄을 코크스화해서 철광을 용해하는 코크스 정련법의 발명(18세기 초)이었다. 이로 인해 무쇠의 품질이 향상되어 영국의 철 생산은 비약적으로 증대되었으며, 이에 따라 석탄의 생산량도 늘었다. 17세기말에 12만 5천 톤이었던 철 생산량은 1850년에 이르러 270만 톤이 되었으며, 석탄의 경우 1800년의 1100만 톤에서 1860년에는 그 7배에 달했다.

기계와 증기력을 통한 대량 생산이 시작되자 대량의 원료와 제품을 먼 거리까지 신속하게 수송해야 할 수송편이 필요했다. 이러한 필요에 가장 먼저 응답한 것이 스티븐슨의 증기 기관차였다. 스티븐슨의 증기 기관차가 처음 만들어진 것은 1814년이며, 1830년에는 맨체스터와 리버풀 사이에 최초로 철도 영업이 개시되었다. 이후 1840~50년대 영국에서는 '철도광 시대'라고 불릴 정도로 투자가 활발하게 이루어졌으며, 세계 각지에서도 철도망이 확충되어 철도는 19세기 후반 육상 교통의 중심적인 자리를 차지하게 되었다.

철도가 육상 교통의 풍경을 바꿔 놓았다면 해상에서는 증기 기선이 한몫을 했다. 1807년 미국의 풀턴이 만든 증기선이 허드슨 강에서 운행되었다. 1821년에는 영국의 도버와 프랑스의 칼

잉글랜드 북부의 탄광 모습
제1차 산업 혁명기에 가장 중요한 자원의 하나는 석탄이었으며, 이로 인해 수많은 탄광업자들이 엄청난 수익을 올렸다. 이 그림은 19세기 초반 조지 워커가 그린 잉글랜드의 북부의 모습으로서 탄광·공장·철도 등 당시 번영하던 풍경을 잘 나타내고 있다.

레 사이에 증기선에 의한 국제 해상 정기 항로가 개설되었다.

산업 혁명의 결과 영국은 값싸고 품질 좋은 공업 제품을 대량으로 만들어 유럽 여러 나라의 시장에 내다 팔 수 있었다. 18세기말부터 유럽 대륙이 프랑스 혁명과 나폴레옹 전쟁에 휘말려 있을 때 영국은 그 혼란에서 벗어날 수 있었으며, 게다가 1825년까지 기계 수출 자체가 금지되어 있었기 때문에 영국은 문자 그대로 '세계의 공장'이라는 지위를 차지할 수 있었다.

산업 혁명의 전파

1825년 영국이 기계 수출 금지 조치를 풀자 이후 유럽 각국에서는 영국의 증기 기관과 목면 공업 기계 등이 홍수를 이루었으며, 기계와 함께 전문 기술자들도 따라 흘러들어갔다. 이로써 산업 혁명은 각국에 차례로 전파되었다.

18세기말부터 서서히 산업 혁명의 기운이 일던 벨기에에서는 1830년에 이루어진 독립을 계기로 더 한층 진전되었다. 프랑스도 30년대 이후 경공업을 중심으로 산업 혁명이 시작되었는데, 소경영 중심이다 보니 진전 속도가 매우 완만한 편이었다.

독일에서는 봉건적인 농업 경영이 지속된데다 국가 통일도 늦었기 때문에 프랑스보다도 산업 혁명의 물결이 늦게 찾아왔다. 하지만 1834년 프로이센을 중심으로 만들어진 '독일 관세 동맹'으로 인해 정치적 통일보다 국내 시장이 앞서 통합될 수 있었다. 1840년대 이후에는 라인 지방을 중심으로 공업이 발전했으며, 1850년대에는 철도망이 완성되면서 본격적인 산업 혁명의 길로 들어섰다.

미국은 남북 전쟁(1861~1865년) 이후 산업화가 본격적으로 진행되었다. 러시아는 차리즘에 의해 근대화가 매우 지연되었는데, 러불동맹(1891년) 이후 1890년대 무렵 프랑스 자본이 도입되어 본격적인 산업화가 진행되었다. 그러나 러시아는 여전히 농업의 비중이 컸으며, 기업 집중이 두드러졌다.

이밖에 이탈리아, 오스트리아 등에서는 국가 통일이 늦어졌기 때문에 19세기 후반에 가서야 산업 혁명이 전개되었으며, 그 속도도 매우 늦었다. 또한 아시아에서는 일본이 1870년대에 경공업을 발전시키기 시작했으며, 청일 전쟁(1894~1895년) 이후에는 군수 산업을 중심으로 하는 중공업을 발전시켰다.

자본주의 체제의 확립과 사회 문제

산업 혁명으로 인한 공장제 기계 공업으로 기존의 가내 공업과 수공업이 몰락하고 사회 전반에 걸쳐 근대적인 자본주의 체제가 확립되었다. 근대적 자본주의란 산업 자본주의로서, 기존의 상업 자본이나 금융 자본과는 달리 생산 과정에서 자본

노동자들의 비참한 생활

산업혁명은 인간에게 엄청난 생산력을 가져다 주었다. 그러나 그로 인해 이득을 보는 사람들은 소수의 자본가들이었다. 사회의 다수는 노동자로서 직접 생산에 종사했지만, 그들에게 돌아온 것은 가난과 비참이었다. 그리고 그것은 자신들 옆에 쌓여가는 거대한 부 때문에 더욱 더 비참하게 느껴졌다.

의 증식을 꾀하는 자본을 말한다. 그 결과 사회는 자본(생산 수단)을 가진 산업 자본가 계급(부르주아지)과 자신의 노동력을 자본가에게 팔아야만 살 수 있는 노동자 계급(프롤레타리아트)으로 나뉘어 대립하게 되었다.

새로운 기계의 발명과 발전으로 인해 거대한 생산력의 발전을 가져온 산업 혁명은 근대 자본주의 체제를 확립시키면서 새로운 사회 문제를 낳게 된다.

먼저, 신흥 공업 도시가 생겨나면서 노동자 인구가 도시로 집중하게 되었다(도시화). 빠른 시간에 많은 인구가 한 곳에 모이다 보니 생활 환경이 아주 나빴으며, 공장 주변에는 슬럼(빈민가)이 형성되었다.

중세 이래의 길드 조직이 사라지고 숙련 노동자들은 직업을 잃게 되었다. 일자리를 잃은 것이 기계 탓이라고 생각한 영국의 노동자들은 1811~1812년에 걸쳐 기계파괴 운동(러다이트 운동)을 전개했지만, 수공업의 몰락이라는 시대의 흐름을 바꾸지는 못했다.

또한 수공업과 독립 자영 농민의 몰락 때문에 노동력 과잉 현상이 일어났는데, 이는 노동 시장에서 자본가에게 유리한 조건을 형성했다. 그리하여 노동자들은 열악한 환경에서 오랜 시간 일하고도 낮은 임금밖에 받지 못하는 처지가 되었다. 그리고 기

로버트 오언의 「노동 빈민의 구제 계획」(1817년)

Q. 빈민과 노동자 계급 사이에 존재하는 고통과 가난은 무엇 때문인가?
A. 생산에 대한 욕구 및 수요와 비교했을 때 이 나라의 생산력을 잘못 사용했기 때문이다.
Q. 당신의 경험이 이러한 생산력을 좀더 유용하게 사용할 수 있도록 했는가?
A. 그 경험으로 인해 현재의 노동 빈민의 곤궁을 빠르게 제거할 수 있으며, 이 나라를 좀더 높은 수준으로 번영시킬 수 있다.
Q. 그것은 어떻게 가능한가?
A. 노동 빈민의 분명한 잉여를 생산적인 일에 종사시키는, 잘 정비된 계획을 수립하는 것에 의해 가능하

계에 의해 작업이 단순화되고 분업화되자 자본가들은 임금이 싼 여성과 아동을 고용해 장시간 일을 시켰다.

한편 자유 경쟁 이념에 의한 무계획적인 자본주의적 생산은 생산 과잉을 초래해 주기적으로 경제 위기를 발생시켰다. 이렇게 경제 위기가 닥칠 때마다 실업자가 늘어나면서 자본주의적 모순은 더욱 격화된 모습을 띠게 되었다.

노동자의 궁핍은 생산 효율의 저하와 구매력 저하를 초래했기 때문에 국가 경제 전체의 관점에서 볼 때 결코 방치할 수 없는 문제였다. 그래서 영국에서는 공장법이 제정되어(1802, 1833년) 노동 시간의 단축과 아동의 심야 노동 금지 등을 규정했다. 이것이 위로부터의 개혁인데 반해 노동자들은 노동 조합을 만들어 자신들의 요구를 관철하려 했다.

한편 노동자의 대우 개선과 공장법 제정, 결사 금지법 폐지를 강하게 요구하고 나선 이들이 인도적인 초기 사회주의자들이었다. 생 시몽, 푸리에, 오언 등으로 대표되는 그들은 자본가와

기계파괴 운동

산업 혁명은 사회에 급격한 변화를 초래했다. 특히 기계화는 전통적인 장인들이 설 자리를 빼앗아갔을 뿐만 아니라 억압적이며 경직된 분업으로 말미암아 노동자들의 분노를 샀다. 따라서 내일을 확신할 수 없었던 노동자들은 기계를 자신들의 적으로 간주하고 파괴하는 데 나섰다.

다. 그럼으로써 그들은 먼저 자신의 삶을 유지하게 되고 그 다음에 국가의 지출에서 그들이 맡은 부분을 감당하게 된다.

Q. 노동자 계급 중에서 일하지 않는 사람들에게 일자리를 줄 수 있는 수단이 존재하는가?

A. 이 나라는 이러한 목적을 달성할 수 있는 매우 충분한 수단을 가지고 있다. 이용하지 않는 토지, 충분히 경작되지 않는 토지, 무익한 곳에 투자된 돈, 게으른 육체 노동력 등이 그 수단이다.

Q. 어떻게 그것들을 작동하게 할 수 있는가?

A. 그 모두를 유용하게 하고 이윤을 창출할 수 있는 조합으로 결합하는 것에 의해 가능하다. 그럼으로써 통일적인 노동과 지출의 원칙에 의거해 개인들의 제한된 공동체를 창출하는 것이다. 그 토대는 농업이며, 그 속에서 모두 상호 공통된 이해를 가진다.

노동자가 타협하고 협동할 수 있을 것이라고 믿었다. 그들 중에는 영국의 로버트 오언(1771~1858년)처럼 스스로 이상적인 공장을 경영하거나 미국으로 건너가 공산 사회를 실현하려고 했던 사람들도 있었다.

이에 반해 19세기 후반 독일의 마르크스와 엥겔스는 자본·잉여가치·노동 등의 개념을 사용해 근대 사회를 분석하면서 자본주의 사회의 몰락이 역사의 필연이라는 역사 유물론을 정식화했다. 이들은 노동자 계급의 계급 투쟁에 의한 정권 획득과 국제적 단결에 의해 이상적인 사회주의 사회를 실현할 것을 주장하면서 스스로를 과학적 사회주의자라고 불렀다. 이 사상은 20세기까지 커다란 영향을 끼쳤는데, 20세기의 러시아 혁명(1917년)과 중국 혁명(1949년)은 그러한 사상이 실현된 결과라고 할 수 있다.

마르크스와 엥겔스의 「공산당 선언」(1848년)

만일 프롤레타리아트가 부르주아지에 대항하는 투쟁에서 필연적으로 계급으로 단결되고 혁명을 통해 스스로를 지배 계급으로 만들며, 지배 계급으로서 낡은 생산 관계들을 폭력적으로 폐기하게 된다면, 그들은 이 생산 관계들과 아울러 계급 대립의 존립 조건들과 계급 일반을 폐기하게 될 것이고, 또 이를 통해 계급으로서의 자기 자신의 지배도 폐기하게 될 것이다. 계급과 계급 대립이 있었던 낡은 부르주아 사회 대신에 개인의 자유로운 발전이 만인의 자유로운 발전의 조건이 되는 하나의 연합체가 나타난다.

22. 혁명의 시대

반동적인 빈 체제

나폴레옹의 패배와 더불어 프랑스 혁명으로 시작된 유럽 전역의 동란과 전쟁도 막을 내렸다. 그리고 각국의 대표들은 오스트리아의 빈에 모여 유럽의 질서 회복을 목적으로 하는 빈 회의(1814~1815년)를 개최했다. 이를 통해 성립된 반동적인 체제를 빈 체제라 한다. 빈 회의는 시작부터 각국의 이해가 대립되었기 때문에 제대로 진행되지 못하다가 워털루 전투(1815년 6월)에서 나폴레옹이 패배하기 직전에 '최종 의정서'가 조인되었는데, 주된 내용은 이렇다.

첫째, 프랑스·에스파냐·나폴리의 부르봉 왕가·사르데냐의 사보이 왕가 등 구왕가들은 '정통주의'라는 이름 하에 복귀하며, 옛 영토를 회복한다. 둘째, 프랑스는 혁명 전인 1789년 당시의 영토로 축소하며 배상금을 지불한다. 셋째, 러시아·영국·프로이센·오스트리아는 각각 약소 민족의 희생 하에 새로운 영

빈 회의

유럽의 15명의 국왕과 200명의 대공, 126명의 외교관이 새로운 유럽의 지도를 그리기 위해 오스트리아의 빈으로 모여들었다. 그리고 회의는 나폴레옹이 퇴위한 지 5개월 후인 1814년 9월부터 1815년 6월 9일 최종 의정서가 조인될 때까지 계속되었다. 왕정 복고를 축하하는 그들은, 날마다 무도회가 열릴 정도로 축제 분위기에서 회의를 진행했다. 사람들은 이를 두고 '회의는 춤춘다'고 빈정댔다.

지를 획득한다. 분할된 구폴란드는 입헌 군주국이 되며 러시아 황제가 국왕을 겸한다(사실상 러시아의 영토가 되었다). 넷째, 네덜란드는 입헌 군주국이 되며 구오스트리아령 네덜란드(현재의 벨기에)를 획득한다. 스위스는 영세 중립국이 된다. 다섯째, 신성 로마 제국은 부활시키지 않고 35개의 군주국과 4개의 자유 도시로 이루어진 독일 연방이 된다.

이밖에 영국은 지중해의 요충지인 몰타 섬과 옛 네덜란드의 식민지인 케이프 식민지와 세일론을 얻었다.

결국 빈 체제는 '신성한 정통성의 원리'(프랑스 혁명 전의 정통 왕조와 구제도의 부활을 꾀하는 이념)와 세력 균형이라는 원칙 위에서 성립한 복고 체제였다. 그러나 프랑스 혁명과 나폴레옹 전쟁을 통해 확산된 자유주의와 민족주의 정신은 쉽사리 억누를 수 있는 것이 아니었다. 따라서 빈 체제의 복고주의에 대한 반발도 매우 강했다.

한편 러시아의 알렉산드르 1세가 기독교 정신에 입각한 군주제의 정신적 맹약을 제안해 신성 동맹이 성립되었다(1815년 9월). 여기에는 영국, 투르크, 로마 교황을 제외한 많은 군주가

참가해 빈 체제를 보강하는 역할을 했다(영국은 제안에는 찬성하지만 대신의 부본[副本]을 필요로 한다는 영국 국법을 이유로, 로마교황은 가톨릭과 신교 제파를 동일시한다는 이유로 거절했으며, 투르크는 이슬람교이기 때문에 제외되었다).

그리고 같은 해 11월에는 현상 유지를 목적으로 하는 정치적 동맹인 4국 동맹이 만들어졌다. 영국·프로이센·러시아·오스트리아가 참가한 4국 동맹에, 이후 프랑스가 가입해 5국 동맹이 되었다(1818년).

자유주의의 반발

빈 체제라는 반동 정치에 대해 곳곳에서 저항이 나타났다. 가장 먼저 움직인 곳이 독일이었다. 독일에서는 청년층을 중심으로 반동 정치에 대한 비판이 거셌는데, 각지의 대학에서 부르센샤프트라는 학생 조합을 만들어 자유와 통일을 요구하는 운동을 벌였다. 하지만 이러한 운동은 독일 연방의 중심인 오스트리아의 재상 메테르니히(재임 1821~1848년)에 의해 탄압받았으며 출판·언론·결사의 자유도 봉쇄되었다.

이탈리아에서는 비밀 결사 카르보나리(숯 굽는 사람이라는 뜻이다. 이 이름의 유래는 결사단원들이 숯장이로 위장했기 때문이라고도 하고, 단원들 스스로 숯장이라는 하층 계급에 비유한 것이라고도 한다)를 중심으로 입헌 정치와 통일을 요구했다. 하지만 이것도 메테르니히의 간섭에 의해 실패로 돌아가고 말았다.

에스파냐와 포르투갈에서도 잠시 동안 입헌 정치가 성립했지만 메테르니히가 트로파우 회의를 통해 프로이센과 러시아의 동의를 얻어 무력으로 간섭했다. 그 결과 나폴리의 혁명 정부는 오스트리아 군에 의해 쓰러졌으며(1821년), 에스파냐의 혁명은 프랑스 군에 의해 진압되었다(1823년).

그러나 메테르니히의 간섭이 항상 성공을 거둔 것은 아니었다. 프랑스 혁명에 자극을 받은 중남미 나라들은 에스파냐와 포

메테르니히

메테르니히는 철저한 보수주의자로 빈 체제라는 반동 정치의 중심 인물이다. 그는 독일, 이탈리아, 에스파냐 등 유럽 곳곳에서 터져 나오는 자유주의와 민족주의 운동을 탄압하는 데 성공했다. 하지만 그리스의 독립을 저지하지 못했으며, 여기서부터 빈 체제는 금이 가기 시작했다.

시몬 볼리바르

프랑스 혁명의 이념은 멀리 라틴 아메리카에도 영향을 미쳤다. 16세기 이래 에스파냐와 포르투갈의 식민지인 라틴 아메리카는 19세기에 이르러 민족주의 운동이 활발하게 일어났고, 그 결과 대부분의 나라가 독립을 이루게 되었다. 볼리바르는 이러한 라틴 아메리카 민족주의 운동의 가장 유명한 지도자였다. 볼리비아 공화국은 그의 이름을 따서 지어진 것이다.

르투갈의 지배를 벗어나기 위한 독립 운동을 전개했다. '해방자' 시몬 볼리바르(1783~1830년)는 컬럼비아 공화국(1819년)과 볼리비아 공화국의 독립에 앞장섰으며, 이밖에도 아르헨티나(1816년), 칠레(1818년), 페루(1821년), 멕시코(1820년) 등이 속속 독립을 선언했다. 유일한 포르투갈의 식민지 브라질도 1820년 본국의 혁명을 틈타 독립했다.

메테르니히는 이번 중남미 국가들의 독립에도 간섭하려 했다. 하지만 미합중국 대통령 먼로(재임 1817~1825년)가 중남미 시장에 대한 영국의 진출을 경계하는 의도에서 '먼로 선언'을 발표해(1823년) 유럽과 아메리카 대륙의 상호 불간섭을 제창했고, 영국도 이에 동조해 메테르니히의 간섭은 실패로 돌아가고 말았다.

이렇게 먼 곳에서 시작된 빈 체제의 균열은 마침내 유럽으로까지 번졌다. 16세기 이래 오스만 투르크의 지배를 받아온 그리스가 1821년 독립 전쟁을 시작하자 영국, 프랑스, 러시아 세 나라가 발칸 반도에 대한 야심으로 그리스를 지원했다. 마침내 1829년 그리스는 독립을 성취했으며 1930년 런던 회의에서 열강들의 승인을 받았다. 이것은 빈 체제 하의 유럽에서 일어난 최초의 국경 변화였다. 이리하여 빈 체제는 자유주의와 민족주의의 물결 속에서 점차 약화되었다.

프랑스의 7월 혁명

나폴레옹 몰락 후 부활한 부르봉 왕조의 루이 18세와 샤를 10세는 모두 구제도의 예찬자였다. 특히 1824년에 왕위에 오른 샤를 10세는 형 루이 18세보다 한술 더 떠 완전히 구체제로 복귀하려 했다. 그는 프랑스 혁명기에 토지를 몰수당한 망명 귀족들에게 배상금을 지불하기로 한 것과 가톨릭 교회의 옹호 때문에 국민의 불만을 샀다.

이런 상황에서 치러진 1827년 선거에서는 극우 왕당파 대신

자유주의 세력이 과반수에 가까운 의석을 차지했으며, 이렇게 국왕과 자유주의자들의 대립은 날로 커졌다.

샤를 10세는 식민지를 바라는 부르주아지의 속내를 이용해 왕권의 위기를 밖으로 돌리면서 국민의 인기를 얻고자 북아프리카의 알제리를 공격해 점령했다(1830년 5월). 국왕은 알제리로 출병하기 직전에 의회를 해산하고 총선거를 다시 치렀지만 이번에도 자유주의 세력이 다수를 차지했다.

그러자 국왕은 1830년 7월 25일 긴급 칙령을 발표해 아직 소집도 되지 않은 새 의회를 해산했으며, 유권자를 토지세 납부자로 제한해 다수의 시민 계급을 제외했다. 물론 언론과 출판의 자유도 정지시켰다.

다음날 자유주의 언론인들은 일제히 정부의 조치를 비난하는 글을 발표했으며, 파리 시민과 민중이 이에 호응해 봉기했다. 3일 동안의 시가전 끝에 결국 국왕군이 패배해 샤를 10세가 망명하면서 복고 왕조가 무너졌다. 이에 의회는 루이 14세의 동생 필리프의 손자 오를레앙의 루이 필리프를 국왕으로 추대해 '7월 왕정'이 시작되었다.

영광의 사흘

1830년 7월 28일 프랑스의 로안 거리에서 학생들, 퇴역 군인들, 국민 방위대, 부르주아지 등이 공화정을 요구하면서 시청을 향하던 봉기자들과 합류했다. 샤를 10세의 군대도 그들을 저지할 수 없었으며, 이렇게 반동 체제는 끝을 맺게 되었다. 하지만 이를 통해 공화정을 세우지는 못했으며, 좀더 자유주의적인 군주제에 만족할 수밖에 없었다.

19세기 전반 정치적인 그림을 많이 그
렸던 들라크루아의 작품으로서, 그는
투르크 인들에게 항복하기보다는 죽음
으로써 독립을 쟁취하려고 했던 그리
스 사람들을 기념하기 위해 이것을 그
렸다.

7월 혁명의 성공은 유럽 여러 나라의 자유주의 운동에 커다
란 자극을 주었다. 빈 회의를 통해 네덜란드에 속하게 된 벨기에
는 언어·종교·관습이 본국인 네덜란드와 달랐기 때문에 불만
이 많았다. 이에 1830년 8월 브뤼셀에서 폭동을 일으켰으며 10
월에는 임시 정부를 수립했다. 이듬해에는 입헌 군주국 벨기에가
되어 런던 회의에서 열강들의 승인을 받았다.

러시아가 실질적으로 지배하고 있는 폴란드 왕국의 바르샤
바에서도 1830년 11월 반러시아 폭동이 일어나 임시 정부를 수
립하고 독립을 선포했다. 하지만 러시아 군에 의해 다음해 9월
바르샤바가 함락되면서 폴란드 왕국은 완전히 멸망하고 말았다.
마침내 폴란드는 러시아의 일개 주로 전락했으며 수많은 폴란드
의 지식인과 민족주의자들은 파리 등지로 망명길에 올랐다.

독일에서도 자유와 통일을 요구하는 목소리가 높았지만 모
두 탄압을 받았다. 하지만 1834년 프로이센을 중심으로 '독일
관세 동맹'이 성립해 미약하나마 통일을 향한 일보를 내딛을 수
있었다.

이탈리아에서는 1831년 2월 카르보나리 당
이 일으킨 혁명이 비록 메테르니히에 의해
진압되었지만, 같은 해 마치니가 결성한 '청
년 이탈리아'에 의해 통일 운동이 계속되었
다. 이 청년 이탈리아는 광범위한 민중, 그
중에서도 청년층을 기반으로 해 이탈리아
통일을 달성하려는 정치 결사 조직으로서,
이후 통일 운동의 중심이 되었다.

영국 입헌 정치의 발전

빈 체제는 영국에서도 예외없이 보수 반동
적인 흐름을 야기시켰다. 예컨대 곡물법
(1815년)은 나폴레옹 전쟁중에 대륙으로부

터의 곡물 수입이 격감하는 바람에 큰 이익을 본 농업 자본가와 지주들이 전쟁이 끝난 후에도 그 꿈에서 깨어나지 못하고 수입 곡물에 높은 관세를 부과하려는 것이었다. 하지만 일찍부터 산업 혁명을 경험한 탓에 영국 사회는 자유 무역론과 민주적 개혁을 바라는 풍조가 강했다.

19세기 전반 영국에서 가장 중요한 정치 문제로 떠오른 것은 의회 개혁이었다. 산업 혁명으로 인해 도시의 인구가 급증했음에도 불구하고 선거구가 200년 전과 똑같았기 때문에 여러 가지 문제가 나타났다. 인구 이동의 결과 유권자가 거의 없는 부패 선거구가 약 200여 군데 생겼다. 그 중의 한 예가 단위의 선거구로서, 대부분의 지역이 수몰되어 배 위에서 투표를 해야 하는 형편이었다. 한편 이와는 반대로 인구가 수만 명에 달하는 신흥 공업 도시가 선거구로 인정받지 못하는 경우도 있었다.

이에 휘그 당 내각은 1832년 상원의 반대를 무릅쓰고 선거법 개정안을 만들어 부실한 선거구를 폐지하는 한편 신흥 도시에게 의석을 할당하고 유산 부르주아지들에게 선거권을 부여했는데, 이것을 제1차 선거법 개정이라고 한다. 이로 인해 유권자

런던의 빈민가

산업 혁명은 급격한 도시 인구의 증가를 가져왔다. 새로운 일자리를 찾아 도시로 몰려든 사람들을 대상으로 한 값싸고 형편없는 집들이 마구 지어지고, 이로 인해 슬럼 가가 형성되었다. 1870년대 런던의 모습을 담은 이 동판화의 분위기처럼 팽창기 도시의 음울함과 지저분함은 산업화가 결코 장미빛이 아님을 깨닫게 해주었고, 이에 대한 해결책이 다른 그 무엇보다 시급함을 인식시켜 주었다.

차티스트 운동

1832년의 제1차 선거법 개정으로도 여전히 투표권이 없던 노동자들은 자신들의 정치적 권리 확보를 위해 독자적인 운동을 벌이기 시작했다. 1838년에 발표된 「인민 헌장」에서 그 이름이 비롯된 차티스트 운동은 노동자들의 최초의 정치적 운동이라고 할 수 있다. 비록 성공을 거두지는 못했지만 그들이 주장한 보통 선거와 비밀 투표 등은 현대 의회제 민주주의의 방향을 제시한 것이라 할 수 있다.

수는 거의 50% 가량 증가했으며, 신흥 자본가를 포함한 중산 계급 전부가 투표권을 가지게 되었다.

그러나 노동자들은 여전히 투표권이 없었기 때문에 불만이 높았다. 그래서 노동자 계급을 중심으로 보통 선거권과 의원의 재산 자격 폐지 등을 담은 6개 조의 「인민 헌장」을 채택해 의회에 대한 청원 운동과 서명 운동 등을 전개해나갔다. 이것이 1836~1848년에 걸쳐 일어난 '차티스트 운동' 이다. 이 운동은 정부의 탄압과 내부의 분열로 쇠퇴하고 말았지만 그 후 네 차례에 걸친 선거법 개정을 통해 「인민 헌장」의 요구는 거의 성취되었다.

한편 영국은 1801년 가톨릭교도가 다수인 아일랜드를 합병했다. 하지만 심사율에 의해 비국교도인 아일랜드 인은 사실상 공직에서 배제되었다. 이에 대한 아일랜드 인들의 불만이 높아지자 1828년에 심사율을 폐지하고, 다음해에는 구교도 해방법이 가결되었다.

또한 수입 곡물에 대해 높은 관세를 부과한 곡물법 때문에 곡물 가격이 높아지자 노동자의 생활이 어려워졌는데, 이는 자본가에게도 불리한 것이었다. 왜냐하면 노동자들은 비싼 곡물가를 근거로 임금 인상을 요구했으며, 다른 나라에서는 영국의 높은 곡물 관세에 대한 보복으로 수출품에 대한 비싼 관세를 요구했기 때문이다.

상황이 이쯤되자 산업 자본가를 중심으로 반곡물법 동맹이 결성되었고, 결국 1846년 곡물법이 완전히 폐지되었다. 여기에 1651년에 만들어진 항해 조례도 폐지되어(1849년) 영국은 명실상부한 자유 무역을 확립하게 된다.

그밖에 노동자들의 노동 조건과 지위도 점진적으로 개선되었다. 1833년에 공장법이 제정되었으며, 1842년의 여성과 아동의 광산 노동 금지 규정, 1847년의 10시간 노동법 등 노동 입법이 이루어졌다. 이로써 영국은 노동자 보호에 관한 사회 입법에서도 선두에 서게 되었다.

한편 빅토리아 여왕(재위 1837~ 1901년)의 치세는 영국의 황금기 가운데 하나였다. 그리고 이 황금기는 '세계의 공장'이라는 말처럼 발전한 경제력 덕분이었다. 따라서 영국은 원료와 자원을 자유로이 수입하고 또 자국 공업 제품을 자유로이 수출·판매할 수 있는 무역 체제를 원했다. 그리하여 1860년에는 48개 품목을 제외한 모든 상품에 대한 관세가 폐지되었으며, 각국과 통상 조약을 체결해 관세의 경감 내지는 폐지를 실현했다.

선거법 개정도 계속되어(1867년, 1884년) 농촌 노동자까지 투표권을 갖게 되었다. 그 결과 의회는 귀족적 성격에서 벗어나 진정한 시민적 성격을 띠게 되었으며, 휘그 당이 자유당으로, 토리 당이 보수당으로 바뀌면서 양대 정당 정치가 발전하게 된다.

빅토리아 여왕
60년 이상 계속된 여왕의 통치 기간 동안 대영 제국은 절정기를 누렸다. 영국은 '세계의 공장'이 되었을 뿐만 아니라 의회 민주주의의 발달과 사회 입법의 마련 등을 통해 안정적인 발전을 거듭했다. 그리고 해외 진출을 통해 '해가 지지 않는 제국'을 건설했다.

1870년에는 보통 교육법이 제정되어 초등 교육이 보급되었으며, 다음해에는 노동 조합법이 제정되어 노동 조합 운동이 합법화되었다.

또한 빅토리아 여왕 시대는 영국이 제국주의로 나아가는 첫 단계였다. 영국은 상품 시장을 구하기 위해 아시아로 진출했으며, 서아시아에서의 '동방 문제'에 개입해 크림 전쟁에 참여하기도 했다.

1848년 혁명의 폭발

7월 혁명으로 프랑스 왕위에 오른 루이 필리프는 스스로를 '시민왕'이라고 불렀지만 7월 왕정의 주도권은 유산 계급이 쥐고 있었다. 유권자는 전체 인구의 0.6%밖에 되지 않아 의석의 다수는 지주와 은행가들이 차지하고 있었다. 특히 산업 혁명이 진행되면서 산업 자본가에게 융자해주었던 은행가 세력이 힘을 얻어 7월 왕정은 '은행가의 천하'라고 불릴 정도였다.

국왕 자신도 개인적인 권력에 집착해 공화주의 운동을 적대시했기 때문에 정부에 대한 국민의 신뢰는 나날이 떨어졌다. 뿐

만 아니라 외교 정책에서
도 이집트 문제를 놓고 영
국에게 뒤지는 등, 적극적
인 해외 시장 개척을 요구
하는 산업 자본가들을 크
게 실망시켰다.

　선거권 확대를 요구하
는 국민의 소리가 거세어
지자 수상 기조는 "선거권
을 원하거든 돈을 벌어라"
라고 말하는 등 정부의 반

동 정책이 나날이 노골화되었다. 여기에 더해 1846년과 1847년
에 걸쳐 흥작이 나타나고 경제 위기가 닥치자 국민의 불만은 더
욱 고조되었다.

　1848년 2월 파리에서 열린 보통 선거권을 요구하는 '개혁
연회'가 무력으로 탄압을 받았다. 그러자 파리의 시민과 노동자
들은 무장 봉기로 이에 맞섰다. 이틀 동안 벌어진 시가전 끝에
왕은 외국으로 망명하고, 임시 정부가 수립되어 '제2공화정'이
성립했다(2월 혁명).

　프랑스 혁명이 부르봉 왕조의 부활과 빈 체제의 성립으로
반동화된 것에 대해 7월 혁명은 유산 계급의 입장에서 프랑스
혁명의 성과를 지키려는 것이었으며, 2월 혁명은 소시민의 입장
에서 민주주의를 더욱 철저하게 성취하려는 것이었다.

　2월 혁명의 영향은 가까운 독일에서 가장 크게 나타났다.
1848년 3월 프로이센의 수도 베를린과 오스트리아의 수도 빈에
서 각각 폭동이 일어나 오스트리아의 수상 메테르니히는 영국으
로 망명했다(3월 혁명). 그리고 이러한 흐름에 편승해 오스트리
아의 지배를 받던 헝가리와 뵈멘에서도 독립 운동이 활발히 전
개되었다.

패배한 부르주아지들의 무기 반납
파리의 2월 혁명은 곧바로 독일로 전
파되었다. 국민적 자유주의의 고양과
신생 사회주의의 영향으로 1848년 3
월에 베를린에서 봉기가 일어났다. 그
러나 보통 선거에 의해 선출된 프랑크
푸르트 국민 의회는 대독일주의와 소
독일주의의 대립으로 점철되어 별다른
성과없이 자진 해산해버렸다. 이 그림
은 패배한 자유주의 부르주아들이 프
로이센 군대에게 무기를 반납하고 있
는 장면을 그린 것으로, 독일 부르주아
지의 유약함을 드러내고 있다.

20달러 주화

1848년 캘리포니아에서 금광이 발견
되자 수많은 사람들이 이곳으로 몰려
들어 1849년에는 전세계에서 10만 이
상의 사람들이 이주해왔다. 1848~
1858년 사이에 약 5억 5천만 달러의
금이 채굴되었으며, 이로 인해 부유층
이 상당히 늘었다. 그러나 인플레도 상
당하여 미국 정부는 20달러 금화를 주
조하기에 이르렀다.

프로이센에서는 프랑크푸르트에서 국민 의회가 열려 독일 통
일과 헌법 제정이 논의되었지만, 오스트리아를 중심으로
보는 대독일주의와 오스트리아를 배제하고 프로이센을
중심으로 생각하는 소독일주의가 대립했다. 이러한 팽
팽한 대립 속에 통일 운동은 실패로 돌아가고 국민 의
회는 다음해 자진 해산했다. 한편 이탈리아에서도 사르
데냐 왕국에 의해 통일 전쟁이 진행되었지만 오스트리아 군
대에 패하면서 실패하고 말았다.

2월 혁명과 그에 뒤이은 각지의 혁명으로 인해 빈 체제는
완전히 붕괴하여 유럽의 국제 관계는 새로운 단계로 들어섰으며,
사회주의가 하나의 정치 세력으로 떠올랐다. 프랑스에서는 노동
자 계급이 대두하고 민주주의가 진전되었으며, 영국에서는 경제
의 자유주의화가 진전되었다.

독일과 이탈리아에서는 국민적 통일 운동이 가속화되었고
오스트리아의 지배를 받던 소수 민족들은 민족 해방의 길로 나
섰다.

이 해에 북미 대륙에서는 멕시코와의 전쟁에서 승리한 미국
이 광대한 캘리포니아를 획득했는데, 여기서 금광이 발견되어
'골드 러시'가 일어났다. 이 때문에 당시 부족하던 국제 결제 통
화인 금의 유통량이 증가해 세계적인 자본주의 경제 발전에 크
게 기여했다.

19세기 전반의 혁명과 반혁명의 격동 속에서 자본주의의 경
제적·정치적 체제가 세계적인 규모로 성립했는데, 이런 의미에
서 1848년은 세계사의 전환점이라 할 수 있다.

제2공화정과 제2제정

2월 혁명으로 성립한 프랑스의 제2공화정 임시정부는 부르
주아지 출신의 온건파가 다수이긴 했지만 루이 블랑 등 두 사람
의 노동자 대표도 참가하고 있었다. 여기서 노동권의 보장, 노동

자 결사의 자유 등이 인정되었으며, '국립 작업장'의 설치 등 사회주의적 정책도 추진되었다.

실업자 구제책으로 마련된 국립 작업장의 경우, 일단 등록을 하면 일을 하건 안하건 관계없이 일당을 지불받았다. 그런데 그 액수가 너무 적어 혜택을 받는 노동자들의 실망이 컸을 뿐만 아니라 자기가 낸 세금이 엉뚱한 곳에 쓰인다고 생각하는 부르주아지와 농민들의 반발도 거셌다.

4월에 실시된 보통 선거에 의한 총선거에서 제2공화정은 참패를 당했고 결국 국립 작업장은 폐쇄되었다. 이에 노동자들이 봉기했지만(6월 폭동), 군대에 의해 무참히 진압되고 말았다. 이 사건 이후 군부가 대두했으며, 왕당파가 부활하는 등 정국이 어수선해졌다.

1848년 11월에는 제2공화정의 헌법이 제정되어 보통 선거제와 3권 분립이 명기되었다. 또한 대통령제가 새롭게 도입되면서 국민 투표에 의해 선출되는 대통령에게 강력한 권한이 부여되었다.

1848년 6월 폭동

제2공화정은 '사회' 공화정으로서 노동자를 위한 정책도 폈다. 이는 당시 정부의 권력 관계를 반영하는 것이었다. 하지만 부르주아지와 노동자의 이 같은 기묘한 타협은 오래 지속될 수 없었다. 농민을 등에 업은 부르주아지는 공화정에서 노동자를 배제하려 했고, 그 결과가 국립 작업장의 폐쇄였다. 이에 맞서 노동자들이 봉기했지만 그들에게 돌아온 것은 학살과 체포였다. 6월 폭동으로 1600명 이상이 사망했으며, 11000명 이상이 투옥되었다.

여러 계급과 당파의 대립은 루이 나폴레옹이라는 의외의 인물에게 대통령 자리를 넘겨주었다. 여전히 농민이 다수였던 프랑스에서 그는 농민들에게 토지의 수호자를 자처했고, 농민들은 그에게서 나폴레옹 황제의 환영을 보았다.

1848년 12월에 실시된 대통령 선거에서는 부르주아 공화파, 소부르주아 공화파, 사회주의파, 왕당파 등 여러 후보가 난립했는데, 결과는 생각지도 않은 사람의 당선으로 끝났다. 거품 후보라고 여겨지던 나폴레옹 1세의 조카 루이 나폴레옹이 75%의 득표율로 당선된 것이다.

루이 나폴레옹은 그의 삼촌에 비해 형편없는 인물로서, 제정 부흥을 꿈꾸면서 7월 왕정기에 음모와 반란을 꾀하다가 투옥된 경력이 있으며, 그 후 런던 등지에서 지내다가 2월 혁명과 함께 귀국했다.

당시 프랑스 혁명으로 토지를 얻은 소농민에게는 황제 나폴레옹 1세가 수호신이었다. 게다가 그들은 2월 혁명 후 세력이 커진 사회주의자들이 자신들의 토지를 박탈할지도 모른다는 위기감에 빠져 강력한 지도자를 원했다. 루이 나폴레옹은 이러한 농민들의 추억과 열망을 교묘히 이용했다.

한편 부르주아지도 사회주의자를 미워했으며, 왕당파는 공화 정치를 미워했고, 노동자들은 자신들을 탄압한 군부를 미워했다. 이러한 분열기에 나타난 루이 나폴레옹은 삼촌 나폴레옹 1세의 후광을 받고 여러 계급과 당파의 '조정자' 혹은 무난한 인물로 선택된 것이다.

1849년 총선거에서는 질서당(왕당파로서 대부르주아지의 당)이 과반수를 차지해 부르주아 공화파가 패배했다. 다수를 차지한 질서당은 반동적인 입법을 추진해 2월 혁명의 성과를 무위로 돌리려 했다. 대통령 루이 나폴레옹은 이것을 이용해 인심을 자기편으로 끌어모았으며, 나폴레옹 숭배열을 조장했다. 뿐만 아니라 군대도 자신의 편으로 만들어갔다.

더 나아가 루이 나폴레옹은 1851년 12월에 쿠데타를 감행했다. 그리고 이듬해인 1852년 11월에 실시된 국민 투표에서 압도적인 지지를 얻어 황제 나폴레옹 3세

(재위 1852~1870)가 되었다. 이로써 프랑스는 제2제정이 수립
되었다.

제2제정은 황제의 1인 독재였으며, 그 기반은 황제가 상호
대립하는 계급들의 조정자로 자처한 데 있었다. 다시 말해 부르
주아지와 프롤레타리아트가 대립하고 있는 가운데, 어느 누구도
단독으로 지배할 수 없는 과도기에 중간에 서서 두 계급을 배제
한 채 농민과 중간층의 지지를 배경으로 권력을 유지했던 것이
다. 이러한 특수한 정치 방식을 황제의 이름(나폴레옹 보나파르
트)을 따 보나파르티슴이라고 부른다.

한편 제2제정기는 프랑스 산업 혁명의 완성기로서 공업화가
진전되어 경제가 비약적으로 발전했다. 그리고 파리는 새로운 도
시 계획에 따라 전면적으로 개조되어 오늘날의 모습을 갖추게
되었다.

그러나 여전히 광범위하게 존재하는 소농 경영과 수공업 그
리고 상대적으로 높은 농촌 인구 비율, 투기적인 금융과 높은 외
국 자본 의존도 등은 여전히 프랑스의 정치 · 경제 · 사회를 불

안정하게 하는 요인이었다.

여기에 국민들의 인기도에 집착하던 루이 나폴레옹은 경제 불황 등으로 내적인 어려움이 있을 때마다 전쟁 등 대외적인 모험으로 그것을 만회하려 했다. 크림 전쟁, 애로 전쟁, 인도차이나 진출, 이탈리아 통일 등에 개입한 것이 대외적인 모험의 예이다. 이러한 대외 정책은 어느 정도 성과를 거두기도 했지만 멕시코 출병(1861~1867년)은 완전히 실패로 돌아가 황제의 위신에 상처를 주었으며, 마침내 보불 전쟁(1870~1871년)에서 패함으로써 제2제정은 붕괴하고 말았다.

23. 자유주의와 민족주의의 발전

이탈리아의 통일

9세기 이래 이탈리아는 교황령과 여러 공국들로 분열되어 있었을 뿐만 아니라 신성 로마 제국과 프랑스 등 외국 세력의 간섭까지 심해 통일의 길은 요원한 것처럼 보였다. 하지만 프랑스 혁명 등의 영향으로 자유주의·민족주의 운동이 일어났고, 7월 혁명과 2월 혁명 때에는 그 영향을 받아 혁명적 기운이 분출하기도 했다.

이탈리아 통일 운동에는 두 개의 흐름이 있었다. 하나는 카르보나리와 청년 이탈리아 등에 의한 자유주의적·공화주의적 통일 운동이었고, 다른 하나는 사르데냐 왕국에 의한 것이었다. 1848년 당시 이탈리아에서는 사르데냐만이 입헌 군주정이었으며 나머지 공국은 모두 절대주의 체제였다. 그래서 각지에서 탄압과 박해를 받은 망명자들이 사르데냐 왕국으로 몰려들었다.

사르데냐 왕국은 11세기 초 북이탈리아의 명문가인 사보이

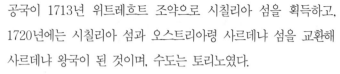

가리발디

이탈리아 통일을 위해서는 카보우르라
는 정치가 이외에도 가리발디라는 군
사적 영웅이 필요했다. 붉은 셔츠로 유
명한 그는 라틴 아메리카 망명 시절에
이 옷을 제복으로 삼았다고 한다. 통일
이탈리아의 3색기를 들고 시칠리아에
상륙한 가리발디의 모습에는 비장함이
서려 있다.

공국이 1713년 위트레흐트 조약으로 시칠리아 섬을 획득하고,
1720년에는 시칠리아 섬과 오스트리아령 사르데냐 섬을 교환해
사르데냐 왕국이 된 것이며, 수도는 토리노였다.

1848년 혁명의 바람이 불자 사르데냐 왕 카를로 알베르토
(재위 1831~1849년)가 오스트리아와 전쟁을 벌였지만(제1차 이
탈리아 통일 전쟁) 패배하고, 다음해 왕위를 아들 빅토리오 에마
누엘레 2세(재위 1849~1878년)에게 물려주고 퇴위했다.

에마누엘레 2세는 1852년 농업상이었던 카보우르를 수상에
임명하고 그와 함께 사르데냐의 근대화를 추진했다. 그는 귀족과
교회의 면세 특권 등을 폐지하고 산업 장려를 통해 부국강병을
꾀했다. 또한 크림 전쟁 등 국제 정세의 변화 속에서 열강과 공
동 행동을 하는 등 외교 수단을 통해 자국의 국제적 지위를 강
화하면서 열강의 지원을 얻었다. 1859년 나폴레옹 3세와 밀약을
맺은 카보우르는 오스트리아와 전쟁을 벌여(제
2차 이탈리아 통일 전쟁) 승리했다.

그러나 사르데냐가 강대해지는 것을 우려했던
나폴레옹 3세가 오스트리아와 단독으로 강화
하는 배신 행위를 했기 때문에 사르데냐는 롬
바르디아 지방만을 얻고 오스트리아와 강화할
수밖에 없었다. 대신 프랑스에게 사보이와 니
스를 양도했다(1860년).

나폴레옹 3세의 배신에도 불구하고, 아니 그
때문에 더욱 이탈리아의 통일 열기는 고조되었
다. 그리고 1860년 4월 주민 투표로 중부 이
탈리아의 병합이 실현되었다. 또 같은 해에
'청년 이탈리아'라는 급진파의 지도자인 가리
발디가 붉은 셔츠 당이라고 불리는 1000여 명
의 의용군을 이끌고 시칠리아 섬에 상륙해 시
칠리아 왕국을 정복했다.

이러한 정세 속에서 카보우르는 교황령으로 진격해 그 대부분을 병합하고 더 나아가 나폴리까지 진출했다. 거기서 가리발디와 만나 '점령지를 국왕에게 헌상'할 것을 약속받았다. 이로써 사르데냐는 로마와 베네치아를 제외한 이탈리아의 통일을 완성했다. 그리고 1861년 1월 피렌체를 수도로 정하고, 에마누엘레 2세를 초대 국왕으로 하는 이탈리아 왕국이 수립되었다.

카보우르

토리노 출신의 귀족으로 1852년 사르데냐의 수상이 되었다. 그는 근대화를 추진하는 한편 교묘한 외교 수완을 발휘해 오스트리아의 간섭을 물리치고 이탈리아의 통일을 달성했다.

그 해 6월 카보우르가 사망했지만, 사르데냐는 교묘한 외교 정책을 통해 나머지 땅을 차례로 흡수했다. 프로이센과 오스트리아의 전쟁에서 프로이센을 지원한 대가로 베네치아를 얻었으며(1866년), 보불 전쟁 때에는 로마 주둔 프랑스 군이 철수하는 것을 틈타 로마를 점령하고(1870년), 천도했다(1871년).

이렇게 이탈리아의 통일은 에마누엘레 2세와 카보우르가 이끄는 사르데냐의 군사·외교력과 마치니에 의해 조직된 '청년 이탈리아'의 급진파인 가리발디의 의용군이 힘을 합친 결과라고 할 수 있다. 하지만 교황의 동의 없이 교황령을 합병했기 때문에 교황청과의 갈등이 생겨났다. 그리고 트리에스테와 트렌티노 등 여전히 오스트리아의 수중에 있는 '미회복의 이탈리아'가 남아 있었다.

프로이센 주도의 독일 통일

신성 로마 제국은 나폴레옹이 전쟁중인 1806년에 해체되었으며, 빈 회의를 통해 독일은 35개의 군주국과 4개의 자유시로 이루어진 연방 국가가 되었다. 이 연방 국가 내에서 주도권을 쥐고 있었던 것은 오스트리아와 프로이센이었다.

1848년 이후 오스트리아의 정치적 위세가 급격히 떨어졌으며, 3월 혁명 후에 소집된 프랑크푸르트 국민 의회에서는 통일 문제를 둘러싸고 대독일주의와 소독일주의가 대립했다. 또한 경제적으로도 두 나라의 격차가 날로 커졌다. 프로이센이 더디지만

철혈 재상 비스마르크

1848년 혁명의 실패 이후 독일의 자유주의 부르주아지는 통일의 과업을 달성할 능력이 없다는 것이 증명되었다. 대신 프로이센 융커 출신의 비스마르크가 수상에 올라 국왕을 등에 업고 그 일을 추진했다. 철저한 보수주의자로서 의회 민주주의를 우습게 보았던 그는 결국 강력한 군대의 힘으로 오스트리아와 프랑스를 물리치고 프로이센 중심의 독일 통일을 이룩했다.

산업 발전을 꾸준히 이루어나간 것에 비해 오스트리아는 날로 쇠퇴했다. 예컨대 정치적 통일에 앞서 경제적 장벽을 없앤 관세 동맹(1834년)은 프로이센이 독일 통일의 중심이 되도록 작용했다.

1862년 프로이센 왕 빌헬름 1세는 토지 귀족(융커) 출신 비스마르크를 재상으로 등용했다. 철저한 보수주의자였던 그는 당시 현안이던 군제 개혁과 군비 증강을 강행했다. 자유주의자가 다수를 차지하고 있던 의회에서 이를 반대하자 그는 "독일의 현재 문제는 연설이나 다수결이 아니라 철과 피에 의해서만 해결할 수 있다"고 연설하면서 자신의 계획을 강행했다. 이 연설로 인해 그는 '철혈재상'이라는 별명을 얻었다.

군비를 증강한 비스마르크는 덴마크와 분쟁을 벌이던 슐레스비히, 홀슈타인 지역 문제를 기회로 본격적인 군사 활동을 전개한다. 그는 슐레스비히, 홀슈타인 주의 독일계 주민들이 반란을 일으키자 오스트리아와 함께 개입하여 덴마크를 물리치고 두 지역을 획득했다(1864년의 덴마크 전쟁). 그리고 획득한 영토의 분배 문제를 놓고 오스트리아와 다시 전쟁을 벌였다(1866년의 보오전쟁).

전쟁이 오래되리라는 예상을 뒤엎고 프로이센은 7주 만에 오스트리아를 굴복시켰다. 이는 자유주의자가 반대한 군제 개혁

E. 르낭의 「국민(nation)이란 무엇인가」(1882년)　로마 제국의 몰락 이래, 혹은 카를 대제의 제국이 해체된 이래 서유럽은 국민들로 나뉘어진 것처럼 보인다…… 국민은 역사에서 새로운 어떤 것이다. 국민은 그것을 구성하는 주민들의 융합으로 특징지어진다.

국민은 정신이며…… 희생이라는 감정에 의해 창출된 위대한 통일체이다. 그것은 과거를 함축하고 있으며 다음과 같은 명백한 사실에 의해 현존하고 있다―민중의 동의 및 공동 생활을 지속하려는 그들의 욕망. 국민의 존재는…… 나날의 국민 투표라고 할 수 있는데, 그것은 개인의 존재라는 것이 삶에 대한 끊임없는 확인인 것과 마찬가지이다.

과 군비 증강을 강행한 결과였기 때문에 이후 치러진 1866년 하원 선거에서 보수파가 승리하고 급진적인 자유주의 세력이 후퇴하게 된다.

전쟁에서 승리한 비스마르크는 독일 연방을 해산하고 프로이센을 중심으로 북독일 연방을 결성했다. 이로써 독일과 오스트리아는 각자의 길을 가게 되었다. 한편 오스트리아의 지배를 받던 헝가리는 완강한 민족 해방 운동을 전개하다가 오스트리아의 회유에 넘어간 지도층의 권고로 투쟁을 멈추었다. 오스트리아는 이에 대한 보답으로 헝가리의 마자르 족에게 자치를 허용함으로써 오스트리아-헝가리 이중 제국이 성립되었다.

독일 제국의 성립

비스마르크는 보오전쟁에 앞서 프랑스의 나폴레옹 3세를 교묘히 회유해 중립 약속을 받아냈다. 그러나 보오전쟁을 승리로 끝낸 비스마르크는 이번에는 프랑스를 도발했다.

독일 제국의 선포

1871년 1월 28일 베르사유 궁전 거울의 방에서 프로이센의 빌헬름 1세가 독일 제국의 황제로 즉위했다. 단 아래 흰 옷을 입은 사람이 비스마르크이다. 베르사유 궁전에서 이루어진 통일 독일의 황제 즉위식은 전쟁에서 진 프랑스에게 엄청난 모멸감을 가져다 주었고, 마침내 뿌리깊은 복수심을 낳았다. 그리고 이 복수심은 제1차 세계 대전 이후 같은 장소에서 열린 강화 회의에서 독일을 완전히 재기불능 상태로 몰아넣으려는 것으로 나타난다.

1870년 에스파냐 왕위 계승 문제를 둘러싸고 프랑스 대사와 프로이센 국왕 사이에 교섭이 있었다. 이 과정에서 비스마르크는 국왕이 보낸 전보의 내용을 왜곡해 발표했다. 즉 독일 국민에게는 프랑스 대사 베네데티가 프로이센 국왕에게 무례한 짓을 범한 것처럼 발표하고, 프랑스 국민에게는 프랑스 대사가 모욕을 당한 인상을 받도록 발표한 것이다(엠스 전보 위조 사건). 이것이 발단이 되어 1870년 7월 프랑스는 프로이센에 선전 포고를 해 보불 전쟁이 시작되었다.

준비가 덜 된 채 전쟁에 뛰어든 프랑스는 메츠에서 패배했으며, 직접 원군으로 나선 나폴레옹 3세마저 스당에서 포위되어 항복하고 말았다(1870년 9월). 이로써 프랑스의 제2제정은 붕괴했다. 파리에는 임시 정부가 들어서 공화정을 선포하고(제3공화정) 항전을 계속했지만, 프로이센 군의 집중 공격에 패해 파리가 함락되고 말았다(1871년 1월 28일).

이에 앞서 1월 18일 베르사유 궁전에서는 독일 제국의 성립이 선포되면서 황제의 대관식이 거행되어 빌헬름 1세가 초대 황

제로 즉위했다.

신생 독일 제국은 북독일 연방에 남부 독일의 나라들이 가입하는 형식으로 이루어져, 25개 지방 국가로 구성된 연방 국가였다. 하지만 황제의 지위는 프로이센 국왕이 세습했다.

독일 제국의 헌법에 따르면 의회는 연방 의회(상원)와 제국 의회(하원)로 이루어진다. 상원은 25개 지방 정부의 대표로 구성되며, 제국 의회는 성인 남자의 보통 선거로 구성된다. 하지만 실질적인 권한은 별로 없었다. 연방의 우두머리인 황제가 대부분의 권한을 가지고 있었으며, 황제가 임명하는 제국 재상은 의회가 아니라 황제에게만 책임을 지면 되었다. 이렇게 독일 제국은 '외관상 입헌주의'를 취했지만 실제로는 프로이센 주도의 전제 정치였다.

통일의 대업을 이룬 비스마르크는 계속해서 재상 자리를 유지하면서 약 20년 동안 독재 권력을 휘둘렀다. 당시 남독일의 다수를 차지하고 있던 가톨릭교도가 신교국인 프로이센의 지배를 받아들이지 않으면서 반정부 투쟁을 벌이자 곧바로 탄압하기도 했다(문화 투쟁, 1873~1879년). 그러나 사회주의 세력이 대두하자 가톨릭과 타협하는 길을 택했으며, 두 번에 걸친 황제 암살 미수 사건을 계기로 사회주의 진압법을 만들어(1878년) 사회 민주당을 탄압했다.

비스마르크는 재해 보험, 질병 보험, 양로 보험 등 사회 복지 정책을 통해 노동자의 인심을 사려 했으며, 보호 관세법을 도입해 독일 산업 보호에 진력했다.

한편 그의 전공 분야인 외교에서 비스마르크는 독일에 대한 복수심에 불타 있는 프랑스를 고립시키고 세력 균형을 유지하기 위해 복잡한 동맹 관계를 차례로 맺었다. 우선 독일, 오스트리아, 러시아의 '3제 동맹'(1873년)을 결성했으며, 프랑스가 튀니지를 영유한 데 불만을 품은 이탈리아를 끌어들여 독일, 오스트리아, 이탈리아의 '3국 동맹'을 성립시켰다(1882년). 또한 헝가리 문

코뮌 깃발을 든 마리안느

공화국의 상징인 마리안느가 '사회 혁명, 평등, 정의'라고 씌어진 코뮌 깃발을 높이 들고 있다. 제정이 무너지고 공화정이 들어섰지만 정부는 프로이센에게 항복했을 뿐만 아니라 급진적인 파리를 무장 해제시키려 했다. 정부는 파리 국민 방위대 사령관에 우익 인사를 임명하고 병사에 대한 급료 지불도 폐지했다. 또 파리 포위 기간중에 상환을 연기했던 부채를 48시간 이내에 갚아야 한다는 포고령도 내렸다. 노동자와 상점 주인들에게 이러한 조치는 곧 파산을 의미했다. 더구나 정부는 국민 방위대의 대포를 탈취하려 했다. 이에 대한 파리의 응답은 19세기 내내 그러했듯이 봉기였다. 이로써 파리는 스스로 통치하게 되었다.

제를 둘러싸고 영국과 오스트리아가 러시아와 대립하자 베를린 회의(1878년)를 개최해 각국의 이해를 조정한 후 독오동맹을 결성했다(1879년). 이 때문에 러시아가 독일에 등을 돌려 3제동맹은 사실상 해소되었다. 하지만 러시아와 재보장 조약을 맺어 계속 친선 관계를 유지했다.

파리 코뮌

나폴레옹 3세의 항복으로 제2제정이 붕괴하자 파리에는 임시 정부가 들어서 공화정을 선포하고 프로이센에 대한 항전을 계속했다. 1871년 임시 정부가 독일과 강화를 하자 이에 불만을 품은 파리 시민들이 사회주의자들의 지도 하에 파리의 실권을 장악하고 코뮌(자치 정부)을 선포했다. 이것이 파리 코뮌이다.

1871년 3월 18일 국민 방위대(민병대)를 중심으로 파리 시민이 봉기하자 임시 정부는 베르사유로 도망갔다. 3월 26일 코뮌의 평의회 의원 선거가 치러졌고 28일에는 '코뮌 선언'이 만들어졌다.

4월 2일부터 베르사유의 정부와 코뮌 사이의 내전이 벌어졌다. 한 달 이상 계속된 치열한 공방전 끝에 5월 21일 정부군이 파리에 입성해 '피의 주간'이 시작되었다.

28일 정부군이 파리 시 전부를 장악했으며, 파리 동쪽에 있던 마지막 요새마저 함락되었다. 이로써 파리 코뮌은 72일간의 수명을 다했다. 이어 코뮌 관계자들에 대한 체포와 학살이 계

속되었는데, 전사한 사람을 포함해 사망자
는 3만 명이 넘었고, 체포된 사람은 4만 3
천여 명이었다.

파리 코뮌은 프랑스 혁명 이래 부르주
아 혁명 운동과 함께 진행되다가 결국 배
제된 민중 운동이 처음으로 자기 주장을
분명히 한 세계 최초의 '민중 혁명'이라
고 할 수 있다.

제정 러시아의 좌절

나폴레옹 1세의 침략을 막아내고, 빈
회의에서도 중심적인 자리를 차지했던 알
렉산드르 1세(재위 1801~1825년)의 러시
아는 국제적으로 '유럽의 헌병'을 자임하
는 반동의 중심이었다. 하지만 국내에서는
후진성과 내적 모순으로 말미암아 안으로부터 썩어가고 있었으
며, 이에 대한 저항도 서서히 나타났다.

러시아에는 19세기 중반까지 미르(농촌 공동체)를 기반으로
한 농노제가 유지되어 귀족(영주)이 농민에게 봉건적 부역을 부
과하고 있었다. 게다가 인구 증가에 비해 토지가 부족해 농민들
의 생활은 몹시 어려웠으며 자본주의 경제의 발전도 서구에 비
해 매우 뒤처졌다.

그러나 프랑스 혁명 이후에 나타난 유럽 혁명 운동의 성장
은 러시아에게도 충분히 영향을 미쳤다. 그 중의 한 예가 알렉산
드르 1세를 계승한 니콜라이 1세(재위 1825~1855년)의 철저한
반동 정치에 대항해 진보적인 장교들이 중심이 되어 일으킨 데
카브리스트의 반란이다(1825년). 뿐만 아니라 러시아에는 서구
문화의 적극적인 수입을 주장하는 지식인, 즉 서구주의자의 활동
도 나타났다.

코뮌 최후의 전투
영웅적인 저항에도 불구하고 1871년 5
월 28일 파리 코뮌은 반혁명 정부의 우
월한 군사력에 밀려 생명을 다하고 말
았다. 이로써 프랑스 내의 급진적인 운
동은 상당 기간 후퇴할 수밖에 없었다.
하지만 파리 코뮌은 '최초의 노동자 정
부'로 역사에 기록되었으며, 이후 각국
에서 활발하게 벌어지는 사회주의 운
동의 정신적 원천이 되었다.

이러한 모순 속에서도 근대화, 자본주의화가 진행되었다. 하지만 넓은 국토에 비해 국민들의 구매력이 낮아서 국내 시장이 매우 협소했다. 따라서 러시아는 한편으로는 시장 확대를 도모하고 다른 한편으로는 국내의 반동 정치에 따른 불만을 배출하기 위해 팽창 정책을 취했다. 그리하여 흑해에서부터 서아시아와 지중해 방면으로의 진출을 도모하는 전통적인 남진 정책이 전개되었다.

당시 오스만 투르크령이었던 이집트에서는 태수 무하마드 알리가 오스만 투르크에게 이집트의 독립을 요구한 일이 벌어졌다(이집트 사건, 1831~1833년, 1839~1840년). 이때 러시아는 오스만 투르크를 지원해 흑해에서 지중해에 이르는 통로인 보스포루스 해협과 다르다넬스 해협으로 진출하고자 했다. 하지만 영국의 교묘한 외교 정책 때문에 러시아의 지중해 진출은 좌절되고 말았다.

그 다음 크림 전쟁이 벌어졌다(1853~1856년). 이 전쟁은 프랑스가 기독교 성지인 예루살렘의 관리권을 투르크로부터 빼앗은 것이 계기가 되었는데 러시아도 투르크 영내의 그리스 정

교도의 보호권을 주장하면서 투르크에게 선전 포고를 한 것이다. 그러나 이 지역에 이해 관계를 가진 영국과 프랑스, 사르데냐가 투르크를 지원했기 때문에 전쟁은 러시아의 패배로 끝나고 말았다. 전쟁 직후 파리 조약이 체결되어 러시아는 흑해의 중립을 약속할 수밖에 없었다. 이렇게 러시아의 남진 정책은 다시 한번 좌절되었다.

크림 전쟁중에 즉위한 알렉산드르 2세 (재위 1855~1881년)는 패전의 충격 속에서 내정 개혁의 필요성을 절감했다. 그가 실행한 개혁 중에서 가장 중요한 것이 1861년의 농노 해방령인데, 농민은 이를 통해 인격적 자유와 토지 소유를 인정받게 되었다. 농노 해방령은 하나의 법령으로써 4000만 명 이상의 농노를 해방시켰다는 점이 커다란 의의이지만, 농민들이 받은 실질적인 혜택은 별로 없었다.

정부가 지주로부터 매입한 토지는 옛부터 내려오는 농촌 공동체인 미르에게 불하되었다. 농민은 미르를 통해 토지를 분여받고, 그 분여된 토지에 대해서는 고액의 상환금을 지불해야 했다. 게다가 자유 신분이 되면서 무거운 세금도 부담해야 했기 때문에 농민의 생활은 여전히 궁핍했다. 이 때문에 토지를 떠난 농민들이 도시의 공장으로 흘러들어가 러시아의 자본주의 발전이 촉진되는 계기가 되었다. 결국 농노 해방은 전제 체제를 유지하기 위해 위로부터 이루어진 개혁이라고 할 수 있다.

알렉산드르 2세는 이외에도 여러 가지 개혁적 조치를 시행했는데, 그것의 핵심은 근대적인 군수 산업의 육성과 군대의 강화였다. 그러나 알렉산드르의 개혁은 큰 성과를 낳지 못했을 뿐만 아니라 곧 개혁을 포기하고 반동 정치로 돌아섰다.

농노 해방의 결과
두마 의원이 마을 대표의 청원을 듣고 있다. 깔끔한 양복 차림의 의원과 남루한 옷차림에 맨발인 농민의 모습이 대조적이다. 1861년 농노 해방 이후 미르의 역할이 강화되어 국가와 농민 사이의 매개자 역할을 하게 되었다.

정부의 반동 정치에 불만을 품은 개혁파는 농촌으로 들어가 농민을 계몽하는 운동을 전개했다. 그들이 내걸었던 '브 나로드' (인민 속으로)라는 표어 때문에 나로드니키(인민주의자)라고 불리는 이들의 활동은 정부의 무자비한 탄압과 농민들의 이해 부족으로 별다른 성과를 얻지 못했다.

게다가 모든 존재를 부정하는 허무주의(니힐리즘)와 모든 권위를 부정하고 투쟁 지상주의를 제창한 무정부주의(아나키즘) 사조도 유행했다. 이 가운데 폭력과 테러로써 새로운 사회를 건설하려는 테러리스트들이 나타났으며, 결국 알렉산드르 2세가 이들에 의해 암살당했다(1881년).

한편 커져가는 국민들의 불만을 무마하기 위해 또다시 남진 정책이 재개되었다. 당시 투르크 령이었던 발칸 반도에서 여러 민족들의 독립 운동이 고양되자 그것을 남하 정책과 연결시키면서, 러시아를 중심으로 슬라브 민족 전체의 통일을 목표로 하는 범슬라브주의가 제창되었다.

1875년 발칸 반도의 슬라브 민족들이 투르크를 상대로 독립 전쟁을 일으키자 러시아는 기독교도를 보호한다는 명목으로 오스만 투르크와 전쟁을 시작했다(노토 전쟁, 1877~1878년). 그리고 전쟁 결과 1878년 산스테파노 조약을 맺어 루마니아, 세르비아, 몬테네그로의 독립과 불가리아의 자치가 인정되었으며, 투르크는 러시아에게 해협을 개방하는 것이 결정되었다.

그러나 러시아가 강대해지는 것을 우려한 영국과 오스트리아가 전쟁에 개입을 했다. 결

체포되는 나로드니키 혁명가
러시아의 전제 정치를 끝장내고자 했던 나로드니키는 농촌을 돌면서 선전 활동을 폈다. 하지만 사실주의 화가 레핀의 그림이 보여주는 것처럼 그들의 이념을 이해하지 못했던 농민들은 그들을 경찰에 밀고하곤 했다.

국 비스마르크의 조정으로 베를린 회의를 열어 산 스테파노 조약을 파기시킨 뒤 슬라브 세 나라의 독립은 인정하되 불가리아의 영토를 축소하는 베를린 조약을 맺었다(1881년). 이로써 러시아의 남하 정책은 또다시 좌절되었다.

하지만 이후 러시아 주도의 범슬라브주의에 대항해 독일과 오스트리아측의 범게르만주의가 발칸 반도에서 충돌하는 형세가 만들어졌으며, 이는 제1차 세계 대전의 한 요인이 된다.

24. 미국의 발전 : 대서양에서 태평양까지

서부 개척과 잭슨 민주주의 시대

북미 대륙의 동해안 지역에 한정되었던 미국의 영토는 19세기 전반기에 놀라울 정도로 팽창했다. 미국은 1803년 프랑스로부터 미시시피 강 서쪽의 루이지애나를 사들였고, 1819년에는 에스파냐로부터 플로리다를 사들였다. 그리고 1845년에는 텍사스를, 1846년에는 오리건을 병합했다. 더 나아가 멕시코와의 전쟁(1846~1848년)에서 승리해 캘리포니아, 애리조나, 뉴 멕시코를 차지해 대서양에서부터 태평양에 이르는 대륙 국가를 형성했다. 이와 함께 서부 프런티어(변경)의 개척이 진행되었다. 1848년 캘리포니아에서 금광이 발견되면서 골드 러시가 일어나 서쪽으로의 진출이 더욱 활발해진 것이다.

그리고 미국의 영토 확장주의를 정당화하기 위해 '명백한 천명'(manifest destiny)이라는 말이 생겼다. 즉 서쪽으로의 팽창은 신이 부여한 사명이라는 것이다. 하지만 이것은 승리자의 관점이며, 이러한 영토 확장 과정에서 원주민인 인디언들은 추방되어 인구가 크게 줄었다.

1785년의 토지법에 의해 누구나 1에이커당 1달러의 가격으로 640에이커를 불하받을 수 있었기 때문에 새로운 개척지에서 비교적 쉽게 자영 농민이 창출되었다. 또한 서부는 동부의 산업을 위한 원료 공급지 역할을 했다. 게다가 새로운 개척지에는 구 사회의 전통과 관습이 크게 작용하지 않았기 때문에 자유주의와 개인주의가 발달했다.

1828년 사우스 캐롤라이나 주의 가난한 개척민 출신으로 미영 전쟁의 영웅이 된 앤드류 잭슨이 대통령에 당선되었다. 그는 각료 말고도 유능한 언론인을 중심으로 한 브레인 트러스트 (brain trust)를 모아 의견을 구했다. 이 브레인 트러스트는 말하자면 민중의 목소리를 정치에 반영하는 기구인 셈이다.

'누구라도 관료가 될 수 있다. 그러나 너무 오래 관직에 있으면 부패한다'고 생각한 잭슨은 전임 대통령이 임명한 관료들을 거의 해임하고 자신의 선거 운동에서 공을 세운 사람들을 그 자리에 임명했다. 이것이 당인 임명제(spoils system)인데, 이를

인디언 강제 이주

프런티어 개척의 역사는 아메리카 대륙의 원주민인 인디언에 대한 박해의 역사이기도 했다. 1835년 3월 잭슨 대통령은 조지아 주에 살고 있던 체로키 족을 강제로 이주시켰다. 그리하여 7만 2천 명의 체로키 족은 1838년부터 1839년까지 오클라호마로 이주했다. 체로키 족은 이주 과정에서 약 4000명이나 목숨을 잃었다.

통해 서민의 정치 참여 기회가 확대되었다. 잭슨 시대에는 이미 보통 선거제를 실시하고 있는 서부의 주들뿐만 아니라 초기 13개 주의 다수가 보통 선거제를 채택하게 되어 이 시대를 '잭슨 민주주의 시대'라고 부른다.

한편 이때부터 미국은 3개의 지역(section)이 형성되었다. 즉 상공업의 북동부, 노예 노동에 의존하는 대농장 경영의 남부, 독립 자영 농민의 서부 등 세 개 지역의 이해가 서로 대립하게 된 것이다.

북동부와 남부의 대립

활발한 서부 개척과 함께 미국은 산업 혁명을 본격적으로 경험하게 된다. 운하와 철도가 크게 늘어나 1850년에는 공업 생산이 농업 생산을 능가할 정도가 되었다. 그러나 이러한 공업화가 주로 북동부에서 진행되었기 때문에 지역간 산업과 사회 경제 구조의 차이가 커졌다.

상공업 중심의 자본주의가 발전한 북동부는 영국 산업에 대항하기 위해 보호 무역을 주장했으며, 국내 시장의 개발을 급선무라고 생각했다. 그러나 남부는 면화를 중심으로 한 대농장 경영에 의존했기 때문에 자유 무역을 주장했다. 한편 서부의 자영 농민들은 자유 무역에 찬성했지만, 국내 시장 개발과 통일에 대해서는 북동부에 동조했다. 이런 각각의 입장에 기반해 북동부는 중앙집권적인 연방주의를, 남부는 분권적인 주권주의(州權主義)를 주장했다.

이때 지역간 대립을 더욱 심화시킨 것이 노예 문제였다. 남부는 노동력을 아프리카에서 데려온 흑인 노예에 의존하고 있었는데, 영국의 산업 혁명으로 면화 수요가 늘자 흑인 노예도 따라서 크게 늘어났다.

한편 북동부의 기계 공업에서는 주된 노동력이 자유 노동자

보통 사람의 대통령
잭슨이 대통령으로 취임하는 날 워싱턴은 곳곳에서 몰려온 보통 사람들로 넘쳐났다. 잭슨을 통해 그들은 보통 사람의 힘을 과시했으며 미국 민주주의는 '보통 사람의 대통령' 잭슨을 통해 한 걸음 더 나아갈 수 있었다.

들이었다. 그만큼 진보적인 시민 계급이 많은 북동부에서는 인도적인 차원에서 노예제의 철폐를 요구하는 목소리가 높았다. 코네티컷 주에서 목사의 딸로 태어난 스토 부인이 쓴 「톰 아저씨의 오두막」은 노예제 폐지 여론을 고조시키는 역할을 했다.

여기에 연방에 새로 가입하는 주가 노예제를 인정하는 노예주가 될 것인가 아니면 노예제를 인정하지 않는 자유주가 될 것인가를 둘러싸고 남북의 대립이 더욱 첨예화되었다. 당시 미국은 노예주와 자유주가 각각 11개씩이었다. 1820년 준주(准州)인 미주리가 주로 승격될 때 이 주를 노예주로 인정하는 대신 또다른 준주인 메인을 동시에 자유주로서 가입시켜 노예주와 자유주의 균형을 이루었다. 그리고 이후 연방에 가입하는 주는 북위 36도 30분을 경계로 그 이남은 노예주, 이북은 자유주로 삼는다는 미주리 협정이 성립되었다.

그러나 1854년 캔자스-네브라스카 법은 미주리 협정을 폐기하고 노예제도의 인정 여부를 지방 주민의 투표에 맡겼다. 노

예론자와 노예 폐지론자는 각자 세력을 확대하기 위해 이 지방에서 격돌했고 대립은 폭력으로 치달았다. 이때 캔자스-네브라스카 법에 반대해 결성된 것이 공화당이다(이 공화당은 1834년 영국에서 결성된 휘그당을 모체로 하고 있다).

링컨의 등장과 남북 전쟁

1860년 대통령 선거에서 노예제에 반대하는 공화당의 링컨이 당선되었다. 그러자 남부의 7개 주가 차례로 연방을 이탈해 1861년 2월 아메리카 연합국을 구성했다. 그리고 3월에 링컨이 취임하자 4월부터 연방 정부군(북군)과 연합국군(남군)의 교전이 시작되었다.

링컨은 전쟁 결과에 대해 낙관했다. 기본적으로 남북은 전쟁 수행 능력에서 현저한 차이를 보였기 때문이다. 남부의 인구가 노예 400만을 포함해 900만인 데 비해 북부는 인구가 2200만이며, 발달한 공업력과 해군을 보유했기 때문이다. 하지만 7월 북군이 남군에 참패하면서 전쟁은 생각보다 오래가게 되었다.

그러나 1863년 1월 링컨 대통령이 노예 해방을 선언하여 전쟁의 대의를 표명함으로써 여론은 북부에게 유리해졌다. 게다가 전세의 반전을 노린 남군의 리 장군이 다시 북부를 침공했지만 펜실베이니아 주 게티즈버그에서 패해 버지니아로 후퇴하고 말았다. 그 후 보급이 끊긴 남군은 차례로 약체되었다. 결국 1865년 4월 리 장군은 북군의 그랜트 장군에게 패해 항복했으며, 연합국의 수도인 버지니아의 리치몬드도 함락되었다.

링컨 대통령

개척 농민의 아들로 태어나 미국 대통령까지 오른 링컨은 열렬한 노예제 폐지론자는 아니지만 전쟁을 승리로 이끌기 위해 노예 해방을 선언했다. 물론 그의 주된 관심은 연방의 유지였기 때문에 전쟁에서 패배한 남부에 대해 관대한 정책을 펴려 했다. 그러나 그는 1865년 남부의 과격분자에 의해 암살되고 만다. 링컨은 오늘날에도 노예 해방의 아버지이자 가장 위대한 미국 대통령으로 기억되고 있다.

링컨의 게티즈버그 연설(1863년 11월 19일) …… 우리 앞에 남아 있는 대사업에 몸을 바쳐야 할 사람들은 오히려 우리들입니다. 그 사업이란 이들 명예로운 전사자가 최후까지 온 힘을 다해 싸운 대의에 대해 더욱 더 헌신해야 한다는 것, 이들 전사자의 죽음을 헛되게 하지 않겠다고 굳게 맹세하는 것, 이 나라를 하나님의 뜻으로 새로운 자유의 나라로 탄생시키는 것, 그리고 인민의 인민에 의한 인민을 위한 정부가 지상에서 사라지지 않도록 하는 것입니다.

1864년 선거에서 재선된 링컨은 1865년 3월 새로 임기를 시작하면서 관대한 조건으로 남부의 연방 복귀를 허용했다. 하지만 그 해 4월 링컨은 광신적인 남부인에게 암살당하고 만다. 링컨의 뒤를 이어 대통령직을 승계한 부통령 앤드류 존슨은 의회 내부의 강경파에게 주도권을 빼앗기는 바람에 남부에서 군정이 실시되었다. 그 후 연방 군대가 남부에서 최종으로 철수하게 된 것은 1877년의 일이었다.

5년 동안 계속되면서 모두 62만 명의 사망자를 낸 남북 전쟁은 노예제도가 주된 원인이었다. 노예 노동을 착취해 번영을 누린 지주 계급이 정치 권력을 장악한 채 봉건적인 경제 사회를 형성하고 있는 것 자체가 서부에서부터 광대한 국내 시장을 획득하며 발전하고 있는 미국 자본주의에 커다란 장애가 되었던 것이다.

남북 전쟁 이후 북부에서는 공업이 눈부시게 발전했다. 1860~1870년 사이에 공업 생산이 배로 증가했으며 교통 수단의 발전도 두드러져 넓은 의미의 경제 혁명을 경험했다. 남부에서도 노예제에 기반을 둔 대농장 경영이 사라지고 다수의 소규

근대적인 전쟁으로서의 남북전쟁
남북전쟁은 병력 및 보급 물자 수송에 철도가 이용된 최초의 전쟁이었다. 이 외에 전신이 주요한 통신 수단으로 등장했으며, 언론과 사진도 전쟁 보도에 열을 올렸다. 이 전쟁에 특기할 만한 것은 남군의 셔먼 장군이 채택한 '초토화 작전'이었다. 그는 아틀랜타를 완전히 파괴했는데, 사진에서처럼 굴뚝 이외에는 남은 것이 거의 없었다.

모 농장이 생겨났으며, 섬유·담배·제철 등 새로운 공업이 발전해 중산 계급이 형성되는 등 사회·경제적인 변화를 겪게 되었다. 이렇게 형성된 '새로운 남부'는 미국 자본주의에 편입하게 된다.

한편 전쟁중에 북부는 서부를 자기 편으로 끌어들이기 위해 자작 농지법을 만들었는데, 그 내용은 5년 동안 거주하며 개간에 종사하는 사람에게 160에이커의 토지를 무상으로 주기로 한 것이다. 이로 말미암아 서부 개척이 더욱 진척되었으며, 외국으로부터의 이민도 늘어났다. 그리고 1895년 대륙 횡단 철도가 완성되어 서부의 개발과 농업의 기계화가 한층 더 진행되었다. 이로써 서부는 북동부 공업의 유력한 국내 시장이 되었다.

한편 미국 사회는 남북 전쟁으로 인해 노예제도가 폐지되긴 했지만 흑인 해방을 증오하는 남부의 극단적인 보수주의자들과 하층 백인들에 의해 조직된 KKK단에 의해 테러가 횡행했다. 더 나아가 흑인들은 정치·경제적으로 차별 대우를 받았는데, 이러한 인종 차별 문제는 오늘날까지도 미국이 안고 있는 심각한 문제 가운데 하나로 남아 있다.

제5부

서양의 패권과
현대사의 전개

19 세기 후반부터 1945년 제2차 세계 대전이 끝날 때까지 서양 세계는 분명히 세계 무대의 중심에 서 있었다. 엄청난 생산력을 기반으로 하여 거의 전세계를 자신의 손에 넣은 유럽의 각국과 미국은 그 이전의 어떤 제국보다 강력한 힘을 발휘했다. 하지만 그것은 제국주의 나라들의 경쟁과 갈등을 기반으로 하는 것이었고 이는 두 차례에 걸친 파멸적인 전쟁으로 귀결되었다. 또한 최대 이윤을 추구하는 자본주의 사회 체제는 계급간의 갈등을 심화시켰고 이는 노동자 계급 운동과 사회주의 사상을 낳았다. 이렇게 자본주의 사회의 모순을 지양하고 새로운 사회를 지향하는 움직임은 러시아 혁명으로 분출되었으며, 이후 동유럽과 중국으로 파급되었다.

자신을 발 밑에서부터 허문 두 차례의 전쟁은 당연하게도 새로운 질서를 낳을 수밖에 없었다. 그리하여 제2차 세계 대전이 끝났을 때 세계 지도는 변화하고 있었다. 전쟁의 두 승리자인 미국과 소련의 냉전으로 시작된 새로운 세계는 식민지 상태에서 독립한 아시아, 아프리카, 라틴 아메리카의 제3세계의 등장으로 복잡한 모습을 띠게 된다. 1970년대 이후 제1세계의 경제 위기, 여전히 저성장의 경제와 반민주적인 정치에 시달리고 있는 주변부, 1989년 베를린 장벽의 붕괴로 시작된 동유럽 혁명과 구소련의 해체 그리고 이어지는 민족적, 인종적 갈등으로 인해 인간의 이성과 능력에 대한 근대적인 확신은 뿌리에서부터 흔들리고 있다. 그리하여 새로운 천년기를 맞이하는 지금 '지구'라는 우주선'이 어디로 갈지 그 누구도 모르는 상태이다.

자본주의의 발전은 전 지구적 규모의 불평등을 심화시키는 과정이기도 했다. 사회주의의 붕괴로 냉전은 끝났지만 세계 도처에서 벌어지는 내전과 기아는 인류 앞에 새로운 과제를 던져주고 있다.

25. 제국주의와 열강의 세계 분할

열강의 세계 지배와 아시아, 아프리카의 저항

19세기 후반 이탈리아와 독일의 통일로 서구에서는 민족 통일과 국민 국가 건설이 완수되었다. 이후 각국에서는 국가주의가 성행하면서 대외적으로 세력을 확대하려는 움직임이 나타났다. 그 당시 동구 · 아시아 · 아프리카 등지에서는 아직 민족 통일이 완수되지 않은 상태이거나 미개발 지역이 많았는데, 바로 이곳이 서구 · 러시아 · 미국이 세력 확대를 위해 각축하는 무대가 되었다. 이러한 열강들의 대외 진출을 제국주의라고 하며, 현대사는 바로 이 제국주의와 함께 시작되었다.

한편 19세기 후반 서구와 미국은 제2차 산업 혁명을 맞이하게 된다. 제1차 산업 혁명이 증기력과 석탄에 의존한 경공업 중심이었던 데 비해 이번 산업 혁명은 에너지원으로서 전기력과 석유를 사용했고, 철강, 비철금속, 중화학 공업 등 중공업의 발전이 두드러졌다. 따라서 새로운 생산 기술의 개발과 설비 투자

를 위해서는 거대한 자본이 필요해 기업의 집중과 독점(카르텔, 트러스트, 콘체른)이 빠르게 진척되었다(독점 자본주의). 또한 거대 은행과 거대 기업이 서로 대주주가 되어 결합하는 금융 자본이 성립해 산업을 지배하게 되었다(금융 자본주의).

이렇게 독점 자본주의 단계에 도달한 선진국들에서는 막대한 과잉 자본이 생겨났

펜실베니아의 유정탑
석탄이 제1차 산업 혁명의 토대였다면 제2차 산업 혁명에서는 석유가 그 역할을 대신했다. 이 사진은 1865년 웨스턴 펜실베니아의 모습인데, 이곳에서 1858년 현대적인 정유 산업을 탄생시킬 유전이 발견되었다. 여러 회사의 유정탑이 가능한 한 빨리 원유를 뽑아내기 위해 빽빽하게 들어선 모습이 인상적이다.

고, 이는 이윤 확대를 위해 국외에 투하되었다. 과거에 상품 시장이자 원료 공급지 역할을 하던 식민지에 자본이 수출되어 현지의 값싼 노동력과 원료를 이용해 상품을 생산하게 된 것이다(자본 수출). 이러한 자본 수출은 외국에 공장과 철도를 건설하고 광산을 개발하거나 현지 정부에 차관을 공여하는 등 다양한 방식으로 이루어졌다. 여기에 독점 자본가 단체는 정부와 하나가 되어 해외 침략에 나서기도 했다(대외 팽창주의). 이렇게 해서 열강에 의한 세계 분할이 이루어졌다.

그러나 제국주의적 발전은 열강간에도 불균등하게 이루어졌다. 영국과 프랑스처럼 광대한 식민지를 가진 선발 제국주의 국가와는 달리 그렇지 못한 독일, 이탈리아, 일본 등은 식민지의

레닌, 「제국주의 – 자본주의의 최고 단계」 만약 제국주의를 가능한 한 보다 간단히 정의하는 것이 불가피하다면, 제국주의란 독점적 단계의 자본주의라고 해야 한다……. 왜냐하면 한편으로 금융 자본이란 독점적인 산업 자본가 동맹들의 자본과 결합한, 독점적으로 소수인 최대 은행들의 은행 자본이며, 다른 한편으로 세계 분할이란 어떠한 자본주의 열강도 점령하지 않은 영토들에서 방해받지 않고 확대하는 식민지 정책으로부터 구석구석까지 분할된 지구의 영토를 독점적으로 소유하려는 식민지 정책으로의 이행이기 때문이다.

재분할을 위해 경쟁적으로 싸웠다. 이러한 제국주의 국가간의 갈등과 대립은 군비 경쟁을 낳았고 이것이 두 차례에 걸친 세계 대전으로 폭발하게 된다.

한편 열강 내부에서도 제국주의 정책에 반대하는 사회주의 운동이 일어났으며, 후진국과 식민지에서는 반제 민족주의 저항 운동이 전개되었다. 이리하여 제국주의 열강의 대외 팽창과 세계 전쟁, 노동자를 중심으로 하는 반전 운동, 식민지와 후진국의 민족주의 저항 운동이 현대사의 날줄과 씨줄을 이루게 된다.

영국의 식민지 정책

19세기 전반까지 영국은 '세계의 공장'으로서 독보적인 산업 생산력을 자랑하고 있었다. 그래서 막대한 군사비를 필요로 하는 식민지를 축소하자는 식민지 무용론(소영국주의)이 나오기도 했으며, 외교적으로도 '명예로운 고립'을 표방했다. 하지만 19세기 중반을 지나면서 다른 선진국들이 발전하자 영국의 우위는 서서히 깨지기 시작했다. 특히 막 통일을 이룬 독일과 남북 전쟁을 거친 미국의 추격은 놀라운 정도였다.

이리하여 1870년대에 들어서면서 영국의 제국주의적 경향이 강해졌다. 1875년 보수당의 디즈레일리 수상은 이집트 정부의 재정난을 이용해 수에즈 운하 회사의 이집트 소유 주식을 사들였다. 이로써 중동의 전략적 요충지인 수에즈 운하에 대한 영국의 발언권이 확보되었다.

더 나아가 영국은 이집트 내정에까지 간섭의 손길을 뻗쳐 아라비 파샤 반란 때에는 군대를 동원하기도 했다. 이후 이집트는 사실상 영국의 보호 하에 들어갔다. 이러한 영국의 이집트 지

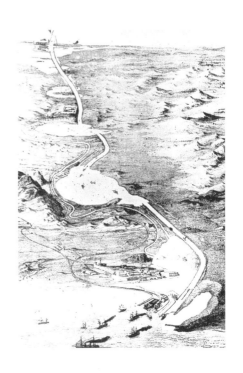

수에즈 운하

동서를 연결한 수에즈 운하를 통해 이제 유럽은 풍부한 자원을 보유한 동양에 쉽게 다가갈 수 있게 되었다. 이 그림은 당시에 그려진 것으로, 운하의 길이는 60km이며, 폭은 약 57m이다.

배는 아프리카에 광대한 식민지를 두게 되는 출발점이자 인도로 가는 통로를 확보해 아시아 침략의 길을 여는 것이었다.

다음으로 영국은 남아프리카의 트란스발 공화국과 오렌지 자유국을 병합하기 위해 보어 전쟁(1899~1902년)을 일으켰다. 트란스발 공화국과 오렌지 자유국은 보어 인(네덜란드 식민지인과 현지인의 혼혈)이 세운 나라로서 때마침 다이아몬드 광산과 금광이 발견되어 가치가 높아졌다. 여기서 승리한 영국은 1910년 케이프 식민지 등과 합쳐 영국령 남아프리카 연방을 만들었다.

보수당 정권 하에서 영국의 대외 진출은 활발하게 진행되어 캐나다, 오스트레일리아, 뉴질랜드, 뉴 펀들랜드, 남아프리카 연방 등 다섯 개의 자치령이 성립해 대브리튼 연합 왕국을 떠받치게 되었다. 그러는 사이 노동 운동도 발전해 1900년에는 노동자 대표 위원회가 만들어졌고, 이것이 1906년 이후 노동당이 되었다. 노동 조합 운동에 기반을 둔 영국 노동당은 점진적인 정책으로 사회주의를 실현하고자 했다.

1905년에 만들어진 자유당 내각은 노동당의 협조를 얻어 국민 보험법 등 일련의 사회 보장 정책을 실시했으며, 1911년에는 의회법으로 하원의 우위를 결정했다. 또한 1914년 현안이던 아일랜드 자치법을 간신히 통과시켰지만 제1차 세계 대전을 이유로 실시는 연기했다.

프랑스의 불안정한 발전

프로이센과의 전쟁에서 패하면서 제2제정이 붕괴되었던 프랑스에서는 제3공화정이 수립되었지만 패전과 파리 코뮌 등의 혼란 때문에 1875년에 가서야 공화정 헌법이 성립했다. 임기 7년의 대통령은 이름뿐인 존재였으며 성인 남자의 보통 선거에 의해 선출된 하원이 모든 법률의 의결권을 가지고 있었다. 그런데 당시 프랑스에는 20여 개의 정당이 난립하고 있었기 때문에 연립 내각이 만들어질 수밖에 없었다. 그리하여 제3공화정 전기

군법 회의장을 떠나는 드레퓌스

불안정한 제3공화정에서 공화정의 양심이 시험대에 오른 사건이 바로 드레퓌스 사건이었다. 이 사건은 결국 공화파의 승리로 끝났으며, 따라서 프랑스 혁명의 이념도 지속될 수 있었다. 한편 이 사건을 계기로 시오니즘 운동이 일어나 1897년 바젤에서 제1회 시오니스트 회의가 개최되었다. 여기서 세계 시오니스트 기구가 설립되었으며 이는 제2차 세계 대전 이후 이스라엘 공화국 건국(1948년)으로 연결되었다.

간(1870~1940년) 동안 내각은 백 회 이상 교체되었고 평균 수명도 8개월에 불과해 정국은 매우 불안정했다.

보불 전쟁에서의 패배는 경제에도 영향을 미쳐 열강간에 점하는 공업 생산고의 비율도 1870년의 10.3%에서 1913년에는 6.4%로 낮아졌다. 또한 소농 경영이 지배적인 농업 부문에서도 기술 혁신이 뒤처져 국내의 생산력과 소비력이 모두 낮아졌다. 그 결과 국내 자본은 경쟁적으로 해외의 투자처를 찾아나섰고, 따라서 금융 자본의 발전이 두드러졌다. 이런 점이 프랑스 제국주의의 특징이라 할 수 있다.

또한 정국 불안정에 편승해 왕정 복고를 꾀하는 음모가 끊이질 않았으며, 독일에 대해 복수해야 한다는 세론과 함께 군부가 대두해 민주주의의 진전이 위협받았다. 예컨대 공화국 초대 대통령인 막마옹이 왕정 부활을 꾀하다 실패한 사건이 있었으며(1877년), 과격한 대독 복수 여론에 편승한 브랑제 장군이 쿠데타를 계획했다 미수에 그친 사건도 발생했다(1889년).

하지만 제3공화정을 가장 떠들썩하게 만든 것은 드레퓌스 사건이었다. 드레퓌스는 육군 참모부에 근무하는 유태계 장교로

빌헬름 2세와 비스마르크
1890년 3월 29일 영국의 잡지 「펀치」에 실린 이 만평은 야심만만한 젊은 황제가 노재상 비스마르크를 하선시키고 국가라는 배의 키를 직접 잡은 모습을 보여주고 있다. 이처럼 비스마르크가 정치 무대에서 사라지면서 19세기도 퇴장하고, 제국주의와 함께 현대사가 시작되었다.

서, 스파이라는 혐의를 받아 종신형을 선고받았다. 하지만 진범이 따로 있었다는 사실이 드러나면서 재심 요구가 불거졌다. 이를 둘러싸고 프랑스 여론이 둘로 나뉘어 커다란 정치 문제가 되었는데, 이것이 바로 드레퓌스 사건(1894~1906년)이다.

이 사건은 진실 여부를 벗어나 공화정을 수호하는 공화주의자, 지식인, 노동자 등과 공화정에 반대하는 세력(군부, 보수적 부르주아지, 가톨릭 성직자 등)의 치열한 대결장이 되었다. 또한 반드레퓌스 파에 의한 반유태주의 선전도 커다란 문제로 부상했다. 이 사건은 2심에서 드레퓌스가 무죄 선고를 받으면서 공화파의 승리로 끝났으며, 이를 통해 공화정과 민주주의를 수호하려는 광범위한 사회적 기반이 마련되었다.

독일의 강대국화

1871년 통일을 이룬 독일은 황제 빌헬름 1세와 재상 비스마르크에 의해 빠르게 강대국이 되어갔다. 비스마르크는 독일 제국이 안정을 이루고 발전하는 데에는 평화가 필수적임을 깨달아 탁월한 외교력을 발휘해 유럽 국제 질서의 현상 유지를 꾀했다.

그러나 그 사이 독일도 해외 진출에 나서기 시작했는데, 특히 헝가리에서 서아시아로의 진출 문제를 놓고 러시아와 충돌하게 되었다. 이때 대자본가와 토지 귀족(융커)들은 러시아와 친선 관계를 유지하려는 비스마르크의 방침을 반대하게 된다. 마침내 빌헬름 1세의 손자로 31세에 즉위한 빌헬름 2세는 75세의 노재상과 의견 충돌이 잦아 그를 해임시켜 해버렸다(1890년).

비스마르크를 해임한 후 빌헬름 2세는 직접 정치를 관장하면서 적극적인 제국주의 정책을 폈

다. 그는 먼저 군비를 확장했는데, 특히 강력한 해군을 건설해 영국에 맞섰다. 그리고 외교 면에서 러시아와의 재보장 조약의 갱신을 거부함으로써 러시아를 프랑스편에 가담하게 만들었다(러불 동맹, 1891년). 이것은 비스마르크가 오랫동안 진행시켜 온 독일 외교 정책의 수정이자, 국제 관계의 중대한 변화를 초래한 일이 된다.

혁명 전야의 러시아

러시아에서는 알렉산드르 3세(재위 1881~1894년), 니콜라이 2세(재위 1894~1917년) 등이 몇 가지 개혁을 시도하긴 했으나 전제 정치라는 본질에는 변함이 없었다. 그러나 불충분하기는 했지만 농노 해방(1861년)은 러시아 자본주의 발전의 기초를 이루게 되었다. 여기에 1890년대 이후 프랑스 자본이 들어오면서 도시를 중심으로 중공업의 발전이 두드러졌으며, 시베리아 철도 건설도 진행되었다.

이렇게 자본주의가 빠르게 발전하면서 노동자들이 저임금과 장시간 노동에 시달렸기 때문에, 공장 노동자에 기반을 둔 마르크스주의 운동이 확산되었다. 그리하여 1898년에 러시아 사회 민주당이 결성되었는데, 정부의 탄압으로 주요 지도자들은 국외로 망명할 수밖에 없었다.

1903년 운동 방침을 둘러싸고 사회 민주당은 레닌이 이끄는 볼셰비키와 마르토프, 플레하노프 등이 이끄는 멘셰비키로 분열했다. 볼셰비키(러시아 어로 '다수파'라는 뜻)는 당을 노동자 · 농민에 기초를 둔 소수의 직업적 혁명가 집단으로 만들려 했지만, 멘셰비키('소수파'라는 뜻)는 광범위한 대중에 기반을 두고 중산 계급과도 타협하면서 점진적인 혁명을 진행시키려 했다.

이외에도 나로드니키에 뿌리를 둔 사회 혁명당, 자유주의자들의 입헌 민주당도 지향하는 바는 저마다 달랐지만 전제 정치를 비판하는 데에는 한 목소리를 내고 있었다.

하지만 전제 정치에는 아무런 변화가 없었고 오히려 자유주의와 혁명 운동에 대한 탄압만이 있어서 국민의 불만은 날로 높아졌다. 1904년 러일 전쟁이 발발했는데, 전쟁으로 인한 생활의 어려움은 말할 것도 없고 전황마저 불리하자 국민들은 더 이상 참을 수 없는 지경에 빠졌다.

1905년, 1월 수도 페테르스부르크에서 평화와 빵을 요구하며 황제에게 진정서를 제출하려고 몰려든 민중의 시위가 벌어졌다. 그런데 황제에게 한 가닥 희망을 걸었던 그들에게 돌아온 것은 친위대의 발포였다. 왕궁을 경비하고 있던 친위대가 무장도 하지 않은 군중을 향해 발포해 수많은 사상자가 나왔다. 이 '피의 일요일 사건' 후 전국에서 폭동이 일어났으며, 각지

ЦАРЬ, ПОП И БОГАЧ

에 노동자 평의회(소비에트)가 결성되었고 병사들도 참여하기에 이르렀다. 이것을 제1차 러시아 혁명이라고 한다.

이렇게 전국민의 저항에 부딪힌 황제는 할 수 없이 '10월 선언'을 발표해 언론·집회·결사의 자유를 약속하고 국회(두마)의 개설을 약속했다. 1906년 헌법 발포와 함께 제1회 국회가 개최되었다. 그러나 이것은 극히 불완전한 것이었다. 국회는 헌법 자체에 대해 토의할 수 없었으며 황제의 자문 기관에 불과한 역할밖에 할 수 없었다. 그 후 혁명 운동이 수그러들면서 황제는 다시 전제 정치를 강화했다.

같은 해 수상으로 임명된 스톨리핀은 점진적인 개혁으로 입헌 정치를 실현하고 혁명을 저지하려 했다. 따라서 그는 반정부파에 대해서는 철저하게 탄압하는 한편, 농업 개혁을 통해 광범위한 자작농을 창출하려 했다. 이를 통해 그는 농민과 혁명 운동의 분리를 꾀했던 것이다.

미국의 대외 진출
남북 전쟁 후 미국에서는 20세기 초까지 클리블랜드(재임,

1905년 혁명

1월 9일 페테르스부르크에 갑자기 혁명의 기운이 넘쳤다. 차르에게 개혁을 요구하는 진정서를 제출하기 위해 몰려오던 군중들을 향해 군대가 발포한 것이다. 혁명 운동의 발단이 된 이 '피의 일요일'은 1917년에도 반복된다. 이런 의미에서 1905년은 노동자들이 정치적 파업이라는 무기를 처음으로 경험한 해로 기록될 수 있다.

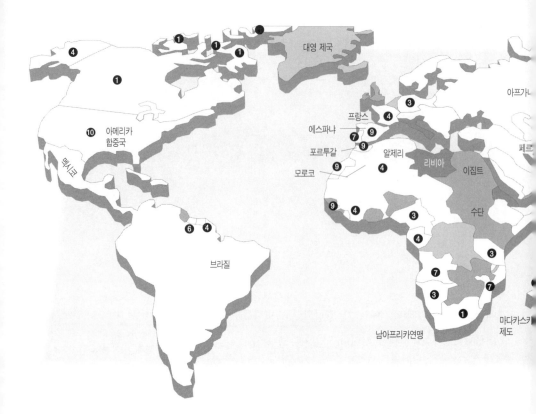

<table>
<tr><td>벨기에령</td></tr>
<tr><td>영국령</td></tr>
<tr><td>❶</td><td>영국의 자치령</td></tr>
<tr><td>❷</td><td>아라비아에서
영국의 보호국</td></tr>
<tr><td>❸</td><td>도이칠란드령</td></tr>
<tr><td>❹</td><td>프랑스령</td></tr>
<tr><td></td><td>이탈리아령</td></tr>
<tr><td>❺</td><td>일본령</td></tr>
<tr><td>❻</td><td>네덜란드령</td></tr>
<tr><td>❼</td><td>포르투갈령</td></tr>
<tr><td>❽</td><td>러시아령</td></tr>
<tr><td>❾</td><td>에스파냐령</td></tr>
<tr><td>❿</td><td>미국령</td></tr>
</table>

1885~1889년, 1893~1897년)를 제외하고 모두 공화당에서 정권을 잡았으며, 이 과정에는 대자본가와 정부의 결탁이 있었다. 그러다 보니 부패가 만연했는데, 그 배후에는 대자본의 발달이 자리잡고 있었다(1880년에 공업 생산액이 농업 생산액을 넘어섰으며, 1894년에는 공업 생산액이 세계 최고가 되었다).

이러한 가운데 1869년 최초의 대륙 횡단 철도가 완성되었다. 그리고 1890년대에는 프론티어가 소멸하면서 적극적인 제국주의 정책을 취하게 되었다. 1893년 태평양의 하와이 왕국에서 쿠데타가 일어나자 미국은 해군을 동원해 점령한 다음, 1898년 병합했다.

1895년 에스파냐령 쿠바에서 반란이 일어나 에스파냐가 이를 가혹하게 탄압했다. 그러자 미국에서는 쿠바 '해방'을 위해

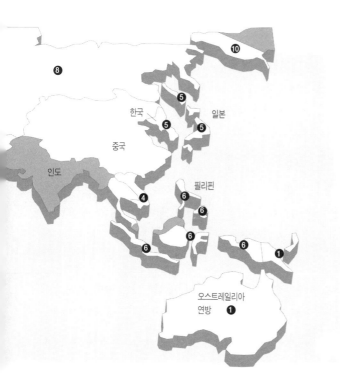

한국

일본

중국

인도

필리핀

오스트레일리아
연방 **①**

싸워야 한다는 여론이 들끓었다. 1898년 쿠바 섬의 하바나 항에서 미국 전함인 메인 호가 폭파된 사건을 계기로 미국과 에스파냐가 충돌하게 되었다(미서 전쟁). 압도적인 군사력을 보유한 미국은 4개월 만에 전쟁을 승리로 이끌고 파리 강화 조약을 통해 괌·필리핀·푸에르토리코 등을 획득했으며, 쿠바를 사실상의 보호국으로 만들었다.

이리하여 하와이·괌·필리핀으로 이어지는 미국의 '극동'이 등장하게 되었을 때, 중국(청조)은 서구 열강에 의해 이미 분할되어 있었다. 따라서 미국으로서는 거꾸로 각국의 '세력 범위'를 부정하는 것이 효과적인 외교 수단이었다. 이에 매킨리 대통령(재임 1898~1901년)은 국무장관 존 헤이의 이름을 딴 3원칙(중국의 문호 개방, 기회 균등, 영토 보존)을 선언했다.

매킨리가 암살된 후 대통령직을 계승한 시오도어 루스벨트 (재임 1901~1909년)는 '혁신주의'를 제창하면서, 반트러스트 법을 발동해 대자본의 전횡을 억압하면서 사회 개혁을 시도했다. 그러나 대외적으로는 팽창주의 정책을 펴서 파나마 운하 지역의 조차 결정과 함께 운하 공사를 재개하기도 했다(1914년 완성).

아프리카 분할

북부 아프리카의 지중해 연안 지역은 고대 이집트 문명의 발상지이며, 15세기 이후 인도 항로의 개척과 함께 중계 무역지로서 발달했다. 하지만 아프리카 내륙은 서구인에게 개발되지 않은 '암흑 대륙'이었다.

1849년 영국의 선교사 리빙스턴이 아프리카 탐험을 시작하면서 아프리카 내륙이 점차 알려지게 되었다. 그 후 리빙스턴이 탐험중 행방불명되고(1869년), 미국의 신문 기자 스탠리가 1871년 탕가니카 호반에서 그를 발견함으로써 세계적인 뉴스가 되었다. 또 수에즈 운하가 개통(1869년)되어 이 지역의 전략적 중요성이 커지자 아프리카는 곧 서구 열강의 주목을 받게 되었다.

당초 수에즈 운하 개발에 관심을 두지 않았던 영국은 운하 개통 이후 새삼 그 중요성을 깨닫고 운하 회사의 주식을 매입했으며, 1882년에는 이집트를 사실상의 보호국으로 두었다. 그리고 수단에서 반란이 일어나자 곧바로 진압한 후 1899년 수단 전체를 점령했으며, 같은 해에 보어 전쟁을 일으켜 남아프리카마저 지배하게 되었다. 이렇게 남북아프리카의 요충지를 장악한 영국은 카이로에서 수단을 경유해 케이프 타운에 이르는 종단 정책을 전개했다. 더 나아가 카이로와 케이프 타운에다 인도의 캘커타를 연결하려 했는데, 이것을 세 도시의 첫글자를 따 3C 정책이라고 부른다.

프랑스는 19세기 전반에 획득한 알제리아를 거점으로 해서 1881년에 튀니지아를 보호국으로 삼았다. 이어 남쪽으로 사하라

사막에서 콩고에 이르는 광대한 지역을 획득하고, 이를 마다카스
카르 섬과 연결하는 대륙 횡단 정책을 전개했다.

1898년 7월, 수단의 파쇼다에서 영국군과 프랑스 군 탐험대
가 충돌하는 사건이 발생했다. 이것이 이른바 '파쇼다 사건'으로
서 영국의 종단 정책과 프랑스의 횡단 정책이 이 지점에서 교차
했던 것이다. 이 사건은 결국 프랑스가 양보하는 것으로 끝났는
데, 영국이 동수단을 지배하는 대신 프랑스는 알제리아 서쪽의
모로코를 보호령으로 두게 되었다.

독일의 아프리카 진출은 다른 열강에 비해 늦었다. 독일은
비스마르크 시대인 1884년에 독일령 남서아프리카 건설을 시작
으로 토고랜드, 카메룬, 독일령 동아프리카를 얻었다. 이어 빌헬
름 2세는 영국과 프랑스에 대항할 수 있는 거점으로서 프랑스의
우선권이 인정된 모로코를 주목했다. 그리하여 1905년 모로코의
탕헤르 항에 상륙해 모로코의 독립과 문호 개방을 요구했다(제1
차 모로코 사건).

모로코 사건

영불 협상에서 프랑스는 영국으로부터
모로코에서의 우선권을 인정받았다. 이
에 반대한 독일의 빌헬름 2세는 1905
년 3월 모로코의 탕헤르에 상륙해 일
종의 무력 시위를 감행했다. 하지만 다
음해 에스파냐의 알헤시라스 회의에서
모로코는 에스파냐와 프랑스의 세력
범위로 다시금 확정되었다.

그러나 다음해 알헤시라스 회의에서 영국과 프랑스가 공동
보조를 취했기 때문에 독일의 계획은 실패로 돌아갔다. 독일은
포기하지 않고 1911년 모로코에서 내란이 발생한 것을 기회로
아가디르 항에 다시 군함을 파견했다(제2차 모로코 사건). 그러나
이때도 독일의 요구는 받아들여지지 않았고, 프랑스의 우위를 인
정하는 대가로 프랑스령 콩고의 일부를 얻었다.

독일과 마찬가지로 뒤늦게 통일을 달성한 이탈리아도 아프
리카 진출을 꾀했다. 홍해 연안의 에리트리아와 인도양의 이탈리
아령 소말릴란드를 획득한 후, 이탈리아는 북아프리카의 튀니지
에 눈독을 들였으나 프랑스에게 선점당하고 말았다. 이어 에티오
피아를 침략했으나 오히려 에티오피아 군에게 패하고 말았다
(1896년). 대신 1911년 투르크와의 전쟁에서 트리폴리를 얻은
이탈리아는 리비아도 식민지로 삼게 되었다.

한편 스탠리의 탐험을 후원한 벨기에는 중부 아프리카의 광
대한 콩고 자유국을 국제적 승인 하에 관리하다가 1908년 식민
지로 병합했고, 포르투갈은 앙골라와 모잠비크를 얻게 되었다.

결국 오래된 기독교 왕국인 에티오피아와 미국 식민 협회가 해방시킨 흑인 노예들이 건설한 리베리아를 제외하고는 나머지 아프리카 대륙 전체가 20세기 초에 제국주의 열강에 의해 분할되었던 것이다.

태평양의 분할

태평양 지역에는 16~17세기 이래 에스파냐, 포르투갈, 네덜란드 등이 진출했으며, 19세기에 들어서면서 미국, 독일, 프랑스 등이 뛰어들었다. 하지만 국제 정치상 태평양의 중요성이 커진 것은 19세기말 이후의 일이다.

네덜란드가 17세기 중반에 개척한 오스트레일리아는 18세기 후반 영국인 쿠크의 탐험으로 영국령이 되었으며, 1901년에 영국 연방(정식 명칭은 오스트레일리아 연방)이 되었다. 또한 영국은 뉴질랜드와 북보르네오, 뉴기니아의 일부를 영유했다.

필리핀에서는 17세기 이래 필리핀을 지배했던 에스파냐의 국력이 쇠퇴하면서 현지 주민의 반란이 일어나 1898년 아귀날도가 독립을 선언했다. 하지만 미서 전쟁에서 승리한 미국이 푸에르토리코, 필리핀, 괌 등지를 영유하고 하와이를 병합했다.

가장 늦게 태평양에 진출한 독일은 1880년 이래 비스마르크 제도, 마리아나, 마셜, 캐롤라인 제도 등을 차지했으며, 프랑스는 남태평양의 멜라네시아와 폴리네시아 제도를 미국, 영국과 분할해 차지했다.

26. 제1차 세계 대전과 러시아 혁명

격화되는 열강간의 대립

독일 · 오스트리아 · 이탈리아의 3국 동맹에 대항해 영국 · 프랑스 · 러시아의 3국 협상이 성립했는데, 특히 영국과 독일의 대립이 심했다. 전통적으로 독일은 육군에 비해 해군이 약한 나라였지만 1889년 '함대법'이 제정된 이래 강력한 해군 건설에 주력해 단기간에 성과를 거두었다. 이에 맞서 영국도 1906년 이래 해군력을 더욱 증강했다. 이렇게 제국주의 국가간의 대립은 건함 경쟁으로도 나타났다.

뒤늦게 대외 진출에 뛰어든 독일의 빌헬름 2세는 1898년 이스탄불을 방문해 투르크 황제를 만나 친선을 강조했으며, 다음 해에는 바그다드 철도 부설권을 획득했다. 이는 베를린, 비잔티움(이스탄불), 바그다드를 경유해 페르시아 만 가까이 있는 바스라에 도달하려는 야심찬 철도 계획의 일부였다. 이것을 세 도시의 첫글자를 따 3B 정책이라고 부른다. 이것이 완성되면 독일과 아시아를 잇는 대동맥이 형성되는 것이다. 따라서 이 정책은 영국의 3C 정책과 충돌할 수밖에 없었다.

이렇게 독일 빌헬름 2세의 세계 정책은 기존 세력권을 무시하면서 도전적이었기 때문에 분쟁이 일어날 소지를 안고 있었다. 특히 3B 정책은 영국뿐만 아니라 투르크 및 지중해 일대로 진출하려는 러시아와도 충돌하는 것이었다. 따라서 러시아는 오랫동안 대립해 오던 영국과 서둘러 타협을 모색하고 협상을 맺게 된다.

'유럽의 화약고' 발칸 반도

역사가들은 제1차 세계 대전이 발발하기 전의 10여 년 동안을 '무장된 평화'라고 부른다. 특히 민족 구성이 복잡한 발칸 반도에서는 범슬라브주의(세르비아 등)와 범게르만주의(오스트리아)가 대립하고 있어서 유럽의 화약고라고 불릴 정도였다.

1878년의 베를린 조약에서는 보스니아와 헤르체고비나에 대해 주권은 투르크가 가지되 행정권은 오스트리아에 둔다는 기묘한 결정이 내려졌다. 1906년 투르크에서 '통일을 위한 진보위원회'(청년 투르크)에 의한 혁명이 일어나자 오스트리아는 이 혼란을 틈타 두 지역을 병합했다. 그런데 이러한 오스트리아의 행동은 범슬라브주의의 기치 아래 두 지역을 병합하려는 열망을 품던 세르비아를 자극하는 것이었다.

한편 투르크가 이탈리아와의 전쟁에서 패배하면서 쇠퇴하는 기미를 보이자 불가리아, 그리스, 세르비아, 몬테네그로 등이 '발칸 동맹'을 형성해 투르크에게 전쟁을 선포했다(제1차 발칸 전쟁, 1912~1913년). 전쟁 결과 투르크는 네 나라에게 영토를 할양하기로 했다(1913년, 런던 조약). 이렇게 제1차 발칸 전쟁은 러시아의 후원을 등에 업은 범슬라브주의의 승리로 끝났다.

하지만 투르크로부터 얻은 영토의 분배를 둘러싸고 불가리아와 다른 세 나라가 대립했다. 여기에 루마니아, 투르크가 세

사라예보 사건
유럽의 화약고인 발칸 반도 한복판에
서 일어난 오스트리아 황태자 부처의
암살 사건은 유럽, 나아가 전세계를 전
쟁의 참화 속에 몰아넣었다. 왼쪽은 황
태자 부처를 암살한 직후 체포된 범인
프리체프이며, 오른쪽 위는 황태자 부
처가 타고 있던 자동차, 오른쪽 아래는
안치된 황태자 부처의 유해이다.

나라의 편을 들었기 때문에 결국 부카레스트 조약으로 불가리아
의 영토가 삭감되었다(제2차 발칸 전쟁, 1913년). 결국 불가리아
는 독일과 오스트리아에게 점점 더 의존하게 되었으며, 따라서
세르비아, 오스트리아의 관계는 날로 악화되었다.

제1차 세계 대전의 도화선 : 사라예보 사건

1914년 6월 28일, 보스니아 주의 주도인 사라예보에서 오스
트리아 육군 대연습을 보러 온 황태자 프란츠 페르디난트 부처
가 세르비아 민족주의자에게 암살되는 사건이 발생했다(사라예보
사건). 결국 이 사건이 전세계를 전쟁으로 몰아넣은 도화선이 되
었다.

오스트리아는 독일과 상의한 후 세르비아에게 최후 통첩이
나 마찬가지인 요구를 했는데, 만족할 만한 대답을 받지 못하자
7월 28일 세르비아에게 선전 포고했다. 그러자 러시아가 총동원

령을 내리면서 세르비아에 대한 지원을 표명했고, 이에 대해 독일이 러시아에게 전쟁을 선포했다(8월 1일). 그리고 8월 3일에는 프랑스와 독일 사이에도 전쟁이 시작되었다.

당초 조정자로서 중립을 지키던 영국도 독일군이 중립국인 벨기에를 침범하자 8월 4일 독일에게 선전 포고했고, 8월 23일에는 영일동맹을 이유로 일본이 독일에게 전쟁을 선포했다. 이렇게 해서 유럽의 전쟁이 아시아까지 번지게 되었다.

한편 이탈리아는 3국 동맹이었음에도 불구하고 영국과 프랑스로부터 오스트리아령의 분할을 약속받고 연합군에 참가했다(1915년). 연합군에는 총 27개 나라가 참가했으며, 이에 맞서는 독일과 오스트리아 동맹군에는 투르크(1914년)와 불가리아(1915년)가 참가했다.

베르덩 전투

독일군은 1916년 서부 전선의 베르덩을 돌파하려 했다. 그러나 4개월 동안 50만 명의 인명과 막대한 물자를 투입했음에도 불구하고 프랑스의 페탱 장군 부대를 격파할 수 없었다. 이 전투는 지리한 소모전으로 점철된 제1차 세계 대전의 상징적인 전투이다.

독일은 전쟁 전에 슐리펜 계획이라는 작전을 세워두었다. 이 계획에 따르면 우선 서부 전선에서 프랑스를 제압한 후 곧바로 동부 전선의 러시아를 공격해 대륙에서의 전쟁을 단기간에 끝내는 것이었다. 하지만 러시아의 동원이 의외로 빨랐기 때문에 서부 전선의 병력을 일부 동쪽으로 보내야 했고, 이에 따라 전쟁은 장기화했다. 더구나 베르덩 요새 공방전(1916년 2월~9월), 솜므 전투(1916년 7월~11월)에서는 영국, 프랑스, 독일 모두 수십만의 사상자를 내었다.

이렇게 전쟁이 장기화하면서 전쟁은 예전에 보지 못했던 특징을 보이게 된다. 전선에 나가 싸우는 병사 이외에 모든 국민이 직간접적으로 군수품 생산에 투입되었던 것이다. 이렇듯 제1차 세계 대전은 전후방의 구분이 없는 총력전의 양상을 띤 최초의 전쟁이었다. 또한 이 전쟁에는 과학 기술의 발전에 힘입어 예전에 보지 못했던 신무기가 대거 투입되었다. 비행선과 비행기가 처음으로 선을 보여 공중전이라는 새로운 모습이 나타났고, 탱크와 독가스 등이 사용되었다.

전쟁의 종결

장기화하면서 교착 상태에 빠진 전쟁 국면이 돌변한 것은 1917년에 일어난 두 가지 변동 때문이었다. 하나는 두 번에 걸쳐 일어난 러시아의 혁명이었다. 혁명으로 로마노프 왕조가 무너진 러시아에는 결국 사회주의 정권이 들어섰다. 노동자 농민 소비에트 정권은 1918년 3월, 독일 오스트리아와 단독 강화 협상을 벌이면서 연합국측에서 이탈했다.

다른 하나는 '고립 외교'를 주장하면서 중립을 지키던 미국이 연합국측에 가담한 것인데(1917년 4월), 이는 독일의 무제한 잠수함전이 계기가 되었다.

막강한 해군력을 지닌 영국 때문에 식민지와 연락이 두절되어 경제적으로 어려움에 빠진 독일은 1917년 2월 무제한 잠수함전을 시작했다. 무제한 잠수함전이란 독일이 지정한 항로 이외

의 항로를 통행하는 모든 선박을 경고 없이 잠수함으로 격침한다는 것이었다. 이것은 물론 전시 국제법에도 어긋나는 행위였다.

이보다 앞선 1915년 5월, 영국의 호화 여객선 루시타니아 호가 대서양에서 독일 잠수함의 공격을 받아 배가 침몰하면서 1200여 명이 사망하는 사건이 발생했다. 이 가운데는 미국인 승객 130여 명이 포함되어 있었

기 때문에 미국 내 여론이 들끓었다. 따라서 독일의 무제한 잠수
함전의 발표는 미국에게 좋은 참전 구실이 되었다.

러시아의 사회주의 정권과 강화를 맺었기 때문에 동부 전선
에 손을 뺀 독일은 1918년 3월 서부 전선에서 마지막 공세를
폈다. 하지만 별다른 성과를 얻지 못했으며, 1918년 후반에 들어
서면서 전쟁은 연합국측으로 기울기 시작했다. 우선 불가리아,
투르크, 오스트리아가 연합국에 항복하면서 4국 동맹이 붕괴되
었다. 이 무렵 독일의 국내 정세도 매우 험악했다.

항복과 황제의 퇴위를 둘러싸고 독일의 태도가 흔들리고 있
는 가운데 10월말 키일 군항의 수병들이 출항 명령을 거부하고
반란을 일으켰다. 이 반란은 다른 도시로 빠르게 번졌으며, 11월
9일에는 급기야 황제가 퇴위하고 임시 정부가 수립되었다. 이 임
시 정부가 11월 11일 연합군과 휴전 조약을 맺음으로써 제1차
세계 대전은 막을 내렸다.

이와 같이 세계 대전이 끝난 데에는 '아래로부터의 혁명'이
커다란 영향을 미쳤다. 물론 전쟁중에는 각국의 반전 평화 운동
을 주장한 사람은 소수에 불과했으며, 사회 민주주의자들조차 전
쟁에 찬성하는 형편이었다.

루시타니아 호

뉴욕 항을 출발한 영국의 여객선 루시
타니아 호는 1915년 2월 독일 잠수함
의 어뢰 공격으로 침몰했다. 무제한 잠
수함전은 식민지와의 연결이 끊긴 독
일로서는 어쩔 수 없는 선택이었지만,
이 사건으로 인해 미국을 전쟁에 끌어
들이는 결과를 초래했으며 이는 독일
의 패배를 재촉하게 되었다.

러시아 혁명과 최초의 사회주의 공화국

장기간의 전쟁을 수행한 러시아는 군수 물자 및 생필품의 부족으로 커다란 곤란에 직면했다. 그래서 곳곳에서 '전쟁 반대' '차리즘 반대'의 목소리가 높았으며, 전쟁 막바지인 1917년에는 파업도 빈발했다.

1917년 3월 8일 페트로그라드(페테르스부르크라는 독일식 이름을 1914년에 바꾸었다)에서 일어난 공장 노동자들의 총파업을 계기로 시가전이 시작되었다. 시민과 노동자들의 시위에 병사들마저 가담해 노동자·병사 소비에트가 구성되었고, 3월 15일에는 마침내 황제 니콜라이 2세가 퇴위했다(3월 혁명. 러시아의 구력으로는 2월 혁명).

그러나 멘셰비키와 사회 혁명당이 중심인 페트로그라드 소비에트와 입헌 민주당 중심의 임시 정부가 서로 대립하는 2중 권력의 양상이 나타나면서 정국은 혼란스러웠다. 더구나 임시 정부는 전쟁을 계속 수행하려 했기 때문에 국민들의 지지를 받지 못했다.

1917년 4월에 볼셰비키 지도자인 레닌이 망명지에서 돌아와 '4월 테제'를 발표했다. 그는 여기서 자본가 중심의 임시 정부를 믿지 말고 대신 모든 권력을 노동자 대표 소비에트에게 넘기라고 주장했다.

7월에는 사회 혁명당의 케렌스키가 임시 정부의 수반이 되어 사회 혁명당과 멘셰비키의 연립 정권이 들어섰다. 그리고 9월에는 공화정이 선포되었다. 이로 인해 볼셰비키는 과격파로 몰리고 탄압을 받게 되었다.

군중 앞에서 연설하는 레닌
2월 혁명 직후 망명지에서 돌아온 볼셰비키 지도자 레닌은 소비에트를 중심으로 사회주의 혁명을 실행에 옮길 것을 주장했다. 연단 옆에 제복을 입고 서 있는 사람이 트로츠키이다.

그러나 볼셰비키는 1917년 11월 6~7일 페트로그라드에서 봉기를 일으켜 임시 정부를 타도하고 노동자·농민 소비에트 임시 정부를 수립했다(11월 혁명. 러시아 구력으로는 10월 혁명).

소비에트 임시 정부 수립 직후, 제2회 전러시아 소비에트 대회가 개최되었다. 이 대회에서는 우선 모든 교전국 정부와 국민에 대해 무병합과 무배상을 조건으로 즉시 강화를 체결할 것을 제안하는 '평화에 관한 포고'가 채택되었다. 또한 토지에 대한

존 리드의 「세계를 뒤흔든 열흘」 ……기괴하게도 반쪽의 진실만이 만연하는 분위기 속에서 하나의 분명한 음성이 매일 매일 들려오고 있었다. 그것은 점점 더 높아가는 볼셰비키의 합창이었다. "모든 권력을 소비에트로! 모든 권력을 수백만, 수천만의 평범한 노동자, 병사, 농민의 직접적인 대표자에게 돌려라. 토지와 빵을 달라. 무의미한 전쟁과 비밀 외교와 투기와 배신 행위를 종결시켜라. 혁명과 전세계 인민의 대의는 위험에 처해 있다!"라는 것이 볼셰비키의 합창이었다.
2월 하순부터 시작된 프롤레타리아트와 중간 계급간의 투쟁, 소비에트와 정부간의 투쟁은 이제 막 고비에 접어들고 있었다. 단숨에 중세 시대에서 20세기로 도약한 러시아는, 깜짝 놀란 세계 앞에 두 개의 혁명 체제—정치 혁명과 사회 혁명—를 위한 생사를 건 투쟁을 보여주고 있었다.

크레믈린 궁전 공격
1917년 11월 7일 볼셰비키 군대는 봉기를 일으켜 크레믈린 궁전을 공격했다. 그리고 케렌스키 등 두 명의 각료를 제외하고 임시 정부의 각료 전원을 체포했다. 이로써 볼셰비키는 2월 이후 '떠다니는 권력'을 손에 넣게 되었다.

사유권을 폐지하고 직접 토지를 경작하는 모든 국민에게 토지 사용권을 주는 '토지에 관한 포고'를 결의했다. 그밖에 정부에 해당하는 인민 위원회의 설립을 승인했다.

그러나 헌법 제정 회의 소집을 위한 총선거(1917년 12월)에서 사회 혁명당이 승리하고 볼셰비키가 패배하자, 1918년 2월 전러시아 소비에트 대회는 제헌 의회를 해산하고 러시아 소비에트 연방 사회주의 공화국을 수립했다. 이는 사실상 볼셰비키의 독재였다.

1918년 3월 새로 탄생한 사회주의 공화국은 독일, 오스트리아와 브레스트 리토프스크 조약을 맺고 강화했다. 이 조약으로 인해 소련은 60억 마르크의 배상금을 물게 되었으며 구러시아 영토였던 핀란드·폴란드·발트 지방을 잃게 되었다. 이 영토 상실에 따라 러시아는 인구의 3분의 1, 철 생산의 80% 그리고 석탄 생산의 90%를 잃게 되었지만, 방금 탄생한 사회주의 공화국을 안정된 상태에서 유지하고 발전시키기 위해서는 어쩔 수 없는 선택이었다.

당시 소련은 반혁명 세력(백군)의 반란에 시달리고 있었으

며, 제국주의 열강은 러시아 혁명에 대한 간섭으로 백군을 공공연히 지원했다. 더 나아가 열강들은 직접적인 무력 간섭도 시도해 미국·영국·일본의 3국 군대가 시베리아로 출병하기도 했다. 그러나 이러한 내외의 위기에 맞서 소련은 적위군(적군)과 비상 위원회(체카)가 구성되어 외국의 간섭과 반혁명을 진압하고, 1922년에는 모든 외국군을 철퇴시켰다.

소비에트 정권은 혁명 후 토지를 무상으로 몰수해 국유지로 만든 다음 농민에게 개방했으며, 공장도 국유화해 노동자에 의해 관리하게 했고 은행과 외국 무역도 국가가 독점했다. 게다가 반혁명파의 내란과 열강의 간섭에 대처하기 위해 농민으로부터 곡물을 강제 징발해 식량 배급제를 실시했다. 이러한 체제를 '전시 공산주의'라고 부른다.

하지만 강제 징발은 농민의 생산 의욕을 떨어뜨려 생산력 저하를 초래했고, 노동자의 미숙한 공장 관리 능력으로 인해 국민 경제는 매우 어려운 처지에 빠졌다. 그리하여 수많은 아사자가 나왔으며, 불만을 품은 농민들의 폭동이 빈발했다. 마침내 소련은 크론슈타트 해군 기지에서 일어난 반란을 계기로 전시 공

적군 병사들의 훈련 모습
열강의 간섭, 농민들의 봉기, 지방의 무정부 상태 등은 소비에트 러시아의 중앙집권화를 가속화시켰다. 하지만 이것은 동시에 사회 생활의 일반적 조직 내에서 권위주의적인 방식이 누적되고 확대되어간다는 것을 의미했다.

산주의 정책을 포기하게 된다.

1921년 레닌은 전시 공산주의 대신 신경제 정책(NEP)을 채택했다. 이에 따라 식량의 강제 징발이 없어지고 기업의 국유화도 완화되었다. 중소 기업의 일부가 사적 경영으로 전환되었고 농민도 잉여 농산물을 시장에 내다 팔 수 있게 되었다. 이러한 정책의 변화에 따라 국민 경제도 서서히 회복

혁명의 위기와 전환

크론슈타트 봉기로 인해 볼셰비키 당 제10차 대회(1921년 3월 8일~16일)는 전시 공산주의를 포기하고 신경제 정책으로 방향을 바꾸었다. 이 사진은 레닌이 봉기를 진압하는 데 참여했다 돌아온 사람들과 함께 찍은 것이다

되어 생산도 전쟁 전의 수준에 도달했다.

또한 소련은 1919년 3월, 세계 혁명을 달성하기 위해 모스크바에 코민테른(제3인터내셔널)을 설립하고 각국의 혁명 운동과 민족 해방 운동을 지원했다. 그러나 각국의 민족 해방 운동은 중국의 경우를 제외하고는 모두 공산주의와 손을 잡지 않았기 때문에 소비에트 정권에 의한 세계 동시 혁명이라는 시도는 실패로 돌아갔다.

27. 베르사유 체제

파리 강화 회의

1919년 1월 18일, 전쟁을 마무리하고 영구적인 평화를 마련하기 위한 목적으로 27개 전승국이 참가한 가운데 파리에서 강화 회의가 열렸다. 물론 전승국은 27개국이었지만 실제로 회의를 주도한 것은 강대국인 미국·영국·프랑스·이탈리아였으며, 그 중에서도 미국 대통령 윌슨(재임 1913~1921년)이 중심 인물이었다.

강화 회의의 기조는 윌슨이 1918년 1월에 발표한 '윌슨 14개조'였다. 그 주된 내용은 비밀 외교의 폐지, 해양의 자유, 군비 축소, 유럽 민족들의 민족 자결, 식민지 문제의 공정한 해결, 국제 평화 기구의 설립 등이었다.

하지만 러시아 혁명으로 성립한 소비에트 정부와 패전국은 회의에 초청받지 못했으며, 독일 대표는 업저버에 불과했기 때문에 강화 조건은 전승국들에 의해 일방적으로 정했다. 이 회의는 클레망소, 윌슨, 로이드 조지(왼쪽부터)가 강화 조약에 서명한 후 베르사유 궁전을 나서고 있다. 파리 강화 회의의 중심 인물은 '14개 조항'을 내놓은 미국의 윌슨이었다. 그가 파리에 도착했을 때 프랑스 국민은 그를 '실크햇을 쓴 그리스도'라고 부르면서 열렬히 환영했다.

주로 미국의 윌슨, 영국의 로이드 조지, 프랑스의 클레망소, 이탈리아의 올란도 등 4거두에 의한 토의로 결정되었다.

난항을 거듭한 끝에 독일과의 강화 조약인 베르사유 조약이 6월 28일(5년 전 사라예보 사건이 일어난 날)에 체결되었다. 그리고 1920년 8월까지 오스트리아와의 생 제르맹 조약, 불가리아와의 레이이 조약, 헝가리와의 트리아논 조약, 투르크와의 세브르 조약 등 5개의 조약이 연합국과 패전국 사이에 연이어 체결되었다. 이렇게 해서 성립한 새로운 국제 질서를 베르사유 체제라고 한다.

베르사유 조약에 따라 독일은 모든 식민지를 상실했고, 알사스 로렌 지방과 폴란드, 덴마크 등의 국경 지대도 할양해야만 했다. 그리고 연합국이 라인 강 좌안인 라인란트를 15년 동안 점령하게 되면서 독일은 라인란트와 라인 강 우안 50km까지는 군대를 주둔시킬 수 없게 되었다. 징병제가 금지되었고, 육군 10만 이하, 해군 1만 5천 이하, 공군과 잠수함의 보유 금지 등 군비도 극도로 축소되었다. 뿐만 아니라 각국은 독일에 대해 막대한 배상금을 요구했다.

한편 구오스트리아 헝가리 제국이 해체되면서 오스트리아는

중유럽의 조그만 공화국으로 전락하고 말았다. 그리고 민족 자결의 기치 하에 헝가리, 체코슬로바키아, 유고슬라비아, 폴란드, 핀란드, 에스토니아, 라트비아, 리투아니아가 속속 독립했다.

오스만 투르크 제국도 해체되어 아라비아가 독립했다. 그리고 '위임 통치'라는 명목 하에 시리아는 프랑스의 식민지 지배를 받게 되었으며, 이란·트랜스 요르단·팔레스타인은 영국의 지배 하에 들어갔다.

윌슨의 14개 조에 따라 세계의 항구적인 평화를 목적으로 최초의 국제 기구인 국제 연맹이 만들어졌다(1920년 1월). 하지만 미국은 1918년 중간 선거에서 승리한 공화당의 반대로 상원에서 베르사유 조약의 비준이 거부되면서 국제 연맹에 참가하지 않았다. 또한 소비에트와 독일도 참가하지 않았기 때문에 국제 연맹은 애초부터 그 이상과는 거리가 있었다(그 후 독일은 1926년에, 소비에트는 1934년에 연맹에 참가한다). 이렇게 출발부터 주요 국가가 참여하지 않았을 뿐만 아니라 침략자를 억제할 수 있는 군사력도 없었기 때문에 국제 연맹은 국제 분쟁 해결에 실질적인 힘을 발휘할 수 없었다.

결론적으로 베르사유 체제는 독일과 소련에 대한 포위 체제라 할 수 있다. 독일에 대한 강화 조약이 가혹했을 뿐만 아니라 민족 자결이라는 명목 하에 중유럽과 동유럽에 여러 개의 작은 나라를 탄생시킴으로써 독일과 오스트리아를 약체화시키고, 더 나아가 소비에트 정권에 대한 방파제 구실을 하게 했던 것이다. 게다가 미국이 유럽의 집단 안정 보장에서 이탈함으로써 베르사유 체제는 스스로 붕괴 조짐을 안고 있었다.

평화의 모색

전후의 혼란이 일단락되면서 국제 협조의 움직임이 매우 활발해지게 되었다. 1921~1922년에는 미국의 제안에 따라 워싱턴 회의가 열려 해군 군비 제한에 관한 워싱턴 조약이 만들어졌다. 여기서 미국, 영국, 프랑스, 이탈리아, 일본은 향후 10년간 주력함을 건조하지 않기로 했다.

또한 이 회의에서는 중국의 주권 존중과 영토 보존을 약속하는 9개국 조약이 체결되었다. 이리하여 베르사유 조약으로 일본이 독일로부터 인계를 받은 산둥 성의 권리가 중국에 반환되었다. 그리고 태평양 제도의 현상 유지를 약속하는 4개국 조약이 미국, 영국, 프랑스, 일본 사이에 체결됨으로써 영일동맹이 폐기되었다.

1930년에는 세계 공황 속에서 군비 지출 축소에 공감하는 나라들이 모여 런던 군축 회의를 열었다. 하지만 프랑스와 이탈리아는 의견 차이로 이 회의에 참석하지 않았다.

한편 프랑스 외무장관 브리앙과 미국 국무장관 켈로그 사이에 국제 분쟁 해결 수단으로 전쟁을 이용하지 않는다는 협정이 맺어졌으며(1928년), 여기에 63개국이 참가했다(부전[不戰]조약). 그러나 이 조약도 침략에 대한 제재 수단이 없었으며, 자위를 위한 전쟁을 인정하는 등의 한계가 있었기 때문에 실효를 거두기는 어려웠다.

미국의 '황금의 20년대'

뒤늦게 전쟁에 참가한 미국이 입은 전쟁 피해는 프랑스나 영국에 비하면 아무것도 아니었다. 오히려 세계 대전중 미국은 연합국에 많은 물자를 공급해 막대한 이익을 보았다. 마침내 전쟁이 끝나고 평화가 회복되자 미국은 세계 제1의 채권국이 되었다(채권액은 약 100억 달러).

전쟁에서 별다른 피해를 보지 않았을 뿐만 아니라 풍부한 자원을 가진 미국의 경제는 날로 발전해 세계 금융 시장을 지배하게 되었다. 이런 가운데 세계 문제에 간섭하지 않는다는 미국의 전통적인 고립주의 풍조가 다시 득세하게 되었는데, 그 예가 국제 연맹에 참가하지 않은 것이었다.

1920년 대통령 선거에서 '평상으로의 복귀'를 내걸고 당선된 하딩(재임 1921~1923년)부터 시작해 30년대 초까지 미국은 공화당 대통령이 계속 집권했다. 이들은 대기업의 이익을 대변하면서 자유 경제를 촉진시켜 미국은 '황금의 20년대'를 구가하게 되었으며, 그동안 기업의 집중과 독점이 크게 진행되었다.

한편 미국의 황금의 20년대는 시대의 어두운 그림자를 동시에 짙게 깔고 있었다. 기회의 땅 미국으로 몰려드는 이민 노동자들을 혐오하는 사람들에 의해 이민을 제한하는 법이 제정

1920년대의 KKK단
소비주의와 보수주의의 물결 속에서 KKK단이 다시 기승을 부리게 된다. 부활한 백인 우월주의는 흑인뿐만 아니라 가톨릭, 유대교, 외국 이민 등에 억압의 칼날을 겨누었다.

되었으며(1921년, 1924년), 반공주의를 내세우며 모든 진보적인 운동을 탄압한 '빨갱이 사냥', 극우 폭력 조직 KKK단의 활동, 여기에 금주법의 실시(1920~1933년)와 그로 인한 혼란과 치안의 악화 등이 기세를 부렸다. 마피아 두목 알 카포네가 악명을 떨쳤던 것도 바로 이 시기였다.

전후의 영국과 프랑스

19세기에 세 차례에 걸친 선거법 개정을 통해 의회 민주주의를 발전시켜 온 영국에서는 1918년 제4차 선거법 개정을 통해 모든 성인 남자에게 선거권이 부여되었다. 그 결과 노동당이 급성장했고, 1924년에는 노동당과 자유당이 연립해 최초의 노동당 내각(제1차 맥도널드 내각)을 만들었다. 1929년의 총선거에서는 노동당이 제1당이 되어 제2차 맥도널드 내각이 만들어졌다. 이리하여 보수당과 노동당에 의한 양당 정치 시대가 열렸으며, 민주 정치도 한 걸음 더 전진하게 되었다.

더블린 봉기

1916년 더블린에서 시 혁명군과 영국군이 맞붙었다. 오랜 기간 영국의 지배를 받던 아일랜드 인들은 '민족 자결'의 시대를 맞아 독립 운동에 떨쳐 일어났다. 이후 아일랜드는 자유국을 거쳐 1937년 공화국으로 완전히 독립했다. 하지만 여전히 영국령으로 남게 된 북아일랜드의 문제는 그 후로도 오랫동안 영국과 아일랜드 사이의 분쟁거리가 되었다.

한편 제1차 세계 대전중 아일랜드 인들의 독립 운동이 격화되었기 때문에 영국은 아일랜드 자유국을 성립시켜 자치를 인정했다(1922년). 그러나 이에 반대하는 신 페인당(Sinn Fein, 켈트 어로 '우리 자신만'이라는 뜻)의 데 발레라가 정권을 장악하고(1932년), 1937년에는 완전 독립을 규정한 공화국 헌법을 제정했다. 이리하여 에이레 공화국이 탄생했으며, 다음해에는 영국도 이를 승인했다.

하지만 프로테스탄트계 주민이 대다수인 울스터 지방은 에이레 공화국과 분리하여(북아일랜드) 영국령으로 잔류하게 되었다. 이로 인해 아일랜드와의 병합을 요구하는 가톨릭계 주민들은 불만을 품었고, 이는 오랫동안 영국을 괴롭히는 문제로 남게 되었다.

제1차 세계 대전 후 민족 자결의 원칙에 따른 독립이 시대의 대세가 되면서 영국의 속령들에서도 분리 경향이 강해졌다. 이에 대처하기 위해 영국은 1931년 웨스트민스터 헌장을 만들어, 본국과 자치령은 대등한 입장에서 자치 공동체를 구성하며 영국 왕관에 대한 공통의 충성심으로 결합해 있다는 쪽으로 방

향을 잡게 된다. 이에 따라 영국은 19세기적인 '제국'에서 '연방'으로 변모했다.

대전중 전쟁터가 되었던 프랑스는 전사자 130만 명, 부상자 420만 명 등 가장 피해를 많이 본 나라였다. 또한 러시아에 투자했던 자본이 혁명으로 인해 회수할 수 없게 되면서 입은 손해가 막대한데다 발칸과 투르크 시장마저 상실했기 때문에 경제를 부흥시키기 매우 어려웠다.

뿌리 깊은 대독 복수심에 사로잡혀 있던 프랑스는 독일에 대해 강경책을 취하는 한편, 독일이 배상금을 지불하지 않는다는 이유로 벨기에와 함께 루르 지방을 점령했다(1923년). 하지만 독일의 저항과 영국, 미국의 반대로 별다른 성과를 얻지 못하고 결국 철군하고 만다. 이 와중에서 루르 점령을 추진한 우파 세력이 급속히 국민의 지지를 잃게 되면서 1924년 좌파 연립 내각이 성립되었고, 외상 브리앙은 독일과의 협조를 꾀하는 로카르노 조약을 맺어 서구의 집단 안정 보장을 확립했다.

하지만 좌파 연립 내각은 우파와 가톨릭 세력으로부터 공격을 받은데다 계속되는 인플레를 해결하지 못했기 때문에 단명했으며, 대신 우파의 푸앵카레 내각이 만들어졌다(1926년). 푸앵카레 내각 하에서 프랑스는 국제 무역의 성장으로 경제 안정을 되찾고 잠시 번영을 누리게 된다.

국제주의자 로자 룩셈부르크
유럽 한복판에서 혁명의 불꽃을 지피기 원했던 룩셈부르크는 '절망적인 봉기' 속에서 군인들에게 살해당하고 말았다.

독일의 바이마르 공화국

1918년 제정이 붕괴되면서 연합국에 항복한 독일에는 사회 민주당 정권이 들어섰다. 이듬해 1월, 카를 리프크네히트와 로자 룩셈부르크 등이 이끄는 독일 공산당이 봉기를 일으켰지만 정부에 의해 진압되었다. 이 사건을 '스파르타쿠스 단의 봉기'라고 하는데, 이 이름은 공산당 이전의 단체 이름에서 따온 것이다.

1919년 2월에는 성인 남녀의 보통 선거로 선출된 국회가 바이마르에 소집되어 독일 공화국이 선포되었고, 사회 민주당의 에베르트가 대통령에 선출되었다. 그리고 8월에는 당시 세계에서 가장 민주적이라는 독일 공화국 헌법이 제정되었다. 제헌 의회가 열린 지방의 이름을 따 이 헌법과 공화국을 '바이마르 헌법' '바이마르 공화국'이라고 부른다. 주권재민이 명기되어 있는 이 헌법에는 남녀 보통 선거권, 비상 권한을 가진 대통령제가 규정되어 있으며, 이 헌법에 의해 사회 보장과 노동자의 단결권, 단체 교섭권 등이 인정되었다.

하지만 가혹한 베르사유 조약으로 인해 국력은 극도로 약화되었으며, 이런 상황에서 거액의 배상금 지불은 꿈도 꾸기 어려웠다. 게다가 프랑스와 벨기에의 루르 점령에 대해 국민들이 스트라이크 등으로 저항했기 때문에 생산력은 더욱 저하되었고, 인플레는 1914년에 1달러 당 4.22마르크이던 것이 1923년에는 1달러가 4조 2천억 마르크에 해당할 정도로 기승을 부렸다.

말로 표현할 수 없을 정도의 인플레로 말미암아 봉급 생활자는 파산에 직면했고 중산 계급의 저축은 휴지 조각이 되었으며, 노동자들의 생활은 비참한 지경에 빠지게 되었다. 이 와중에도 산업 재벌은 채무를 손쉽게 갚고 중소 기업을 흡수해 거대한 산업체를 형성했다.

1923년 수상이 된 슈트레제만은 경제난을 해결하기 위해 단호한 조치를 취했다. 그는 국유지를 담보로 새 지폐(렌텐마르크)를 발행하여 인플레를 진정시키고, 배상금 지불에 대해서는 미국의 원조를 받아냈다. 이로써 독일 경제는 어느 정도 회복되어지는 방향으로 나아갔다. 그 후 외상이 된 슈트레제만은 로카르노 조약을 맺는 등 국제 협조에도 노력을 아끼지 않았다. 그리하여 1926년 독일은 국제 연맹에 가입하는 등 국제 사회에 복귀하게 된다.

1921년에 독일이 물어야 할 배상금은 1천 320억 마르크로 책정되었다. 그러나 이는 지불이 도저히 불가능한 '천문학적' 숫자였다. 따라서 미국 등에서 외채를 도입해 경제의 부흥을 도모하는 한편 5년에 걸쳐 순차적으로 지불한다는 도즈 안이 결정되었다(1924년).

이렇게 해도 늘어나는 외채를 감당할 수 없었기 때문에 1929년 영 안이 채택되어 배상금 총액을 358억 마르크로 줄이고 지불도 연기하기로 했다. 그러나 세계 공황에 의해 이마저 실행할 수 없게 되자 로잔 협정(1932년)으로 배상금을 30억 마르크로 다시 줄였다가 1933년 나치가 정권을 잡으면서 배상 자체가 아예 파기되었다.

한편 독일의 부흥과 함께 우파 세력의 힘이 다시 커지기 시작했다. 에베르트가 죽고 힌덴부르크가 제2대 대통령에 선출되었으며, 이와 동시에 군부와 관료 세력이 힘을 얻게 되었다. 그러나 독일 경제는 미국 자본의 영향 하에 있었기 때문에 그 기반이 취약했으며, 따라서 바이마르 체제도 정치·경제·사회적으로 불안정할 수밖에 없었다.

소비에트 사회주의 공화국 연방의 수립과 스탈린 체제

소비에트는 처음에 러시아에 한정되었지만 그 후 우크라이나·백러시아·카프카스 등으로 확대되었으며, 이들 나라를 통합해 소비에트 사회주의 공화국 연방이 수립되었다(1922년).

1924년 레닌이 죽은 후 후계자를 둘러싸고 내분이 표면화되었지만, 일국 사회주의 노선을 주장한 스탈린이 세계 (동시) 혁명을 주장한 트로츠키를 누르고 지배권을 장악했다. 정권을 잡은 스탈린은 1928년 제1차 5개년 계획을 발표했다.

이 5개년 계획에 따라 소련은 중공업 우선 정책에 의한 공업화, 그에 기반한 농업의 기계화, 집단화(국영 농장과 집단 농장의 건설)를 실시했다. 5개년 계획의 목표는 예정보다 9개월 앞당겨진 1932년에 달성되었는데, 이로 인해 소련의 공업 생산고는 신경제 정책 시대의 3배로 뛰면서 비로소 농업국에서 공업국으로 변모할 수 있었다.

이러한 소련의 발전 전면에는 스탈린의 독재 체제가 놓여 있었다. 그는 모든 정치적 반대파에 대해 무자비한 숙청을 단행했으며, 비밀 경찰 등 독재 기구를 통해 사회 전체를 감시 체제로 만들었던 것이다.

베르사유 체제가 안고 있는 문제들

베르사유 체제는 유럽의 민족 자결을 불충분하나마 실현했다. 그리고 20년대에 들어서면서 세계는 베르사유 체제 아래서 부흥과 번영을 누리게 되었고, 군비 제한과 안전 보장 문제도 어느 정도 실현할 수 있었다.

그러나 민족 자결의 과제는 유럽에 한정된 것이었기 때문에 아시아·아프리카의 민족들은 여전히 식민 통치 하에 살 수밖에 없었고, 따라서 그들의 누적된 불만은 국제 불안의 잠재 요인이 되었다. 뿐만 아니라 베르사유 체제에 대한 불만으로 이탈리아와 독일에서는 일찍부터 극단적인 민족주의가 등장하기 시작했다.

결국 베르사유 체제는 한편으로 협조와 평화의 정신에 의해 지배되고 있는 것처럼 보이지만, 다른 한편으로는 각국 내부의 곤란한 문제들을 안고 있는 체제였으며, 이것이 바로 베르사유 체제의 한계였던 것이다.

28. 세계 공황과 전체주의의 대두

'암흑의 목요일' 과 뉴딜 정책

　제1차 세계 대전 후 미국은 '황금의 20년대' 라고 불릴 정도로 번영을 누렸다. 그러나 전후 부흥이 진전되면서 유럽의 농업 생산이 재개되었기 때문에 미국은 농산물 수출에 제동이 걸리고, 이에 따라 농산물 가격이 하락하면서 농민들의 생활이 어려워지게 되었다.

　한편 하딩 대통령이 급서하자 그 뒤를 부통령인 쿨리지가 계승했다. 이 시대는 '쿨리지 경기' 라고 부를 정도로 소비가 흥청망청 이루어졌는데, 이를 조장한 것은 월부 판매의 증가와 주식 시장에서의 사행심이었다. 새로운 소비재로 떠오른 자동차 산업만 호황을 누렸을 뿐 석탄, 방적 부문은 말할 것도 없고 농업도 부진해 미국 경제는 매우 불건전한 상태에 빠져들었으며, 그 이면에는 공업 제품의 과잉 생산이 자리잡고 있었다. 이처럼 '황금의 20년대' 라고 불리는 20년대의 번영 속에는 대공황의 싹이

암흑의 목요일

1929년 10월 24일 뉴욕 월 가의 증권 거래소에서는 주가가 하루 아침에 폭락하는 사태가 발생한다. '암흑의 목요일'이라 불리는 이 날의 주가 폭락은 사상 유례없는 세계 대공황의 신호탄이었다. 대공황에 맞서 세계 각국은 경제에 대한 정부 개입을 증대시키는 한편 블록 경제로 대처했다. 그러나 경제의 블록화는 국제적 긴장을 격화시켜 세계를 다시 한번 전쟁으로 몰고가게 된다.

이미 내재해 있었던 것이다.

1929년 10월 24일 목요일, 뉴욕 시 월 가의 증권 거래소에서는 거래 개시 1시간 만에 하락하기 시작한 주가가 오후 들어서 완전히 폭락하는 사태가 발생한다. '암흑의 목요일'이라고 불리는 이날의 주가 폭락으로 인해 세계 공황의 방아쇠가 당겨졌다. 은행이 줄줄이 도산하고(금융 공황), 한 기업의 도산은 다른 기업의 도산을 가져왔으며 거리는 실업자들로 넘쳐났다.

실업자 수는 1930년 3월 400만 명에서, 1932년 3월 1250만 명, 1933년 3월에는 1430만 명까지 치솟았다. 경제 위기에 빠진 미국이 유럽 특히 독일에서 자본을 인출해 왔기 때문에 공황은 미국 자본에 의존하고 있던 유럽 여러 나라로 파급될 수밖에 없었으며, 이로써 세계 공황이 발생하게 된다. 1929년 3월에 취임한 후버 대통령은 개인주의와 민간 주도의 경제를 고집했기 때문에 공황에 효과적으로 대처할 수 없었다.

1932년 대통령 선거에서 후버를 누르고 당선된 민주당의 프랭클린 루스벨트(재임 1933~1945년)는 1933년 3월 취임하자마자 특별 의회를 소집해 전국 산업 부흥법(NIRA), 농업 조정법

(AAA), 테네시 계곡 개발 공사(TVA)의 설립 등 개혁 입법을 통과시켰으며, 금본위제를 정지시켰다.

전국 산업 부흥법은 독점 금지법의 완화와 생산 규제를 통해 가격 안정을 꾀한 것으로, 기업 활동의 회복을 위해 국가가 개입하는 한편 노동자에게는 단결권과 단체 교섭권을 부여한 것이었다. 농업 조정법으로는 농업 생산을 제한해 생산과 소비의 균형을 맞추고 농산물 가격을 인상해 농민의 구매력을 회복시키려 했다.

테네시 계곡 개발 공사는 민간의 전력 독점을 규제하며, 정부 기업(공사)에 의한 통일적인 개발로 실업자를 흡수하고 생산 증대와 소비물가의 인하를 도모할 목적으로 설립되었다.

1935년 연방 최고 재판소에서 전국 산업 부흥법이 위헌 판결을 받게 되자, 같은 해 와

식량 배급을 기다리는 실업자들
대공황은 즉각적으로 대규모 실업 사태를 낳았고 이는 기존의 사회 체계를 뒤흔드는 것이었다. 사진에서처럼 식량 배급을 기다리는 긴 줄은 도시 어디서나 볼 수 있는 흔한 풍경이 되었다. 프랑스와 마찬가지로 미국에서도 대공황기에 좌파나 자유주의 정권이 들어서 노동조합의 합법화 등 다양한 개혁 조치를 시행했다. 하지만 미국 경제가 공황에서 빠져 나오기 위해서는 제2차 세계 대전이 필요했다.

그녀 법을 만들어 노동자의 단결권과 단체 교섭권을 인정했다.

이러한 루스벨트 행정부의 조치에 의해 불황이 어느 정도 극복되면서 실업자도 줄어들기 시작했다. 그러나 1937년 다시 경기 후퇴가 일어났기 때문에 1938년 이후에는 적자 재정을 통해 공공 사업을 확대했다. 하지만 본격적인 실업의 해소는 제2차 세계 대전이 한창이던 1943년에 가서야 이루어지게 된다.

보호주의와 블록 경제

세계 공황의 여파로 각국의 경제 활동은 매우 축소되었으며, 따라서 자국 본위의 보호주의가 대두했다.

영국에서는 제2차 맥도널드 노동당 내각이 재정 적자 해소

를 위해 실업 수당 삭감 등 사회 보장제를 축소했기 때문에 1931년 노동당 내의 반대에 부딪혀 총사퇴를 하게 된다. 그 직후 보수당과 자유당 일부 그리고 맥도널드가 결합해 '거국 일치 내각'(1931~1935년)을 구성하자 맥도널드는 노동당에서 제명된다. 이 내각은 보호 관세를 실시하고 금본위제를 폐지했으며, 1932년 캐나다의 오타와에서 영연방 경제 회의를 개최해 영연방 내의 특혜 관세 제도와 외국 상품에 대한 고율의 관세를 정했다. 이것을 파운드 블록이라고 부르는데, 배타적인 블록 경제를 추구했기 때문에 국제 경제에서 경쟁의 격화를 초래했다.

프랑스는 다른 나라들보다 공황의 영향을 늦게 받았다. 하지만 프랑스도 예외일 수는 없어서 1932년 들어 공황의 여파에 휩싸이게 되었다. 따라서 프랑스도 프랑 블록 경제를 형성해 대처했다.

독일에서 나치 정권이 성립하자(1933년) 프랑스의 좌파 세력이 힘을 결집시켜 1935년에는 불소 상호 원조 조약을 맺기도 했다. 1936년에는 코민테른의 방침에 따라 사회당과 급진 사회당의 연합에 의해 인민 전선 내각(블룸 내각)이 만들어졌다. 인

인민 전선의 시위

1936년 공산당과 사회당 등 좌파들이 유럽의 파시즘화에 맞서 인민 전선의 깃발 아래 모였다. 비록 짧은 기간이었지만 프랑스와 에스파냐에서는 인민 전선 정부가 출범하기도 했다.

민 전선 내각은 어느 정도 정치 안정과 경제 발전을 가져오기는 했지만 복지 정책이나 주요 산업의 국유화 등은 이루지 못하고 다음해 3월 사임하고 만다. 그리하여 프랑스는 전통적인 군소 정당의 난립으로 돌아갔으며, 정국은 불안정했다.

한편 선진국들이 보호주의와 블록 경제로 나아가자 식민지가 없었던 독일과 경제적으로 후진적이었던 이탈리아는 국제 경제로부터 배제되어 어려움을 겪게 되었다. 이것이 이들 나라에서 전체주의가 대두하게 된 원인이 되었다.

전체주의의 출현

전체주의란 국수주의와 통합적이고 강압적인 사회 정책을 주장하면서 의회주의를 부정하고, 국가 전체의 이익을 개인의 인권보다 우선시하는 독재적인 정치 체제를 가리킨다. 이러한 전체주의는 제1차 세계 대전 후 독일과 이탈리아에서 전형적으로 나타났다. 한편 군부에 의한 위로부터의 전체주의도 있는데, 같은 시기에 나타난 일본의 정치 체제가 그 예라 할 수 있다.

독재적 정치 체제는 베르사유 체제 하에서 서구와 북구를 제외한 각국에서 광범위하게 나타났다. 그 가운데는 민주주의적 국민 국가로 자립하지 못한 신흥국들도 있었다. 하지만 여기서 문제가 되는 것은 독일과 이탈리아처럼 국민 국가로서 자립한 나라들에게서 왜 전체주의가 출현했는가이다.

우선 사회에 광범위하게 존재하는 중간층에게 주목할 수 있다. 중간층이란 구사회의 수공업자와 상인, 신사회의 샐러리맨, 관료 등을 가리킨다. 이들은 특수한 기술과 지식을 가지고 있으며, 부르주아지에도 노동자 운동에도 반감을 가지고 있다. 즉 이들은 자본주의에 비판적이었을 뿐만 아니라 사회주의와 공산주의에도 동화되지 못했다. 이들은 자신들의 생활 기반이 불안정했기 때문에 기성 정당이 아니라 새로운 독재 세력에게 의존했던 것이다.

전쟁에서 패해 가혹한 베르사유 체제로 고통받고 있던 독일과 전승국이었지만 얻은 것이 별로 없었기 때문에 전선에서 돌아온 병사들이 일자리를 찾지 못하고 있던 이탈리아에서는 영국, 프랑스, 미국 등이 블록 경제로 공황에 대처했을 때 전체주의가 등장한 것이다.

이탈리아에서 파시스트가 약진한 이유

3국 동맹이었던 이탈리아는 영국과 프랑스로부터 전후의 권익을 약속받고 연합국측에 가담해 전승국이 되었다. 하지만 기대했던 영토를 충분히 얻지 못해 베르사유 체제에 대해 불만이 많았다. 게다가 전쟁이 끝난 후 국내 생산이 감소하고 물가가 올라 국민 생활이 매우 궁핍했기 때문에 공산주의 세력이 증대하고 공장 스트라이트와 농민의 토지 점거가 빈발했다.

이때 제1차 세계 대전에서 적극적인 참전론을 주장했고 한때 사회당원이기도 했던 무솔리니가 공산주의 타도를 외치면서 밀라노에서 이탈리아 전투 파쇼를 결성했다(1919년). 이탈리아 전투 파쇼는 자본가, 지주, 군부,

로마 진군

이탈리아에서는 공산주의에 대한 공포와 강화 조약에 대한 불만을 등에 업고 파시스트가 세력을 얻게 되었다. 힘을 얻은 파시스트들은 나폴리에서 열린 평의회에서 정권이 이양되지 않을 경우 로마로 진군할 것을 결의했다. 에마누엘레 3세는 이에 굴복했지만 파시스트들은 시위를 목적으로 1922년 10월 30일 한사코 로마로 진군했다. 그리고 로마 진군에 뒤이어 무솔리니가 정권을 장악했다.

중간층 등의 지지를 받았으며, 1921년에는 국가 파시스트 당이 되었다.

초기에 미미했던 당세는 날로 커져 1923년에는 당원이 30만 명에 달했다. 테러 행위를 일삼은 파시스트 당은 공산주의자, 사회주의자, 노동 운동가, 더 나아가 모든 반파시스트 정치가들을 공격하거나 살해했다. 1922년 무솔리니와 파시스트 당원은

히틀러와 돌격대 간부들

1923년 9월 2일 보불 전쟁시 스당에서의 승리를 기념하기 위해 뉘른베르크에 모인 국수주의자들의 시위를 보고 있는 히틀러. 나치스의 돌격대는 비밀 경찰인 게슈타포와 함께 독재정치의 핵심 기구였다.

'로마 진군'을 감행해 국왕 에마누엘레 3세의 승인 하에 정권을 잡은 뒤, 무솔리니는 통령의 자리에 오르게 된다. 1926년에는 파시스트 당의 일당 독재가 수립되어 당의 최고 기관인 파시스트 총평의회가 절대적인 권한을 가지게 되었다. 물론 언론과 출판의 자유가 제한되었다.

파시스트 총평의회는 이탈리아 왕국의 로마 천도(1871년) 이래 국교 단절 상태에 있던 로마 교황청과 라테라노 협정을 맺었다(1929년). 이로써 로마 교황청은 바티칸 도시 국가로 독립했으며, 가톨릭이 국교가 되었다. 이를 통해 이탈리아의 파시스트 당은 국민의 절대 다수를 차지하는 가톨릭교도의 지지를 얻을 수 있었다.

경제의 악화에 대해서는 통제 경제를 실시하는 한편 국민의 불만을 무마하기 위해 대외 침략을 감행했다. 파시스트 이탈리아는 에티오피아를 침략했으며(1935~1936년), 1939년에는 알바니아를 병합했다. 국제 연맹은 이러한 이탈리아에 대해 경제 제재을 가했지만 별 효과가 없었고, 따라서 연맹의 위신만 실추되는 결과를 낳았다.

나치스의 정권 장악

가혹한 베르사유 체제에 그보다 더한 세계 공황으로 독일의 국민 경제는 엄청난 타격을 받았다. 이러한 가운데 좌익의 공산당과 우익의 나치스 세력이 급격히 성장했다. 특히 그 이전까지 미미한 존재에 불과했던 히틀러의 나치스 세력은 경제적 어려움을 교묘히 이용하면서 권력을 장악하기에 이른다.

오스트리아 출신 독일인인 히틀러는 제1차 세계 대전에 참

전했다가 부상으로 제대한 후 나치스의 전신인 '독일 노동당'이라는 작은 정치 단체에 가입한다(1919년). 독일 노동당은 당명을 국가 사회주의 독일 노동당이라고 바꿨으며, 나치는 그 약칭이다. 탁월한 웅변술을 가지고 있던 그는 당세 확장에 큰 기여를 해 당수에까지 올랐다. 1923년에 뮌헨에서 폭동을 일으켰지만 실패했고 옥중에서 「나의 투쟁」을 집필했다.

히틀러는 독일 민족의 우월성을 설교하면서 베르사유 조약의 폐기, 동방(러시아) 정벌, 식민지의 재분배, 극단적인 유대인 배척 등을 주장했다. 한편 그는 독점 반대 등 사회주의적 정책을 내걸기도 했다. 히틀러는 이렇듯 광신적인 민족주의에 입각하면서도 중산층의 지지를 얻기 위해 반자본주의적 정책을 가미했던 것이다.

극단적인 주장을 폈기 때문에 처음에는 지지자가 소수에 불과했지만, 세계 공황 이후 생활 기반 자체를 위협받은 중산층의 지지가 증가했다. 게다가 공산당의 진출에 두려움을 느낀 자본가와 군부도 히틀러를 지지해 나치스는 급격히 세력을 확장했다. 그리하여 1932년 총선거에서 제1당이 되었으며, 다음해 1월에는 히틀러 내각이 성립했다.

나치화 정책

히틀러는 대학, 학교, 교수, 청년 조직 등 독일 사회의 주요한 제도 모두를 나치의 통제 하에 두었다(나치화 정책). 1934년 독일 의회는 모든 권한을 히틀러에게 넘겨주었다. 나치즘에 대한 대중적 지지는 극화된 지도자 숭배와 대중적인 정치 스펙타클을 통해 동원되었다.

히틀러의 유대인 절멸 정책

히틀러의 유대인 절멸 정책

히틀러의 「나의 투쟁」에 암시되어 있는 반유대인 정책이 최초로 제도화된 것은 1935년의 뉘른베르크 법이었다. 이 법으로 유대인들은 시민적 권리를 박탈당했다. 1941년 나치 독일은 유대인 문제에 대한 최종 해결 정책으로 나아갔다. 가슴에 유대인임을 증명하는 별을 단 유대인들은 열차를 타고 폴란드에 있는 강제 수용소로 가야 했다. 정확한 숫자는 밝혀져 있지 않지만 대략 약 600만 명의 유대인이 나치에 의해 살해된 것으로 알려져 있다.

나치스 정권은 같은 해 2월의 국회 의사당 방화 사건을 구실로 공산당에 대한 대대적인 탄압을 자행했다. 3월에는 '민족과 국가의 곤란을 제거하기 위해' 정부에 입법권을 부여하는 전권 위임법을 가결해 의회를 무력화시켰다. 이어 나치스 이외의 모든 당을 해산해 1당 독재 체제를 확립했다. 이것을 제3제국이라 부른다. 1934년 8월에 힌덴부르크 대통령이 사망하자 히틀러는 총통에 취임해 대통령·수상·당수의 모든 권한을 한손에 쥐게 되었다.

제3제국은 언론과 출판의 자유를 박탈했고 노동 조합을 금지했으며, 국가 비밀 경찰(게슈타포)과 돌격대(SA), 친위대(SS) 등 나치스의 폭력 장치를 통해 국민 생활에 엄격한 통제를 가했다. 여기에 더해 인종주의에 입각한 유대인 박해와 대량 학살을 자행했으며, 제2차 세계 대전을 전후로 해서는 유대인 절멸 정책을 시행했다. 독일 국내와 독일군 점령지의 유대인들은 아우슈비츠(폴란드) 등 각지의 수용소로 강제 연행되어 학살되었는데, 그 수는 수백만 명에 달했다.

정권을 잡은 히틀러는 당초 주장했던 대로 베르사유 체제를 파기하는 길로 나아갔다. 1933년 군비 확장을 주장하면서 국제

일본의 침략에 중국의 국민당과 공산당은 오랜 전쟁을 멈추고 힘을 합쳐 싸웠다. 일본은 사진에서 보는 것처럼 폭격으로 상하이 시를 초토화시키는 등 많은 민간인을 학살했고 북부와 중부의 주요 도시들을 점령했다. 이에 국민당은 남서부의 산악 지역으로 후퇴했으며, 공산당은 일본군 점령 지역에서 게릴라 투쟁을 계속했다.

연맹에서 탈퇴하고, 자르 지방에서 인민 투표를 실시해 91%의 지지를 얻은 히틀러는 자르 지방을 독일로 복귀시켰다(1935년). 자르 지방의 복귀는 제3제국의 최초의 영토 확장이었다. 같은 해 의무 병역의 부활과 재군비 선언을 하고, 영국과 해군 협정을 맺어 영국의 35%에 해당하는 해군력 보유를 인정받았다. 이러한 독일의 움직임에 대항해 프랑스가 불소 상호 원조 조약을 맺자, 독일은 다음해 로카르노 협약을 파기하고 라인 강 좌안(라인란트)으로 진주해 각국을 놀라게 했다.

베르사유 체제의 타파와 재군비는 군부의 지배 하에 이루어졌으며, 군수 산업을 장악하고 있는 대자본가들도 나치스를 지지했다.

일본의 군국주의화와 독, 이, 일 축축 체제의 성립

한편 동양에서는 군국주의로 치달은 일본이 대외 침략에 나섰다. 일찍이 조선을 강제 병합한 일본은 1931년 만주 사변을 일으켰고, 이듬해에는 만주에 괴뢰 정부를 세운다. 이에 미국이 일본을 비난하고 나섰으며, 국제 연맹 조사 위원단도 일본의 행

에스파냐 내전

군부와 가톨릭 교회 등 우익은 공화주의자, 반교회파, 무정부주의자, 사회주의자, 공산주의자 등으로 구성된 인민 전선 정부에 대해 반란을 일으켰다. 우익은 포스터에서 보는 것처럼 민간인 지역에까지 무차별적으로 폭격을 퍼부었고, 이에 대한 분노는 군사적 열세에도 불구하고 인민 전선이 버틸 수 있는 힘을 제공했다.

위를 침략 행위로 규정했다. 하지만 미국이나 국제 연맹은 아무런 행동도 취하지 않았으며, 일본은 국제 연맹을 탈퇴해버렸다(1933년).

만주를 점령한 일본은 1937년 중일 전쟁을 일으켜 본격적인 중국 본토 침략에 나섰다. 일본은 중국의 북부와 중부의 여러 도시들을 점령했지만 중경으로 수도를 옮겨 저항을 계속하는 국민당 정부를 무너뜨리지는 못했다.

한편 1931년 에스파냐에서는 혁명이 일어나 부르봉 왕조가 타도되고 공화정이 수립되었다. 이후 군부, 지주, 가톨릭 세력에 맞서 인민 전선 정부가 수립되었는데(1936년), 곧바로 프랑코 장군이 이끄는 우파 세력의 반란에 직면한다. 에스파냐에서 내란이 일어나자 독일과 이탈리아는 프랑코측을 지지했으나 영국과 프랑스 등은 불간섭 정책의 미명 하에 공화국에 아무런 도움도 주지 않았다. 결국 공화국은 프랑코에게 패배하고 만다(1939년).

1935년 이탈리아에 의한 에티오피아 침공, 1936년부터 벌어진 에스파냐 내전, 중일 전쟁 등을 계기로 독일 · 이탈리아 · 일본은 서로 밀접하게 접근하게 된다. 1936년에는 베를린-로마 추축과 독일(獨日) 방공 협정이 맺어졌으며, 1937년에는 이탈리아까지 참가한 3국 방공 협정이 맺어지게 된다. 이로써 제2차 세계 대전의 주범인 독일 · 이탈리아 · 일본의 추축 체제가 성립되게 되었다.

29. 제2차 세계 대전

독일의 침략

베르사유 조약을 폐기하고 군비 확장에 나선 독일은 기계화된 정예 부대와 공군을 빠르게 보유하게 되었다. 1936년 라인란트 진주에 성공한 독일은 이번에는 동방으로 침략의 발길을 향했다.

독일은 대독일주의를 제창하면서 오스트리아를 병합했다 (1938년). 베르사유 조약과 생 제르맹 조약에 의하면 오스트리아와 체코슬로바키아 두 나라는 영구히 합병할 수 없었다. 하지만 독일은 오스트리아의 나치스를 동원해 수상을 암살한 후 무력 침공으로 이 나라를 병합했던 것이다. 그리고 체코슬로바키아 정부에게 독일인이 많이 살고 있는 즈데텐 지방을 요구했다. 프랑스, 소련과 상호 원조 조약을 맺고 있는 체코가 독일의 요구를 거부하자 유럽의 국제 관계는 긴장 속에 빠져들었다. 영국과 프랑스는 한때 군대를 동원하기도 했지만 무솔리니의 중개로 영

히틀러 풍자 그림

1936년까지 히틀러 정부는 베르사유 조약으로 인해 독일에 부과되었던 제약들을 거의 벗어버릴 수 있었다. 군대의 재무장이 본격적으로 추진되었고, 국민 투표로 자르 지방을 회복했다. 더 나아가 라인란트에 독일군을 주둔시켰다. 이제 히틀러의 위협은 누구의 눈에도 자명한 것이었다. 하지만 영국과 프랑스 등 민주주의 국가들의 지도자들만은 그러한 현실에 눈감았다. 영국의 정치 만평가가 그린 이 그림은 줏대없는 민주주의의 지도자들을 타고 넘는 히틀러를 묘사하고 있다.

국 · 독일 · 프랑스 · 이탈리아가 참가하는 뮌헨 회담이 열렸다. 여기서 영국 수상 체임벌린은 독일의 요구를 인정하는 유화 정책을 폈다. 그는 뮌헨 회담을 가리켜 '평화의 보장'이라고 자랑했지만, 그것은 독일의 침략을 조장한 것에 불과했다. 다음해 3월 히틀러의 군대는 거의 아무런 저항도 받지 않고 체코슬로바키아의 나머지 지역을 송두리째 삼키고 말았다.

그 다음 독일은 폴란드에게 베르사유 조약에 의해 폴란드 영내의 자유시가 된 구독일령 단치히의 반환을 요구하고, 더 나아가 히틀러는 독일과 단치히를 연결하는 폴란드 회랑을 요구했으며, 그 지역에 대한 독일의 치외법권을 인정할 것도 요구했다. 이에 폴란드는 독일의 요구를 거부하고, 영국과 프랑스도 폴란드를 지원하기로 약속하면서 기존의 유화 정책을 폐기했다. 그러자 독일은 영독 해군 협정과 독일 - 폴란드 불가침 조약을 폐기하는 것으로 그에 화답했다.

이탈리아도 발칸 반도의 알바니아를 점령했으며, 1939년 5월에는 독일과 이탈리아간에 군사 동맹이 체결되었다. 한편 영국과 프랑스는 소련과 군사 동맹에 관한 협의에 들어갔지만 교섭은 지연되었다. 뮌헨 회담에 초대받지 않았던 소련은 독일에 대한 영국과 프랑스의 유화적인 태도가 히틀러의 공격을 소련으로 향하게 하는 것이 아닌가 하고 의심했고, 결국 동맹은 성립하지 않았다.

독소 불가침 조약과 제2차 세계 대전의 발발

영국과 프랑스에 비해 소련과의 협상에 적극적이었던 독일이 1939년 8월 독소 불가침 조약을 맺는 데 성공하자, 전세계는 경악했다. 그동안 히틀러가 주장했던 바에 따르면 소련 및 공산주의와는 결코 손을 잡을 수 없었기 때문이었다.

독소 불가침 조약으로 독일은 폴란드 침공이 영국과 프랑스를 견제하기 위한 것이지 소련을 침공하기 위한 것이 아니라는 것을 소련에게 보여주었다. 그리고 소련으로서는 히틀러의 침공을 연기시켜 시간을 벌 수 있었다. 이 조약에는 비밀 협정이 들어 있었는데, 그것은 양국에 의한 폴란드의 분할이었다.

독소 불가침 조약으로 소련과의 관계를 안정시킨 독일은 1939년 9월 1일 전격적으로 폴란드 침공을 개시했다. 9월 3일에는 영국과 프랑스가 독일에 선전 포고를 해, 제2차 세계 대전이 시작되었다.

침공한 지 18일 만에 175만의 폴란드군이 괴멸되어 독일의 '전격 작전'은 성공을 거두었다. 독소 불가침 조약에 따라 출병한 소련은 폴란드 동부를 손에 넣었으며, 핀란드와 전쟁을 시작하는 한편 에스토니아·라트비아·리투아니아를 병합했다.

서부 전선의 '기묘한 전쟁'

동부 전선에서는 독일이 압승을 거두었지만 서부 전선에서는 1940년 봄까지 이렇다 할 군사 행동이 없었다. 그래서 이 전쟁을 '기묘한 전쟁'이라고 불렀다. 한편 이탈리아는 1940년 6월까지 정세를 관망하면서 참전하지 않았다.

동부 전선에서의 승리로 유리한 고지를 점령한 히틀러는 현상 유지를 위해 영국과 프랑스에게 화평을 요청했다. 두 나라가 히틀러의 제의를 받아들이지 않자 1940년 4월 독일군은 덴마크와 노르웨이를 공격해 점령했다. 이로써 몇 개월간 지속된 '기묘한 전쟁'은 끝이 났다.

5월에 독일군은 기계화 부대를 앞세우고 네덜란드와 벨기에를 침공했다. 이로 인해 제1차 세계 대전 이래 지속되어 온 벨기에의 중립이 침해받게 되었다. 독일군은 이어서 프랑스의 주방어선인 마지노 선을 피해 도버 해협 쪽으로 진격했다. 그 결과 30만 명에 이르는 영국군과 프랑스 군의 일부가 덩커크 해안에 고립되었다. 하지만 이들은 독일군의 공격이 늦춰진 틈을 타서 영국으로 무사히 철수했다. 한편 독일군은 남쪽의 프랑스 군을 격파하며 파리로 진격해 들어갔다. 6월 14일 저항이 무의미하다는 것을 깨달은 프랑스는 결국 독일군에게 항복하고 말았다.

독일과 휴전 조약을 맺은 프랑스에서는 페탱 내각의 비시 정부가 국토의 남반부를 통치하면서 독일과 협력했고, 북반부는 독일이 지배했다. 그러나 드골 장군이 이끄는 '자유 프랑스 국민 위원회'는 런던으로 망명해 항전을 계속했으며, 프랑스 내에서도 독일군에 대항하는 레지스탕스(저항 운동)가 전개되었다. 대륙을 석권한 히틀러는 유일하게 남은 적인 영국에 대해 다시 화평을 제의했다. 하지만 체임벌린 대신 수상 자리에 오른 처칠은 이를 즉각 거부했다.

독일은 영국 본토 상륙을 전제로 영국의 전력을 약화시키기 위해 매일같이 공습을 감행했다. 하지만 전국민이 단결해 저항했을 뿐만 아니라 정확한 레이다를 갖춘 영국 공군은 독일군의 공격을 훌륭하게 막아냈다. 마침내 독일 공군은 2265대의 비행기를 잃고서 영국 본토 출격을 단념할 수밖에 없었다.

히틀러는 영국의 저항 뒤에는 소련이라는 잠재적 우방이 있다고 생각해 소련을 공격하기로 계획하는 한편, 미국이 참전하는 것을 막기 위해 일본 해군의 원조를 기대하게 된다.

일본의 참전과 태평양 전쟁

일본은 만주에 이어 중국 본토로 침략의 손길을 뻗쳤다. 그러나 제2차 국공 합작(1937년)을 성사시키는 등 중국의 저항이 거세지는데다, 특히 중국 공산당군(팔로군)의 교묘한 게릴라전 때문에 만족할 만한 성과를 거두지 못하고 있었다.

워싱턴 체제 이래 일본은 국제적 고립에 처하게 되었을 뿐만 아니라 중일 전쟁으로 말미암아 대미 관계는 악화일로를 걷

공습 피해를 살피고 있는 처칠
대륙을 평정한 독일은 연합군의 마지막 보루인 영국에 대해 어마어마한 공습을 가했다. 그러나 전국민적 동원 체제를 정비한 영국은 날마다 계속되는 런던 공습을 훌륭히 견뎌냈으며, 결국 독일은 작전을 포기해야 했다.

고 있었다. 이에 일본 군부는 중국 전선의 교착 상태를 타개하고 자원을 확보하기 위해 동남아시아로의 진출을 모색하게 된다(일본의 남진 정책).

한편 북아시아에서 소련과의 대립이 심화되는 가운데, 1939년 만주 - 몽고 국경에서 일본군이 소련과 몽고의 연합군에게 대패하는 일이 발생했으며, 같은 해 미국은 미일 통상 항해 조약을 파기한다는 통고를 보내왔다.

원래 일본은 1939년 9월 유럽에서 전쟁이 발발했을 때 불개입을 선언했다. 그러나 다음해 '대동아공영권구상'을 발표하고 프랑스령 인도차이나 북부로 진주함과 동시에 독일의 요구에 따라 일본·독일·이탈리아 3국 군사동맹을 결성했다(1940년 9월). 대동아공영권이란 명분상으로는 아시아에서 백인의 식민지 지배를 타파하고 일본을 맹주로 하는 '공영권'을 수립하자는 것이었지만, 실제로는 일본이 구미 열강을 대신해 동남 아시아의 민족과 자원을 지배하겠다는 제국주의적 발상이었다.

대동아공영권을 주장하는 포스터

1943년에 만들어진 이 포스터는 일본군 병사가 서양인들을 밟아 뭉개는 모습이 그려져 있다. 사슬 고리인 A, B, D는 각각 미국(America), 영국(British), 네덜란드(Dutch)를 상징한다. 일본은 아시아로 진출해 영국·미국·소련의 영향력을 제거하고 그 지역의 경제적 자원을 확보하려 했으며, 궁극적으로는 자기만족적인 대동아공영권을 건설하려 했다.

일본은 소련과 중립 조약을 맺어 북방으로부터의 위협을 제거하는 한편 기존의 3국 동맹에 소련까지 포함한 4국 협상을 맺으려 했다. 그리고 이 힘을 바탕으로 미국과의 교섭에서 유리한 타협을 이끌어낼 속셈이었다.

그러나 미국은 재미 일본 자산의 동결과 석유 금수 등으로 대응했고, 태평양 지역에서 일본으로부터 위협받고 있는 영국·중국·네덜란드 등과 함께 ABCD포위망을 구성해 일본의 남진 정책을 저지하려 했다.

미국과 일본 사이에 긴장이 고조되는 가운데, 1941년 12월 일본은 기동 부대를 동원해 하와이의 진주만을 기습 공격하게 된다. 이로써 태평양 전쟁이 시작되었으며, 3국 동맹에 의해 독일과 이탈리아도 미국에 대해 선전 포고했다. 마침내 전쟁은 전세계로 확대되었다.

　일본은 전쟁 초기에 승리를 거듭해 싱가포르, 자바, 수마트라, 필리핀, 솔로몬 제도 등지를 점령하고, 필리핀 등에 친일 정권을 세웠다. 점령지에서는 처음 일본군을 해방군으로 환영하기도 했지만, 점차 일본의 제국주의적 야심이 드러나면서 군정 당국의 잔학 행위가 거듭되자 일본에 대한 반감과 함께 저항 운동이 확산되었다.

　1942년 2월 6일 미드웨이 해전의 대패를 계기로 전쟁의 추이는 급속히 일본에게 불리해졌다. 이어 제공권과 제해권을 상실한 일본은 사실상 패전의 길로 들어서게 된다.

유럽 전선의 변화와 전쟁의 종결

　유럽 대륙을 석권한 히틀러는 나폴레옹과 마찬가지의 길로 들어선다. 독일이 폴란드를 침공하기 직전, 독일과 소련은 불가침 조약을 맺었지만 1941년 4월 독일군이 발칸 반도로 침입하자 두 나라의 관계는 급속히 악화되었다.

　소련은 1938년 이래 제3차 5개년 계획을 통해 군비를 증강했기 때문에 독일로서는 커다란 위협이 아닐 수 없었다. 그리고 전쟁이 장기화되면서 독일은 우크라이나의 식량과 코카서스의 석유 등이 필요했다. 마침내 1941년 6월 독일은 소련 침공을 개시했으며, 이탈리아도 뒤를 이었다.

　독일군은 빠른 속도로 진격해 9월 모스크바에까지 다다랐다. 하지만 소련군의 저항은 매우 거셌으며, 1942년에는 영소 상호

스탈린그라드 공방전

1941년 6월 독일군은 러시아를 침공했다. 하지만 불리한 기후 조건 속에서 전격전은 불가능했다. 눈 속에 갇혀 있던 독일군은 1942년 여름 스탈린그라드를 향해 진격했다. 히틀러는 이 도시를 점령하는 것이 하나의 상징이 되리라고 생각했지만 스탈린그라드는 무너지지 않았다. 오히려 이 전투를 계기로 히틀러는 나폴레옹의 전철을 밟게 되었다.

1942년 처칠과 루스벨트는 원자 폭탄 개발을 승인했다. 1945년 7월 특별 위원회는 트루먼에게 일본에 대해 원자 폭탄을 사용할 것을 건의했다. 일본의 무조건 항복을 요구한 포츠담 선언이 거부되자 미국은 히로시마와 나가사키에 이 새로운 폭탄을 사용했다. 이어 소련이 일본에 대해 선전 포고하자 일본은 연합국에게 무조건 항복했다. 원자 폭탄 투하로 인해 히로시마와 나가사키에서 30만 명 이상의 시민이 희생되었다. 그 후에도 다수의 희생자가 생겼으며, 현재까지도 많은 사람들이 후유증으로 고통받고 있다.

원조 조약이 체결되었고, 미국도 무기 대여 협정을 맺었다. 1942년 7월 재차 공세를 취한 독일군은 스탈린그라드(현재의 볼고그라드)를 공격했으나 실패하고 말았다. 11월이 되면서 소련군의 반격이 시작되어 22만의 독일군이 포위되었고, 격렬한 전투 끝에 1943년 2월 독일군은 항복하고 말았다. 이 전투에서의 독일군의 패배는 제2차 대전의 결정적인 전기가 되었다.

1942년 후반부터 미국과 영국 등 연합국은 동서에서 총반격을 개시했다. 먼저 1943년 9월 이탈리아가 무조건 항복하면서 무솔리니는 실각하게 된다. 그는 1945년 4월에 스위스 국경 부근에서 빨치산에 의해 총살당했다.

연합군측은 카이로 회담, 테헤란 회담 등을 통해 연합국의 방침을 협의했으며, 1944년 6월에는 프랑스 북부의 노르망디에 상륙했고 8월에는 파리를 해방시켰다. 1945년 2월 미·영·소의 수뇌가 얄타에서 회담했고, 3월에는 미군이 라인 강을 건넜으며, 4월에는 소련군이 빈에 입성했다. 마침내 5월 베를린이 함락되면서 독일도 무조건 항복했으며, 히틀러는 항복 직전에 자살했다.

한편 제공권을 잃은 일본은 연일 미군기의 공습에 시달렸으며, 4월에는 미군이 오키나와에 상륙했다. 급서한 루스벨트의 뒤를 이어 대통령이 된 트루먼은 포츠담에서 영국과 소련의 수뇌와 회담한 뒤 포츠담 선언을 발표했다(1945년 7월). 이 포츠담 선언을 통해 연합국은 일본의 항복을 촉구했다.

일본은 소련에게 연합국과의 강화를 중개해 줄 것을 의뢰하면서 포츠담 선언을 무시했다. 결국 1945년 8월 6일 히로시마에 미국의 원자 폭탄이 투하되었으며, 소런도 알타 회담에 따라 일본에 대해 선전 포고했다(8월 8일). 9일에는 다시 나가사키에 원자 폭탄이 투하되었다. 이에 일본은 연합국에 대해 무조건 항복을 발표했다(1945년 8월 15일).

이렇게 해서 5년에 걸친 제2차 세계 대전이 끝났다. 이번 전쟁은 몇 가지 점에서 최초의 세계 대전인 제1차 세계 대전과 비교할 만하다. 우선 총력전이라는 전쟁의 성격과 영국과 독일이 대립의 축을 이루었다는 점은 1, 2차 세계 대전의 유사점이다. 하지만 제1차 세계 대전에서 반독일측이었던 일본과 이탈리아가 제2차 세계 대전에서는 독일측으로 바뀌었다는 점이 다르다.

전쟁의 성격이라는 점에서도 제1차 세계 대전은 제국주의 열강에 의한 세계 분할 경쟁에서 비롯되었고, 따라서 전승국이 패전국의 영토와 이권을 할양받아 세계를 재분할하는 것으로 끝났다. 하지만 제2차 세계 대전의 경우는 독일과 일본의 제국주의적 팽창욕에서 전쟁이 비롯되긴 했지만, 태평양 전쟁 개시 이후 미국·영국·소련이 협력하면서 군국주의 및 파시즘과 싸우는 전쟁으로 변모했다는 점에서 차이가 난다.

또한 제2차 세계 대전은 피압박 민족의 식민지 해방 투쟁을 자극해 전후 아시아와 아프리카 등지에서 많은 독립 국가들이 탄생했다는 점도 제1차 세계 대전과 다르다. 전후 자유권과 공산권으로 세계가 분열하면서 미소 두 나라가 국제 정치의 중심이 되고 유럽은 그 영향력을 상실하게 된다는 점도 제2차 세계 대전이 갖는 커다란 특징이다.

얄타 회담

제2차 세계 대전이 끝나기 직전 미국, 영국, 소련의 정상들은 흑해의 얄타에서 전후 처리 문제를 논의했다(왼쪽부터 처칠, 루스벨트, 스탈린). 이 회담에서 서방의 정상들은 전후 소련의 동유럽 지배를 인정했다. 이리하여 전후 세계 질서인 냉전의 기본 구도가 마련되었다.

30. 또다른 전쟁, 냉전

전후 처리와 국제 연합

제2차 세계 대전 전까지는 전쟁의 종결과 더불어 강화 회의가 개최되는 것이 전례였다. 그러나 제2차 세계 대전 이후에는 전체적인 강화 회의는 열리지 않고 패전국과의 개별적인 강화 조약이 오랜 기간을 끌면서 진행되었다.

우선 히틀러에 의해 통합되었던 독일과 오스트리아가 다시 분리되면서, 포츠담 선언에 따라 미국·영국·프랑스·소련 등 4개국의 분할 관리 하에 놓이게 되었다. 그 후 오스트리아는 1955년에 앞의 4개국과 강화 조약(오스트리아 국가 조약)을 맺고 영세 중립국이 된다.

일본은 미국을 중심으로 하는 연합국의 공동 통치를 받다가 1951년 샌프란시스코 강화 회의에서 소련 및 동구 국가들을 제외한 연합국과 강화하고 독립을 승인받았다.

이탈리아, 루마니아, 헝가리, 불가리아, 핀란드는 1947년의 파리 평화 회의에서 군비를 제한하고 배상금을 지불한다는 내용의 강화 조약을 맺는다.

그리고 전후 처리 가운데 또다른 중요점은 독일과 일본이 전범으로 취급되었다는 것이다. 독일의 뉘른베르크와 일본의 도쿄에서 각각 국제 군사 재판이 열려 두 나라의 전쟁 지도자와 군인들이 재판을 통해 사형 등을 선고받았다.

한편 제1차 세계 대전 이후와 마찬가지로 국제 협조를 위한 기구로서 국제 연합(UN)이 새로 만들어졌다. 독소전 개시 직후인 1941년 영국 수상 처칠과 미국 대통령 루스벨트는 대서양 헌장을 발표했다. 이에 기초해 1945년 6월 샌프란시스코 회의에서 국제 연합 헌장이 채택되면서 같은 해 10월 정식으로 국제 연합이 발족했다.

국제 연합의 주요 조직으로는 총회, 안전 보장 이사회, 경제 사회 이사회, 신탁 통치 이사회, 국제 사법 재판소, 사무국이 있다. 이 가운데 안전 보장 이사회는 5개 상임 이사국(미국, 영국, 프랑스, 중국, 소련)과 6개 비상임 이사국(임기 2년으로 총회에서 선출된다. 1965년 이후 10개국이 되었다)으로 이루어진다. 국제 연맹의 실패를 감안해 만들어진 이 조직은 강력한 권한을 지니고 있어서 필요한 경우 경제적 · 군사적 제재를 가할 수 있으며, 상임 이사국은 거부권을 행사할 수 있다.

이외에도 전문 기관으로 국제 연합 교육 과학 문화 기관(UNESCO), 국제 통화 기금(IMF), 국제 부흥 개발 은행(세계 은행, IBRD), 국제 노동 기구(ILO), 세계 보건 기구(WHO) 등이 있으며, 외부 기관으로 관세와 무역에 관한 일반 협정(GATT)도 만들어졌다.

뉴욕의 국제 연합 건물
비록 민주주의 세력의 승리로 끝나긴 했지만 제2차 세계 대전의 피해는 엄청났다. 이로 인해 전세계는 새로운 국제 협조의 기구로서 국제 연합(UN)을 창설하게 된다. 제1차 세계 대전 후에 만들어졌던 국제 연맹과는 달리 이 새로운 기구는 경제적 · 군사적 제재권 등 실질적인 힘을 갖게 되었다.

당초 중국 대표권은 중화민국(국민정부)이 가졌으나 1971년
부터는 중화 인민 공화국으로 넘어갔다. 1991년 해체된 소련의
경우에는 러시아가 대표권을 승계했다.

양대 진영으로의 분열과 냉전

유고슬라비아, 불가리아, 루마니아, 헝가리, 폴란드 등의 동
유럽 5개국은 제2차 세계 대전중 나치 독일의 지배를 받다가 소
련의 진주로 해방되었기 때문에 각 나라마다 공산주의 세력이
증대했으며, 자연스럽게 인민 민주주의 정권이 수립되었다. 또
세계 대전중에 이탈리아에게 병합되었던 알바니아에서도 공산당
정권이 수립되었다. 그리하여 이들 나라는 소련의 위성국이 되었
는데, 이를 두고 1946년 영국의 처칠은 "발트 해의 슈테틴에서
아드리아 해의 트리에스테까지 철의 장막이 쳐져 있다"고 말했
다. 그는 '철의 장막'이란 말로써 동서 양대 진영의 분열을 표현
했던 것이다.

1947년 미국 대통령 트루먼은 공산주의 세력에 대항하기 위해서

는 그리스와 투르크를 원조해야 한다는
트루먼 독트린을 발표했다. 이것은 공산
주의 세력을 일정 범위 내에 묶어두려는
'봉쇄 정책'이었다.

같은 해 6월, 미국의 국무장관 마셜은 달
러 자금의 원조를 통해 유럽 경제를 부흥
시킨다는 계획을 발표했다(마셜 플랜). 그
러나 소련과 동유럽은 이 계획이 내정
간섭을 내포하고 있다는 이유로 거부했
다. 1948년 서유럽 16개국(서독은 나중에
참가)은 유럽 경제 협력 기구(OEEC)를
설립하고 이 계획을 받아들임으로써 자유
주의, 자본주의의 입장을 명확히 했다.

이러한 자본주의권의 움직임에 대항해 소련과 동유럽은 1947년에 코민포름(국제 공산당 정보국)을 설립했다. 여기에는 프랑스와 이탈리아의 공산당도 참가해 코민포름은 각국 공산당의 활동을 조정하게 된다.

이렇게 유럽이 자본주의와 공산주의의 양대 진영으로 분열한 후, 1948년에는 체코슬로바키아에서 공산당의 쿠데타가 발생해 공산주의 진영이 강화되었다. 그러나 이에 자극을 받은 영국, 프랑스, 벨기에, 네덜란드, 룩셈부르크 등 5개국이 서유럽 연합(WEU, 브뤼셀 조약)을 결성하면서부터 서유럽의 공산당 세력은 서서히 후퇴하게 된다.

이렇게 긴장이 고조되는 가운데 미국과 서유럽 연합 12개국은 북대서양 조약 기구(NATO)를 결성한다(1949년). 이 기구는 다른 지역으로부터의 공격에 대한 집단 안전 보장과 공산주의 세력의 진출을 막기 위한 것이었다. 한편 아시아에서도 반공 체제가 강화되어 태평양 안전 보장 조약(ANZUS), 미일 안전 보장 조약, 동남 아시아 조약 기구(SEATO) 등이 결성되었다. 이에 대항해 소련은 동유럽 국가들의 단결을 위해 1955년 바르샤바 조약 기구(동유럽 상호 원조 조약)라는 군사 동맹을 결성하게 된다.

하지만 직접적인 군사적 충돌은 없었기 때문에 미국과 소련 두 강대국을 중심으로 하는 동서 진영의 긴장 상태를 '차가운 전쟁(냉전)'이라고 부르게 되었다.

동서 양진영의 대립과 긴장이 극명하게 드러난 것은 독일 문제에서였다. 독일은 전후 미국, 영국, 프랑스, 소련에 의해 분할 점령되면서 소련 점령지에 들어 있는 베를린도 넷으로 나뉘어 점령되었다. 전후 독일의 처리를 둘러싸고 미소간의 대립이 심화되는 가운데 1948년 6월 미국, 영국, 프랑스는 3개국 점령지(서독) 단독으로 통화 개혁을 강행했다. 이에 대해 소련은 자국 점령지(동독)에서 독자적인 통화 개혁을 단행하고 서독에서

베를린 장벽

한반도에서와 마찬가지로 독일에서도 임시적인 군사 분계선이 결국 동독과 서독의 분단으로 나아갔다. 1945년에서 1961년 사이에 약 300만 명의 동독인이 서독으로 넘어갔다. 이에 동독은 1961년 동베를린과 서베를린 경계에 장벽을 축조했다. 철의 장막이 베를린의 심장부에 드리워지게 된 것이다.

서베를린으로 가는 교통로를 차단했다(베를린 봉쇄).

그러자 미국과 영국 등은 서베를린에 대한 대규모 공수로 대항해 긴장이 고조되었다. 결국 1949년 4개국 외상 회담에서 타협안을 끌어내고 봉쇄는 해제되었다. 하지만 1949년 9월 서독에서 독일 연방 공화국이 수립되고, 10월에는 동독에서 독일 민주 공화국이 발족해 독일은 분단되고 말았다. 서독은 1951년에 영국 · 프랑스와 전쟁 상태를 종결지었으며, 동독은 1954년에 소련으로부터 주권을 회복했다.

또한 동독은 자국민이 서베를린으로 도망가는 것을 막기 위해 1961년 동서 베를린 경계에 장벽을 구축했다(베를린 장벽). 이로써 서베를린으로 가는 교통로는 차단되고 재차 '베를린 위기'가 고조되었다. 그 후 베를린 장벽은 1989년에 무너지기까지 동서 냉전의 상징이 되었다.

냉전 속의 열전

중국에서는 중일 전쟁 속에서 성립한 제2차 국공 합작이 제2차 세계 대전의 종결과 함께 해체되어 또다시 국민당과 공산당

의 대립(국공 내전)이 시작되었다. 1947년 장개석을 총통으로 하는 중화민국 정부가 수립되지만, 국민당 정권은 지주와 자본가의 이익만을 대변하고 부패가 만연했기 때문에 국민의 신뢰를 잃었다.

한편 마오쩌둥을 지도자로 하는 공산당은 각지에서 세력을 넓혀 해방구를 만들었으며, 마침내 1949년 10월 북경에서 중화 인민 공화국의 성립을 선포했다(중국 혁명). 그리고 중화민국 정부는 본토에서 쫓겨나 대만으로 도망가고 말았다(대만 국민 정부).

한편 일본의 식민지였던 한국은 일본의 패배와 함께 북위 38도선을 경계로 미국과 소련에 의해 분할 점령되었다. 남북 통일을 위한 한국 민족의 노력은 냉전의

한국 전쟁시 중국의 포스터
일본이 패전한 뒤 한국은 미국과 소련에 의해 분할 점령되었으며, 각각 독자적인 정부를 수립했다. 1950년 6월 북한의 공격으로 시작된 한국 전쟁은 1950년 10월 중국이 북한을 도와 참전함으로써 새로운 국면에 들어섰다. 지리한 공방전 끝에 결국 휴전되었으며, 이로써 남북한의 분단은 더욱 고착화되었다.

전개 속에서 좌절되고, 1948년 북에서는 김일성을 수상으로 한 조선 민주주의 인민 공화국이, 남에서는 이승만을 대통령으로 하는 대한민국이 각각 수립되었다.

1950년 6월, 조선 민주주의 인민 공화국 군대가 돌연 38선을 돌파해 공격을 개시하면서 한국 전쟁이 시작되었다. 이에 미군은 한국을 원조했으며, 국제 연합 안보 이사회는 소련의 결석을 이용해 북한의 행동을 침략으로 단정짓고 UN군 파견을 결정했다. 이에 수립된 지 얼마 안되는 중국 정부는 북한을 지원하기 위해 의용군을 파견하기로 결정하고, UN군의 중심인 미군과 직접 대치하게 된다. 이 전쟁은 냉전 속에서 일어난 최초의 열전이었다. 일진일퇴를 거듭하던 한국 전쟁은 전쟁이 시작된 지 1년 후 휴전 협상이 시작되어, 1953년 7월에 38선의 판문점에서 휴전 조약이 체결되었다.

중동이라는 화약고

오스만 투르크의 영토였다가 제1차 세계 대전 후 영국의 위임 통치령이 된 팔레스타인으로 옛 땅을 회복하겠다는 유대인들이 대거 이주해 오면서 아랍인과의 대립이 심해졌다. 제2차 세계 대전 후 국제 연합은 1948년 5월을 기해 팔레스타인에 대한 영국의 위임 통치를 끝내기로 결정했다. 동시에 유대인 국가와 아랍인 국가를 분할 수립하고(팔레스타인의 분할), 예루살렘의 국제 관리를 정했다. 하지만 이런 결정은 아랍인의 강한 반발을 불러일으켰다.

1948년 영국군이 철수하자 미국의 지원을 받은 유대인들은 즉각 예루살렘을 수도로 이스라엘 공화국의 수립을 선포했다. 이에 대해 이집트, 시리아, 요르단 등이 출병해 팔레스타인 전쟁(제1차 중동 전쟁 1948~1949년)이 일어났다. 전쟁은 아랍인의 패배로 끝나고 국제 연합의 조정으로 휴전했다.

그 후 이집트 혁명(1952년)을 지도하고 1954년에 수상, 1956년에 대통령이 된 나세르가 국토 개발을 위한 아스완 하이 댐 건설 원조를 둘러싸고 미국과 유럽의 열강들과 분쟁을 벌였다. 1956년 이집트가 수에즈 운하의 국유화를 선언하자 영국과 프랑스, 이스라엘이 이집트를 침공하게 된다(제2차 중동 전쟁). 하지만 국제 연합의 즉각적인 정전 결의와 소련의 이집트 지원 성명 때문에 할 수 없이 군대를 철수하고 만다.

1964년에는 팔레스타인 난민(아랍인)에 의한 팔레스타인 해방 기구(PLO)가 만들어져 이스라엘에 대한

제1차 중동 전쟁에서 승리한 이스라엘 병사들의 모습

1848년 이스라엘은 로마의 정복 이래 잃었던 땅인 팔레스타인을 다시 차지할 수 있었다. 그러나 이스라엘이 아랍인의 요구를 거부했고, 아랍도 이스라엘을 승인하지 않았기 때문에 중동은 세계의 화약고로 떠올랐다. 제4차 중동 전쟁까지 대립을 계속하던 양진영은 1970년대 후반부터 평화를 모색하기 시작해 1981년 이스라엘이 시나이 반도를 이집트에 반환하는 것을 계기로 해빙 무드가 열렸다.

게릴라 활동을 벌였다. 1967년에는 이스라엘이 먼저 아랍을 공격해 6일 동안의 전격 작전으로 압승을 거두면서 시나이 반도와 홍해로 나가는 출구인 아카바 만을 점령했다(제3차 중동 전쟁).

1973년에는 아랍측이 이스라엘을 공격하고 이스라엘도 반격에 나서 제4차 중동 전쟁

이 발발했지만, 미소 양국이 무기 보급을 중단했기 때문에 승패를 겨루지 못하고 10일 만에 전쟁은 종결되었다. 그러나 아랍측이 친이스라엘 나라들에 대한 보복으로 석유 수출을 금지하는 '석유 전략'을 발동함으로써 서구의 선진국들은 석유 위기(오일 쇼크)를 맞게 된다.

마하트마 간디

간디는 민족주의 운동가였을 뿐만 아니라 반근대 이데올로기의 제창자이기도 했다. 물레로 실을 잣는 그의 모습은 평화로운 자급자족 체계로서의 새로운 인도의 모델을 상징하고 있다. 하지만 힌두교와 이슬람교로 분열된 인도는 식민지에서 벗어나자마자 내전의 소용돌이에 휩싸였고 결국 파키스탄이 분리되어 독립하게 된다.

아시아 나라들의 독립

제2차 세계 대전 후 구미제국의 식민지에서는 민족 해방 투쟁이 고양되어 아시아, 아프리카의 여러 나라들이 차례로 독립을 성취했다.

서아시아에서는 열강과 결탁해 풍부한 자원을 독점하고 있던 왕과 귀족 세력을 타도하고, 구미 자본으로부터 자원 개발권을 회수해 국유화하는 움직임이 활발하게 일어났다. 1951년에는 이란 왕국이 석유를 국유화했고, 1952년에는 이집트 왕국이 혁명을 통해 공화국이 되었으며, 이라크도 1958년의 혁명으로 공화정으로 바뀌었다.

인도에서는 1947년에 힌두교도를 중심으로 하는 인도 연방과 이슬람교도에 의한 파키스탄 두 나라가 영연방 내의 자치령이 되었다. 인도는 1950년에 인도 공화국으로 완전히 독립했으

프랑스 지배의 종식

1954년 5월 7일 프랑스 군의 거점인 디엔비엔푸가 함락되었다. 점령한 요새 위에 베트민 군의 깃발이 휘날리면서 100여 년간 지속된 프랑스의 인도차이나 지배가 끝나게 되었다.

며, 파키스탄은 1956년에 파키스탄 이슬람 공화국이 되었다. 또한 실론도 1948년에 영연방 자치령이 되었다가 1972년에 스리랑카로 이름을 바꿔 연방 내 공화국이 되었다.

동남아시아에서는 네덜란드령 동인도 제도가 수카르노를 지도자로 독립 전쟁을 전개하여 1949년에 인도네시아 공화국으로 독립했다. 프랑스령인 인도차이나는 제2차 세계 대전중 일본군이 진주하면서 호치민이 민족 운동을 전개했으며, 1954년에 베트남 민주 공화국을 성립해 독립을 선언했다.

다음해 베트남 민주 공화국은 종주국인 프랑스와 무력 충돌을 벌였으며(인도차이나 전쟁), 프랑스는 베트남에 대한 지배권을 사수하기 위해 구엔 왕조의 최후의 왕인 바오다이를 수반으로 하는 괴뢰 정권(베트남국)을 사이공에 세웠다.

하지만 전황이 불리해지면서 1954년 제네바 휴전 협정으로 프랑스는 종주권을 포기하게 된다. 이때 북위 17도선이 잠정 군사 분계선으로 정해지는데, 이것이 결국 베트남의 남북 분단을 초래했다.

필리핀은 1934년 미국으로부터 10년 후의 독립을 약속받았지만 태평양 전쟁중 일본에게 점령당해 독립이 지연되다가, 1946년에 필리핀 공화국으로 독립을 달성했다.

31. 다변화하는 세계 :
냉전의 완화와 제3세계의 대두

냉전의 완화와 새로운 대립의 격화

1953년 1월 아이젠하워가 트루먼을 대신해 미국 대통령이 되었다. 그리고 3월에는 소련의 수상 스탈린이 사망했다. 동서 양진영의 최고 지도자가 거의 동시에 정치 무대에서 사라진 1953년은 전후 세계 정치 변화의 첫번째 전기가 되었다.

1953년 7월 한국 휴전 협정이 체결됨으로써 한국전쟁이 끝났다. 다음해인 1954년부터는 제네바 극동 평화 회의가 열려 7월 인도차이나 휴전 협정이 성립되었다. 이 회의에는 중화 인민 공화국을 대표해 저우언라이(周恩來) 수상 겸 외상이 참석했다. 이로써 중화 인민 공화국은 국제 회의에 처음으로 모습을 드러낸 것이다. 저우언라이는 인도의 네루 수상과 회담하고 내정 간섭 반대, 평화 공존 등 '평화 5원칙'을 발표했다.

한편 미국, 영국, 프랑스, 소련 등의 4자 회담이 1955년 제네바에서 열려 국제 분쟁을 대화로 해결하려는 기운이 높아졌다.

아시아 - 아프리카 회의

29개국 대표가 모인 반둥 회의는 세계 질서의 재편을 알리는 역사적 사건이었다. 이후 아시아 · 아프리카 나라들은 선진 자본주의의 제1세계 및 사회주의 국가들로 이루어진 다른 제2세계와 제3세계를 형성해 독자적인 발언권을 갖게 되었다.

소련 공산당 제20차 대회에서는 제1서기 흐루시초프가 스탈린 시대의 개인 숭배와 억압, 처형 등을 비판하면서 동시에 자본주의 국가들과의 평화 공존을 제창해 동서 관계의 긴장 완화 정책을 표명했다. 그리고 이러한 소련의 태도 변화는 동유럽 국가들의 자립을 촉발시켰다.

1956년 사회주의 체제에 대한 불만이 쌓인 폴란드와 헝가리에서 생활 개선을 요구하며 폭동이 일어났다. 폴란드의 폭동은 이후 기존의 정책을 다소 수정하는 방향으로 나아갔지만, 헝가리의 경우는 소련군의 개입으로 대중 운동 자체가 진압되었다.

한편 소련의 흐루시초프는 자본주의를 따라잡기 위한 경제 개혁을 단행했다. 그리고 1957년 세계 최초로 인공 위성 발사에 성공한 것 등을 배경으로 미국과의 대화를 진행했다. 그는 1959년 미국을 방문해 아이젠하워 대통령과 회담했으며, 이어 케네디 대통령과도 대화를 지속해 평화 공존 노선을 정착시켰다.

이렇듯 국제 정치는 한편에서는 동서 냉전이 완화되었지만 다른 한편에서는 동구 국가들의 소련에서의 이탈과 중국과 소련의 대립 표면화, 프랑스와 미국의 반목 등 다극화 시대로 진입하게 되었다.

식민지의 독립과 비동맹주의

냉전의 진행이 동서 양진영의 군사 블록화와 결부되었기 때문에 아시아·아프리카 지역에서는 민족 자립의 움직임과 함께 동서 양진영에 속하지 않는 제3세력을 결성하려는 흐름이 강해졌다.

1955년 인도네시아의 반둥에서 아시아·아프리카의 29개국 대표가 모여 제1회 아시아 – 아프리카 회의 (AA회의, 반둥 회의)를 열었다. 이집트의 나세르 대통령, 인도의 네루 수상, 인도네시아의 수카르노 대통령 등이 중심이 된 이 회의에서는 평화 공존과 반식민지주의 등을 강조하는 '평화 10원칙'(반둥 정신)을 채택했다.

동유럽에서는 유고슬라비아가 일찍부터 티토 대통령의 지도 하에 독자적인 사회주의의 길을 걸었으며, 이에 따라 코민포름에서 제명되었다.

한편 티토, 나세르, 네루 등은 식민지주의 제거와 평화 공존을 외교의 기조로 하는 '비동맹주의'를 제창해 제3세력을 결집시켰으며, 중국도 이를 지원하는 자세를 보였다. 그리하여 1961년 비동맹 국가 수뇌들의 회담이 여러 차례 열려 자본주의와 사회주의라는 체제의 차이를 넘어서, 평화 공존·민족 해방 투쟁 원조·외국 군사 기지 철거·식민지주의 반대 등에 공동 보조를 취했다.

한편 프랑스의 식민지였던 북아프리카에서는 1950년대에 튀니지·모로코 등이 독립했으며, 알제리에서는 민족 해방 전선 (FNL)이 무장 투쟁을 벌이기 시작했다. 8년 동안의 투쟁 끝에 알제리는 1962년 프랑스 제5공화정의 드골 대통령으로부터 독

「**아프리카 식민지 철폐 결의문**」(1963년) 1963년 5월 22일에서 25일까지 에티오피아의 아디스 아바바에서 개최된 독립 아프리카 나라들과 마다가스카르 공화국 사이의 정상 회담은 …… 자유와 독립을 위해 투쟁하고 있는 아프리카의 피압박 민족을 후원하는 것이 아프리카의 독립 국가 전체의 의무라는 것을 재천명하며, 아프리카 여타 피압박 지역의 대부분이 외국인 이주자에 의해 지배되고 있다는 사실에 깊은 우려를 표명하며, 강제 과세를 통해 식민 세력들이 아프리카의 심장에 식민지 기지를 확립하고 있음을 확신하고, 따라서 이 분야에 있어서의 아프리카 민족의 노력과 행동을 협약하고 통합하는 데 만장일치로 동의한다……

독립을 쟁취하기 직전의 알제리
베트남 문제를 해결한 프랑스에게는 이제 알제리의 독립 문제만이 남아 있었다. 처음에 구질서를 회복하고자 했던 프랑스는 알제리 인의 투쟁과 국제 여론에 밀려 단안을 내리지 않으면 안 되었다. 권력에 복귀한 드골 장군은 길고도 어려운 협상을 거친 끝에 1962년 3월 12일 에비앙 협약에 서명했다. 사진은 독립을 눈앞에 둔 알제(알제리의 수도)의 모습이다.

립을 승인받을 수 있었다.

이보다 앞서 1960년에는 아프리카에서 한꺼번에 17개의 신흥국이 독립하는 바람에 이 해를 '아프리카의 해'라고 부른다. 1963년에는 13개국이 참가해 아프리카 통일 기구(OAU)를 결성하고, 아프리카 나라들의 연대를 도모하며 식민지주의와 투쟁할 것을 결의했다.

하지만 오랫동안 제국주의의 지배를 받아온 데다 복잡한 국가간·부족간의 대립 때문에 아프리카는 오늘날까지도 내전과 분열이 지속되고 있다. 게다가 자연 재해까지 더해 아프리카의 나라들은 여전히 고뇌 속에서 산다고 할 수 있다.

쿠바 혁명과 쿠바 위기

1959년 미국의 앞마당인 카리브 해의 쿠바에서 카스트로가 이끄는 혁명 세력이 친미적인 바티스타 정권을 타도하고 정권을 장악했다(쿠바 혁명). 혁명 정부는 토지 개혁 실시뿐만 아니라 미국계 기업을 접수해 미국과의 관계가 악화되었으며, 결국 1961

년에 미국과 단교했다.

　이후 쿠바는 소련과의 관계를 돈독히 하면서 사회주의를 선언했다. 1962년 소련이 쿠바에 미사일 기지를 건설하려 하자 미국의 케네디 대통령은 미사일 철거를 요구하면서 해상을 봉쇄했다. 이리하여 미국과 소련은 군사 충돌 일보 직전까지 가는 위기를 맞이하게 되었다.

　결국 소련이 미사일을 철거해 자칫 세계 대전으로 번질 위험에서 벗어날 수 있었지만, 쿠바는 의연히 사회주의 건설을 추진했다. 그리고 미국의 경제적 지배와 각국의 독재 체제를 무너뜨리려는 중남미 여러 나라의 혁명 운동과 민족 해방 운동에 커다란 영향을 끼쳤다.

　한편 다른 중남미 나라들에서도 토지 개혁과 정치 개혁을 요구하는 운동이 활발히 전개되었다. 그러나 각 나라마다 이러한 운동에 대항하는 군사 정권이 수립되어 철저하게 운동을 탄압했다. 게다가 이 지역을 좌지우지하려는 미국의 대국주의가 겹쳐져 현재까지도 많은 나라들의 정국은 매우 불안정한 상태에 놓여 있다.

쿠바 위기를 초래한 미사일 기지

1961년 쿠바는 소련에 군사 원조를 구해 미사일 기지를 건설했다. 이에 미국의 케네디 대통령이 해상 봉쇄라는 강수로 대응해 카리브 해는 전쟁 일보 직전까지 가는 위기를 맞이했다.

고뇌하는 중국

중국에서는 1958년부터 공업을 비약적으로 발전시키기 위해 '대약진 운동'이 벌어졌으며, 농촌에서는 인민 공사 설립이 강행되었다. 그러나 오히려 국내 경제는 혼란 상태에 빠졌다. 그리고 마오쩌둥 대신 류사오치(劉少奇)가 잠시 국가 주석이 되었다.

1959년에는 티베트 자치구에서 대규모 반란이 일어났다. 그 후 지도자인 달라이 라마가 인도로 망명을 해 이 일을 계기로 중국과 인도 사이에 무력 충돌이 벌어졌다.

이러한 내외의 위기에 맞서 당주석 마오쩌둥은 소련의 평화 공존과 대미 협조 노선을 '수정주의'라고 격렬하게 비난했다. 이에 대해 소련도 마오쩌둥을 독재자·극좌 모험주의자라고 비판하면서 소련인 기술자의 귀국과 경제 지원 중단 등의 조치로 맞섰다. 이에 따라 중소 대립이 시작되었으며, 1969년에는 국경에서 무력 충돌이 벌어지기까지 했다.

한편 중국 내에서도 마오쩌둥 노선에 대한 반대가 표면화되었다. 1966년 마오쩌둥은 린뱌오(林彪) 등 좌파와 손잡고 류사오치, 덩샤오핑 등을 수정주의자로 몰아 숙청한 뒤 전국에 프롤레타리아 문화 혁명을 촉구했다. 이에 따라 각지에서 '홍위병'에 의한 '문혁소조'를 중심으로 하는 대중 운동이 전개되어 당과 정부 관료, 지식인 등을 공격했다.

사회주의 건설을 둘러싼 노선 대립과 권력 투쟁에서 비롯된 문화 대혁명은 이렇게 커다란 대중 운동으로 발전하여 중국 사회 자체를 뒤흔들 정도가 되었다. 거의 10년 동안 지속된 문화 대혁명은 1976년 마오쩌둥 사후 화궈펑(華國鋒)에 의해 추종 세력이

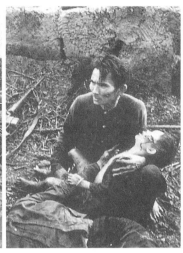

제거됨으로써 종결되었으며, 이후 중국은 경제 개발과 실용주의 외교 노선의 길을 걷게 된다.

베트남 전쟁

1961년 민주당 후보로 나서서 대통령에 당선된 젊은 케네디는 '뉴 프런티어 정책'을 내걸고 국내 개혁을 추진했다. 외교 면에서는 미소 협조 노선을 견지하면서도 쿠바 위기 때에는 강경한 자세를 보이기도 했다. 그리고 인도차이나 반도의 민족 해방 운동의 확대를 억제하기 위해 내전에 개입하기도 했다.

인도차이나 반도에서는 1954년 전쟁 끝에 프랑스에서 독립한 베트남 민주 공화국 사이에 휴전이 성립되었으며, 북위 17도선을 경계로 군사 분계선이 만들어졌다. 그런데 제네바 협정을 존중하겠다고 한 미국은 베트남국(남베트남) 정부를 구하기 위해 군사 고문단을 보내는 등 정치·경제·군사적 지원을 추진했다. 이에 대해 남베트남 민족 해방 전선이 결성되어 재차 내전이 발발했다. 그리고 1964년에는 정치적 부패가 만연한 남베트남의 독재 정권보다 민족 해방 전선의 세력이 더 커지게 되었다.

미국은 곧 베트남에 전면적으로 개입하기로 결정했다. 1965

베트남 전쟁

미국은 베트남 전쟁 동안 연 260만의 병력을 파견했고, 5만이 넘는 전사자를 내었다. 하지만 베트남 민족 해방 전선의 저항을 무너뜨리지 못했을 뿐만 아니라 국내외의 비난 여론 때문에 전쟁에서 손을 떼야 했다. 이 베트남전에서의 미국의 패배는 제2차 세계 대전 이후 국제 정치에서 강력한 헤게모니를 행사하던 미국의 지위가 하락했다는 것을 증명하는 일이었다.

벨기에의 브뤼셀에 있는 유럽 공동체
(EC) 본부의 모습. 유럽은 경제 부흥
속에서 새로운 협력 단계에 들어섰다.
일종의 관세 동맹에서 출발한 유럽의
협력 사업은 노동과 자본의 역내 이동
의 자유 및 국경 개방으로 발전했으며,
더 나아가 단일한 유럽을 실현하는 방
향으로 전진하고 있다.

년부터는 민족 해방 전선과 연결되어 있다는 이유로 베트남 민
주 공화국에 대한 폭격을 공공연하게 실시하기도 했다. 이리하여
베트남 전쟁이 시작되었다.

미국은 베트남에 지상군을 파견했는데, 1968년에는 그 수가
50만 명에 달했다. 그러나 미국은 핵무기 이외의 최신식 무기를
모두 동원했음에도 불구하고 소련과 중국의 지원을 받은 베트남
민주 공화국과 해방 전선을 무너뜨리지 못한 채 오히려 진흙탕
에 빠진 꼴이 되었고, 국제적으로도 비난을 면치 못했다.

한편 미국 내에서도 반전 운동이 점차 고양되었으며, 재정난
이 심각해져 달러 위기에까지 몰리게 되었다. 이에 공화당의 닉
슨 대통령은 1973년 베트남 평화 협정에 조인할 수밖에 없었다.
이로써 막강한 군사력을 가진 미국의 패배는 대내적으로 미국의
위신을 크게 실추시켰다. 그러나 한편으로 미국의 패배는 제2차
세계 대전 이후 고양된 반식민지주의의 승리이기도 했다.

미군이 철수한 후 베트남 민족
해방 전선은 사이공을 점령했
다(1975년). 그리고 다음해에
는 하노이를 수도로 정하고 베
트남 사회주의 공화국으로 통
일했다.

유럽의 경제 발전과 통합의 길

마셜 플랜을 통한 미국의 지원
에 힘입어 경제 부흥에 착수한
서유럽 국가들 사이에 경제 협
력의 기운이 점차 높아졌다. 프
랑스 외상 슈만의 제안에 따라
1952년 유럽 석탄 철강 공동체(ECSC)가 발족했고, 1958년에는
유럽 경제 공동체(EEC)로 발전했다. 1967년에는 유럽 원자력

공동체(EURATOM, 1958년 발족)를 병합해 유럽 공동체(EC)
가 되어 미국과 소련 다음 가는 정치 세력이 되었다. 당초 영국
은 유럽 경제 공동체(EEC)에 참가하지 않았지만 1973년에 아
일랜드, 덴마크와 함께 유럽 공동체(EC)에 참가했다.

　제5공화정의 프랑스는 핵무기 보유를 배경으로 드골 대통령
이 독자 외교를 전개했다. 그는 중국을 승인하고(1964년), 북대
서양 조약 기구(NATO)에서 이탈하는 등 대미 자주 노선을 견
지했으며, 영국의 유럽 경제 공동체(EEC) 가입을 반대하는 등
유럽주의를 강하게 주장했다. 그러나 1968년 5월 학생과 노동자
등이 중심이 된 전국적인 반정부 운동이 전개되자(5월 위기), 여
기에 적절히 대응하지 못하고 다음해 사직했다.

　전후 영국에서는 노동당의 애틀리 정권
이 수립되어 주요 산업의 국유화 등 점진적
인 사회주의 정책을 펴나갔다. 그 후 처칠이
다시 정권을 잡았지만(1951년), 그 기조는
변함이 없었다.

　영국은 보수당과 노동당이 번갈아 정권
을 잡았으나 여러 번 경제 위기에 부딪혔다.
식민지와 자치령의 대부분이 독립하면서 한
때 '해가 지지 않는 제국'이었던 영국은 쇠
락의 길을 걷는 듯이 보였다. 이집트의 나세
르가 취한 수에즈 운하 국유화 조치에 대해
군사 개입을 했으나 국제 여론에 밀려 포기
한 것이 하나의 예라고 할 수 있다.

　한편 1949년 연방 공화국으로 새로 출
발한 서독은 20년에 걸친 기민당의 집권 하에 '라인 강의 기적'
이라 불리는 경제 발전을 이루었다. 1969년에는 사회 민주당이
정권을 담당하면서 동독 및 소련과의 관계 개선에도 힘쓰게 되
었다.

> 「체코 지식인의 2천 어 선언」(1968년)　실제로 노
> 동자들은 어떤 문제에 대해서도 결정권이 없다.
> 노동자 대표의 표를 지배하고 있는 것은 그 어
> 떤 자인 것이다. 대부분의 노동자들은 '우리를
> 지배하고 있다'고 생각하고 있으나 사실상 노
> 동자의 이름으로 지배한 것은 특별한 훈련을
> 받은 당 기관과 국가 기관의 임원들이며, 그들
> 은 타도당한 계급(자본가 계급)의 뒷자리에 눌
> 러앉아 새로운 지배자가 된 것이다…… 공통
> 되고 일치된 결론은 토론을 거쳐서만 얻을 수
> 있는데, 그러기 위해서는 언론의 자유가 반드
> 시 필요하다.

프라하의 봄

소련군 전차의 침공에 저항하는 프라하 시민들. 냉전 체제의 붕괴는 각 체제 내부에서도 일어나기 시작했다. 체코슬로바키아에서 국민들의 사회적·경제적 환멸과 지식인들의 자유에 대한 의지가 프라하의 봄으로 폭발했다. 과거 당에서 제명되었던 후사크와 두브체크가 전면에 나서서 모스크바와 체코슬로바키아 국민들 사이를 중재하려 했으나 민중의 요구는 빠르게 급진화되었고, 소련으로서는 이를 방치할 수 없게 되었다.

사회주의 나라들의 고뇌

1964년 소련에서는 흐루시초프가 해임되고 코시긴이 수상이 되었으며 브레주네프는 제1서기가 되었다. 1968년에는 체코슬로바키아에서 민주화를 요구하는 대중 운동이 일어나 개혁파가 정변을 통해 정권을 잡았다(프라하의 봄). 하지만 소련과 동유럽 4개국이 군사 개입을 통해 곧바로 진압에 들어갔다. 이러한 소련의 군사 개입은 '공통의 이익'과 '계급'의 이름으로 다른 사회주의 국가의 권리를 제한할 수 있다는 브레주네프 독트린에 기초한 것이었다.

그러나 이 사건은 국제적으로 커다란 충격을 주었다. 소련은 오랜 중소 대립과 알바니아의 대소 단교(1961년)에 더해 프라하의 봄을 무력 진압함으로써 점점 위신을 잃어갔다.

이렇듯 프라하의 봄으로 대표되는 개혁 움직임이 억압받으면서 사회주의 국가들의 정치와 경제는 정체 상태에 빠져들었는데, 사회주의의 대표 주자인 소련도 사정은 마찬가지였다.

32. 세기말의 변주곡

데탕트의 개막

70년대 이후 미국은 베트남 전쟁, 소련은 아프가니스탄 침공(1978~1989년) 등으로 인해 두 나라의 군사비 부담이 엄청나게 커졌다. 여기에 더해 핵무기에 기초한 동서의 전력 균형에 대한 국제 여론의 비판이 높아지면서 핵무기 제한 협상이 진행되었다.

1969년에 시작된 제1차 전략 무기 제한 교섭(SALT 1) 결과 1972년에 핵무기를 동결하는 협정이 체결되었으며, 1973년에는 핵전쟁 방지 협정에 두 나라가 조인하기에 이르렀다. 1982년 전략 무기 감축 협상(START)이 시작되어 1987년에는 중거리 핵전력(INF) 폐기 조약이, 1991년에는 전략 무기 감축 협상(START)이 조인되어 긴장 완화가 본격적으로 진행되었다.

1969년에 성립한 서독의 빌리 브란트 정권(사회 민주당과 자유 민주당의 연합)은 사회주의권과의 관계 개선에 나서 동방 외

손을 맞잡은 닉슨과 마오쩌둥
미국과 중국의 국교 정상화는 냉전을
종식시키는 결정적인 사건이었다. 닉
슨은 비록 워터게이트라는 정치적 추
문으로 대통령직을 사직하긴 했지만
여전히 데탕트 시대의 문을 연 인물로
남아 있다.

교를 펼쳤다. 1970년에는 소련과 독소 조약을 체결해 무력를 행
사하지 않겠다는 약속을 받았으며, 폴란드와 양국의 전후 국경을
인정하는 국교 정상화 조약을 맺었다.

한편 미국, 영국, 프랑스, 소련 등도 베를린의 현상 유지를
약속하는 협정을 체결하고, 동서 독일이 상호 승인하는 기본 조
약이 맺어졌다. 그리고 동서 독일은 각각 1973년 국제 연합에
가입했다.

변화하는 중국

1970년대 들어 미국은 아시아에 대한 직접적인 군사 개입은
하지 않는다는 외교 방침을 보였다(닉슨 독트린). 이런 외교 방
침의 일환으로 베트남에서 철수했으며, 중국과의 관계에도 적극
적으로 나서게 되었다. 그리하여 1972년 닉슨 대통령이 중국을
방문했고, 그 후 카터 대통령 때에 이르러 미중 국교 정상화가
이루어졌다(1979년).

미국과 중국의 국교 정상화 교섭의 진행은 아시아의 여타
국가들에게 커다란 충격을 주었으며, 동남아시아 조약 기구

(SEAO)의 해체(1977년) 등을 가져왔다. 일본의 경우에도 미국
의 외교 노선을 받아들여 대만 정부와 외교 관계를 단절하고 중
일 평화 우호 조약을 맺었다(1978년). 이로 인해 일본은 만주
사변(1931년) 이래 계속되어 온 중국과의 전쟁 상태를 종결짓게
되었다.

　그 사이 중국에서는 문화 대혁명의 흐름이 약화되면서 문혁
파와 반문혁파 사이의 알력이 커져갔다. 그러다 두 파를 중개하
던 저우언라이 수상이 1976년 4월에, 마오쩌둥이 9월에 사망하
자 장칭(江靑) 등 4인방이라 불리는 문혁 지도자들이 체포되고
다음해 문화 대혁명의 종결이 선언되었다. 이후 중국은 최고 지
도자로 복귀한 덩샤오핑을 중심으로 국방·공업·농업·과학
기술의 '4대 현대화'를 추진해 후진성을 극복하는 데 전력하게
된다.

중동 분쟁과 석유 위기

　1973년에 벌어진 제4차 중동 전쟁 때 아랍 석유 수출국 기
구(OAPEC)는 원유 생산을 줄임과 동시에 비우호적인 국가들

에게 석유 수출을 금지하는 '석유 전략'을 취했다. 여기에 석유 수출국 기구(OPEC)도 원유가를 대폭 인상했기 때문에 선진 공업국을 필두로 세계 경제는 큰 충격에 휩싸였다.

하지만 이후 이집트의 사다트 대통령이 이스라엘과 화해하는 방향을 취해 미국의 중개로 이집트-이스라엘 평화 조약을 체결했다(1979년). 이에 대해 아랍 강경파는 사다트를 암살했지만(1981년), 이스라엘은 약속대로 시나이 반도를 이집트에게 반환했다.

한편 팔레스타인 해방기구(PLO) 내부에도 다양한 분파가 생겨났다. 그 중 과격파는 민간 항공기를 납치하는 등 테러 행위를 통해 반이스라엘 투쟁과 세계 동시 혁명을 주장했다. 그러나 아라파트를 지도자로 하는 주류파는 70년대 들어와 현실주의 노선을 택했다.

마침내 팔레스타인 해방기구(PLO)가 1993년 9월 이슬라엘과의 화평 선언에 조인했다. 즉, 가자와 예리코 지구에 팔레스타인 인의 자치 기구를 설립하는 데 상호 동의한 것이다. 이로 인해 1994년부터 두 지구에서는 잠정 자치가 시작되었다.

이란에서는 국왕 팔레비 2세(재위 1941~1979년)가 1963년부터 '백색 혁명'이라 불리는 경제·사회의 근대화를 추진했다. 그러나 다른 한편에서는 전제 정치에 대한 모든 비판을 봉쇄했으며, 석유 수출로 번 돈을 사회에 골고루 분배하지 않았다. 이때문에 국민들의 불만이 매우 높아져 1979년 종교 지도자 호메이니의 영도 하에 국왕을 국외로 추방하고 이란 이슬람 공화국을 수립했다(이란 혁명). 호메이니를 지도자로 하는 신정부는 급진적인 이슬람교 원리를 천명했기 때문에 이스라엘 문제를 둘러싸고 다른 아랍 국가들과 갈등을 빚었다.

이란 옆의 이라크에서는 후세인 대통령이 국경 분쟁을 계기로 이란을 침공해 이란-이라크 전쟁이 일어났다(1980~1988년). 그리고 1990년 쿠웨이트를 침공해 병합했다가 미국을 중심

으로 하는 '다국적군'의 공격을 받기도 했다(페르시아 만 전쟁).
결국 열세에 몰린 이라크는 정전 협정을 받아들이고 쿠웨이트에
서 철군했다.

점증하는 남북 문제

1960년대에 들어서 북의 선진 공업국과 남에 집중되어 있는
개발도상국 사이의 경제 격차가 날로 커지고 있다는 것이 문제
로 지적되어 왔다. 그리하여 1964년 71개 개발도상국이 참가하
는 국제 연합 무역 개발 회의(UNCTAD)가 열려 '선진 공업국
은 국민 총생산의 1%에 해당하는 금액을 개발도상국에 대한 경
제 원조로 내놓을 것'을 주장했다.

이 주장의 배경에는 개발도상국은 자원 보유국이며, 선진국
은 식민지 시대부터 이러한 자원을 '약탈'했다는 전제가 놓여
있었다. 하지만 석유 위기 이후 선진국의 경제 회복도 순조롭지
못했기 때문에 이 남북 문제는 쉽사리 해결책을 찾지 못했다.

여기에 더해 개발도상국 사이에도 산유국과 비산유국 등 경
제 격차가 적지 않아 이른바 남남 문제도 함께 걸려 있었다. 그

20세기의 신화

1979년 신의 이름으로 이루어진 이란
혁명은 하나의 미스테리로 남았다. 종
교적 열광 속에 진행된 이란 혁명은
1789년의 시민 혁명과 1917년의 러시
아 혁명의 전통을 모두 거부한 20세기
최초의 사회적 대격변이었다.

러나 한편으로는 70년대부터 공업의 육성에 성공한 신흥 공업 경제 지역(NIES)이라 불리는 중진 자본주의 국가들이 등장했다(한국, 대만, 홍콩, 싱가포르, 브라질 등).

그러나 개발도상국에서는 경제가 부진하기 때문에 정치 상황도 불안정해 대개의 경우 아직도 군사 정권과 독재 체제가 유지되고 있는 형편이다. 뿐만 아니라 종교적·민족적 대립과 지역 갈등이 얽혀 문제를 더욱 어렵게 만들고 있는 실정이다.

3극화하는 세계 경제

1991년 유럽 공동체 각국은 유럽 연합 조약(마스트리히트 조약)에 합의했다. 이에 따르면 늦어도 1999년까지 유럽 중앙 은행을 설립하며 단일 통화 에큐(ECU)를 채용해 공통의 외교 안전 보장 정책을 도입하고 궁극적으로는 공통의 방위 정책을 마련하게 되었다.

덴마크의 경우 국민 투표에서 조약의 비준이 부결되었기 때문에 일부 조항에 대한 참여를 면제해 주었다. 그리하여 1993년 11월 12개국 전부가 조약을 비준해 유럽 연합(EU)이 발족했다.

유럽 연합의 발족은 사람·물자·자본이 역내에서 자유롭게 이동할 수 있는 인구 3억 4천만의 거대 단일 시장이 형성되었다는 것을 의미하며, 유럽의 통합이 새로운 단계에 들어섰다는 것을 말해준다.

한편 일본은 60년대의 고도 성장기를 거쳐 선진 공업국으로 발돋음했다. 여기에 두 차례에 걸친 석유 위기와 달러 쇼크에 편승해 수출을 확대하면서 자본력을 강화하여 경제대국으로 성장했다. 특히 대미 무역을 필두로 엄청난 무역 흑자를 축적하기도 했다.

제2차 세계 대전 이후 국제 정치의 중심으로 떠오른 미국은 베트남 전쟁의 확대로 인해 심각한 재정 적자에 시달렸으며, 1971년 이후에는 무역 수지 적자까지 겹쳤다(쌍둥이 적자). 그리하여 1971년 닉슨 대통령은 달러의 금태환을 정지하고 달러를 평가 절하해 전세계에 달러 쇼크를 안겼다.

1973년 이후 주요 국가들은 고정 환율제에서 변동 환율제로 이행했지만 달러의 대외가는 점점 하락했으며, 전후의 국제 경제 금융 체제의 기반이 뿌리에서부터 흔들렸다.

한편 선진국 사이에 이루어진 활발한 경제 활동으로 인해 환경 파괴가 심각하게 진행되고, 다른 한편에서는 경제 성장의 둔화와 스태그플레이션(불황 속에서 실업률이 증대하고 물가가 오르는 현상)으로 고통받고 있었기 때문에 이에 대처하기 위한 선진국 수뇌 회의가 매년 개최되었다(G7, 참가국은 미국 · 일본 · 영국 · 독일 · 프랑스 · 이탈리아 · 캐나다이다).

이렇게 70년대 이후의 세계 경제는 미국과 일본, 유럽(EU)을 중심으로 하는 3극 체제로 변모했다.

루마니아의 봉기

1989년 12월 23일 봉기한 루마니아 민중과 합세한 군대가 차우세스쿠에게 여전히 충성하고 있는 보안대 요원들을 축출했다. 차우세스쿠의 강고한 독재 체제만큼이나 격렬했던 루마니아의 봉기는 독재자를 총살하는 사태를 거치고서야 진정될 수 있었다.

동유럽 혁명과 독일의 통일

1986년부터 소련의 고르바초프가 전개한 개혁은 동유럽 나라들에게도 영향을 크게 미쳤다. 그동안 동유럽 나라들에서는 서방과의 경제 격차가 커진 것에 대해서뿐만 아니라 소련의 국익을 우선하는 중앙 지령적인 사회주의 경제 체제에 대해 불만이 쌓여 왔다. 이렇게 불만이 쌓이게 된 데에는 소련 등 공산권 국가의 일부 공산당 간부에 의한 '특권'과 '부패'가 만연했기 때

베를린 장벽의 붕괴

1990년 2월 동서 베를린 시민들의 환호 속에 브란덴부르크와 라이히슈타크 사이에 놓인 베를린 장벽이 철거되고 있다. 동서 냉전의 상징인 베를린 장벽의 철거는 곧바로 독일의 통일로 나아갔다. 1990년 10월 국제적인 협조 속에 마침내 독일은 오랜 숙원인 통일을 달성했다.

문이다. 그리하여 일찍이 '인간의 해방'을 주창했던 사회주의는 최소한 20세기말의 소련과 동유럽에서는 '인간의 억압'으로 바뀌고 말았다.

1989년 동독에서는 호네커 서기장이 퇴임했으며 고양된 민중 운동으로 말미암아 정부는 오랜 냉전의 상징인 베를린 장벽을 개방했다. 이로써 동서독간의 자유로운 왕래가 실현되었다. 1990년 3월에는 자유 선거가 실시되어 동서독의 조기 통일을 주장하는 연합당파가 승리했다. 그리하여 미국, 영국, 프랑스, 소련의 동의를 얻어 같은 해 10월 서독이 동독을 흡수하는 형식으로 독일의 통일이 이루어졌다.

동독의 영향을 받아 다른 동유럽 나라들에게도 변화의 바람이 불었다. 헝가리, 체코슬로바키아, 불가리아, 루마니아, 폴란드 등에서 공산당 정권이 붕괴하고 민주화와 사회주의 경제로부터의 이탈이 가속화되었다.

한편 일찍부터 독자적인 사회주의 노선을 걷던 유고슬라비아 연방에서는 민족 대립이 표면화되어, 1992년 4월 신유고슬라

비아(세르비아와 몬테네그로의 연방)·
크로아티아·슬로베니아·보스니아 헤
르체고비나·마케도니아 등 다섯 나라
로 분열되면서 해체되고 말았다.

구유고는 '7개의 국경, 6개의 공
화국, 5개의 민족, 4개의 언어, 3개의
종교(가톨릭, 그리스 정교, 이슬람), 2개
의 문자……'를 가진 모자이크 공화국
이었는데, 분열에 의해 민족적·종교적
대립이 분출한 것이다. 그리하여 1991년 크로아티아에서 크로아
티아 인과 세르비아 인 사이에 내전이 발발했다.

게다가 1992년부터는 보스니아 헤르체고비나(수도는 사라예
보)에서 세르비아 인(인구의 31%), 크로아티아 인(인구의 15%),
모슬렘 인(구유고에서 '민족'으로 인정된 이슬람교도로 보스니아
인이라고도 한다. 인구의 40%로 가장 다수파이다) 등 세 민족 집
단 사이에 권력 투쟁이 벌어졌다. 그리고 이 내전에 세르비아 인
과 크로아티아 인의 본국(신유고와 크로아티아)이 각각 '동포'를
지원했기 때문에 세 민족 사이에 격렬한 무력 충돌이 발생했다
(보스니아 내전).

'본국'의 지원으로 소수파들이 군사적 우위를 확보해 세르
비아 인이 전국토의 3분의 2 이상을, 크로아티아 인이 3분의 1
가까이 지배하게 되었으며, 다수파 모슬렘 인의 지배 지역은
10%도 채 안되었다. 상황이 이렇다 보니 수많은 난민들이 보스
니아를 탈출했다. 이에 1992년 국제 연합은 평화 유지군(PKF)
을 크로아티아에 파견하고, 보스니아와 크로아티아의 세르비아
인 세력을 지원하는 신유고에 대해서는 경제 제재를 가했다.

1992년 크로아티아에서는 일시 정전이 되기도 했지만 보스
니아 내전은 혼미 속에 지속되었다. 1995년 11월 미국의 주도로
세 당사자 사이에 포괄적인 평화 협정이 조인되었으며 신유고에

미하일 고르바초프

사회주의의 혁신을 위해 페레스트로이카 정책을 폈던 소련 공산당 서기장 고르바초프는 어리석은 마법사와도 같이 자신이 건 마술을 감당할 수 없었다. 결국 사회주의 소련이 붕괴했을 뿐만 아니라 연방도 해체의 길을 걷게 되었다. 하지만 여전히 고르바초프는 많은 사람들에게 냉전을 끝낸 사람으로 기억되고 있다.

대한 경제 제재도 해제되었다. 하지만 '화해 없는 평화'라는 말처럼 이곳의 앞날은 아직 누구도 쉽게 점칠 수 없는 상황이다.

한편 체코슬로바키아도 1993년에 체코와 슬로바키아로 분열했다. 이렇게 소련과 동유럽 사회주의권이 소멸하면서 제2차 세계 대전 이후 유럽의 정치 구조는 커다란 변동을 맞이하게 되었다. 그러나 냉전의 소멸을 가져온 이러한 변동은 그 이상의 지역 분쟁과 민족 갈등을 안고 있는 것이어서 전세계의 미래는 여전히 불투명하다고 할 수 있다.

소련의 해체와 역사적 사회주의의 소멸

1985년 소련 공산당 서기장에 취임한 고르바초프는 사회의 정체 상태를 벗어나기 위해 정보 공개(글라스노스트)에 의한 언론 자유를 주창했다. 다음해인 1986년에 개혁(페레스트로이카)을 내거는 한편, 미국과의 협조 노선을 강화했다. 그 결과 중거리 핵전력(INF) 폐기 조약에 조인했으며(1987년), 아프가니스탄으로부터 철수했다. 1989년에는 미국의 부시 대통령과 몰타에서 회담을 갖고 '동서 냉전의 종식'과 '새로운 시대의 도래'를 선언했다.

그러나 1986년 우크라이나의 체르노빌 원자력 발전소에서 사상 최악의 사고가 일어나 심각한 방사능 오염이 발생했다. 게다가 국내 경제도 악화되었다. 그리하여 고르바초프는 중앙에서

미하일 고르바초프의 「페레스트로이카」 페레스트로이카는 민주주의를 통해서만 가능하다. 인간적인 요소를 강화함으로써 사회주의적 잠재력을 최대한 실현시키는 것이 우리의 과업이라고 생각하기 때문에 경제적 기제와 관리의 개혁, 집단 작업의 역할을 주요하게 증진시키는 개혁을 포함한 민주주의가 유일한 방법인 것이다…… 중앙 관리식 경제를 근본적으로 재구성하는 것은 기업의 이윤을 증진시키는 방식을 통해서만 가능하다. 기업을 경영하는 데 기술적으로 중요한 요소는 중앙 관리를 자유롭게 하는 것이며, 이에 따라 중앙 관리 방식이 경제 성장 전략을 결정하는 핵심 과정에 집중될 수 있을 것이다.

내린 지령에 기초한 계획 경제를 포기하고 '시장 경제'로의 이행을 도모하는 한편 강력한 권한을 가진 대통령제를 도입해 대통령직에 올랐다.

1991년 8월 공산당 내의 보수파가 반고르바초프 쿠데타를 감행했지만 실패했다. 이것이 계기가 되어 발트 3국을 필두로 거의 모든 공화국이 연방으로부터의 이탈을 선언했으며, 고르바초프는 공산당을 해산시켰다.

같은 해 12월 옐친을 대통령으로 하는 러시아 연방 등 11개 공화국이 독립 국가 공동체(CIS)를 구성했기 때문에 고르바초프는 소련 대통령을 사임했다. 이로써 1917년 러시아 혁명으로 탄생한 최초의 사회주의 국가인 소련이 소멸했다.

구소련의 국제적 지위는 러시아가 승계했다. 하지만 독립 국가 공동체 내부의 각 공화국의 관계는 매우 불안정한 상태이며, 러시아의 지배에 반대하는 민족 분쟁과 경제 정체 등 해결해야 할 문제가 산적해 있는 형편이다.

새로운 천년기를 향하여

세기말에 맞이한 인류의 위기

이제 얼마 있으면 하나의 세기가 끝날 뿐만 아니라 하나의 천년기가 막을 내리게 된다. 흔히 5000년이라고 하는 인류의 '문명 시대' 가운데 20세기만큼 커다란 진보를 이룬 시대를 찾기는 어렵다. 인류의 가장 먼 조상인 오스트랄로피테쿠스가 등장한 것이 약 400만 년 전이라고 한다면 20세기 100년은 불과 0.0025%에 불과하다. 비록 짧은 기간이지만 인류는 그동안 이룩한 것보다 훨씬 커다란 성과를 낳을 수 있었다. 그러나 인간을 달에 보내고 유전자 조작을 통해 새로운 생물을 '창조'하기에 이른 인류는 그 성취 만큼이나 커다란 위기를 맞이하고 있다고 할 수 있다.

그렇다면 지금 인류가 맞이하고 있는 위기는 무엇일까? 가장 먼저 들 수 있는 것은 인류의 활동 무대인 지구가 위험한 상황에 처했다는 것이다. 열대림의 소멸, 온난화 현상, 사막의 확대,

오존층의 파괴, 산성비, 핵폐기물에 의한 환경 오염 등은 성장을 내세워 자연을 '약탈'한 인간에 대한 자연의 복수라 할 수 있다. 이것은 물론 산업 혁명 이후 성장을 우선시한 선진 자본주의 나라들의 책임이 절대적이긴 하지만, 현재의 환경 위기는 근대 이후의 인간의 삶의 방식 자체를 문제제기하는 것이다.

이러한 환경 위기와 맞물려 있는 것 가운데 하나가 매년 1억 명씩 늘어나는 인구 문제이다. 1989년에 50억 명을 돌파한 세계 인구는 2000년이면 약 63억 명에 도달할 것이라고 추정되고 있다. 자원의 고갈, 환경의 악화로 인해 지구가 과연 얼마 만큼의 인류를 감당할 수 있을런지 의문시되고 있는 상황이다.

역사를 만드는 인간의 집단적 노력

인류 전체가 맞닥뜨린 환경 문제와 인구 문제 말고도 세계 각지에서 끊이지 않고 이어지는 민족 분쟁 또한 커다란 문제이다. 미소 냉전의 종식과 동시에 민족 분쟁은 그 전보다 더욱 빈번하게 나타나고 있다. 이는 기성 국가들에 대한 반발이자, 소련을 중심으로 하는 사회주의권에서의 전체주의적 억압의 결과라고 할 수 있다. 그러나 국가간의 민족 대립만이 문제는 아니다. 한 국가 내에서도 소수 민족과 인종 차별이 더욱 기승을 부리고, 많이 개선되었음에도 불구하고 여성에 대한 차별도 사라질 기미가 보이지 않는다.

이러한 민족 분쟁 및 인종적 억압은 '세계화'라는 오늘날의 흐름에 비추어 보면 기이한 현상이라고도 할 수 있다. 말 그대로 하자면 '세계화'라는 것은 인간들 사이에 존재하는 다양한 종류의 경계선을 허무는 노력 가운데 가장 대표적인 것이라 할 수 있다.

하지만 세계화라는 구호 속에 허물어져 가는 경계는 다름 아닌 자본의 이윤 추구에 방해되는 것들뿐이다. 제2차 세계 대전 이후 미국의 헤게모니 하에 진전된 생산 및 자본의 국제화 과정은 70년대 경제 불황을 거치면서 가속화되었고, 90년대 들어 사회주의의 해체 속에서 고삐 풀린 망아지가 되어 달려가고 있다. 세계화란 이러한 자본의 국제적 운동을 보장하기 위해 기존의 모든 제약을 제거하라는 요구를 담은 구호에 불과한 것이다.

이렇게 세계화라는 것이 인류애와 상호 이해에 입각한 것이 아니라 이윤을 추구하는 자본의 활동성을 최대한 보장하려는 노력을 집약한 구호에 불과하다는 것을 생각해보면 오늘날의 암담한 현실을 쉽게 이해할 수 있을 것이다.

'세계화'라는 구호 속에서 자본은 이윤 추구를 위해 유연성을 최대한으로 증대시키고 있다. 이 과정에서 나타나는 하나의 현상이 노동력 구성의 변화이다. 이는 주로 국경을 초월하여 고임금 노동자를 저임금 노동자로 대체하는 것으로 나타나고 있는데, 이를 통해 선진 자본주의 나라들에 주변, 반주변으로부터의 값싼 노동력이 들어오게 되었다. 그리고 이것은 고임금 노동자들의 실업 증대와 어울려 선진 자본주의 나라들에서 벌어지고 있는 인종 차별과 억압의 조건을 이루고 있다.

세계화는 다른 한편에서 복지 국가의 해체 과정을 수반하고 있다. '사유화'와 '탈규제'를 구호로 하는 복지 국가의 해체 과정은 사회 전체에 대해 자본의 통제력을 높이려는 시도라고 할 수 있다. 이는 그동안 사회 구성원에 대해 최소한의 삶을 보장했던 원리 대신 기업과 시장의 논리가 사회를 지배하게 되는 것을 말하며, 따라서 사회의 양극화가 더욱 심화되는 것을 말하는 것이다.

그밖에 냉전 후에도 엄청나게 남아 있는 핵무기라든지, 후천성 면역 결핍증의 유행 등이 세기말의 음울한 기운을 한층 짙게 하고 있다.

인류는 과연 이러저러한 문제들을 넘어서 내일로 나아갈 수 있을 것인가? 마르크스는 이렇게 말했다. "인간은 자기 자신의 역사를 만든다. 그러나 자기 마음대로, 즉 자신이 선택한 상황 하에서 만드는 것이 아니라 이미 존재하는, 주어진, 물려받은 상황 하에서 만든다." 그의 말대로 인류가 앞으로 나아가기 위해서는 주어진 환경에 대한 냉철한 이해와 역사를 만들어가려는 집단적 노력이 필요할 것이다.

ㄱ

ㅅ

동 양	서 양

[기원전]

[기원전]

동양	
10500경	최초의 토기(일본)
6000경	쌀 재배(타이)
4000경	말의 사육(중앙아시아)
3000경	타이, 청동기 사용
2750경	인더스 문명 발생
1600경	중국 최초의 도시 문명(은대)
1550경	아리안, 인도 침략. 인더스 문명 파괴
1500경	중국, 갑골문 사용
1450경	인도의 브라만교 발달, 베다 만들어지기 시작
1121	무왕의 주나라 건국
1027경	주나라, 은나라 타도하고 중원 장악. 인도의 아리안, 갠지스 유역으로 진출
800경	아리안, 인도 남서부까지 진출
800~400	우파니샤드 시대
770	주의 동천, 춘추 시대 시작
650경	중국, 철기 시대 시작
520	중국, 도가 사상 창시자 노자 사망
500	인도, 카스트 제도 성립
483	불교를 창시한 석가모니 사망
481~221	중국 전국 시대, 공자 사망
350~220	중국 제자백가의 시대
327	알렉산드로스, 북인도 공략

서양	
3000경	에게 문명 · 이집트 문명 · 메소포타미아 문명 등 발생
1600~2000경	미케네 인, 즉 최초의 그리스 인, 발칸 반도의 후기 청동기 문명 주도
1200	도리아 인의 이동. 미케네 문명 붕괴(그리스, 암흑기에 접어듦)
1100~800	오리엔트 각지에 철 제련술 보급
9~8세기	아시리아의 오리엔트 통일. 그리스, 폴리스 건설(암흑기에서 벗어남). 페니키아, 북아프리카에 식민시 카르타고 건설
612	아시리아 붕괴(오리엔트 4국 분립)
7~6세기경	로마, 도시적 정주로 발전
594~3	아테네에서 솔론의 개혁
539	페르시아의 오리엔트 통일
509	로마 공화정 수립
507	클레이스테네스의 개혁
492~479	페르시아, 세 차례에 걸쳐 그리스 침공
431~404	펠로폰네소스 전쟁
338	마케도니아, 그리스의 맹주로 등장
334~331	알렉산드로스의 페르시아 제국 정복과 아시아 원정

동 양		서 양	
372	고구려에 불교 전래	375~378	게르만 민족의 대이동 시작
439	북위의 화북 통일, 남북조 시대 시작	395년	로마 제국 동서로 분열
480	굽타 제국 멸망	476	서로마 제국 멸망
485	북위의 효문제, 균전제 실시	481~751	메로빙거 왕조
520경	인도에서 십진법 발견	527	동로마 제국, 유스티니아누스 황제
538	일본에 불교 전래		즉위
587	수 문제, 과거 제도 처음 실시		
589	수나라의 중국 통일		
607	일본, 중국풍 문화 유입 개시		
610	중국, 대운하 완공		
624	당나라의 중국 재통일	630	무하마드, 메카 정복
640경	북인도에 하르샤 왕조 성립		
645	일본, 다이카 개혁		
658	당나라의 서역 원정		
676	신라의 한반도 통일		
690~705	당나라, 측천무후 정권		
701	일본, 대보율령 성립	711~713	이슬람 군의 에스파냐 침공
730경	중국에서 인쇄술 시작	732	투르-푸아티에 전투에서 프랑크
745	몽골에서 위구르 제국 성립		군, 아랍 군에 승리
751	중국 종이 제조술, 이슬람 세계 전파	751~987	카롤링거 왕조
755	안록산의 반란 발생(당말 5대 시작)	756	후 우마이야 왕조 성립
780	당나라, 양세법 시행		
794	일본, 교토 천도(헤이안 시대 시작)	800	카를 대제의 대관
840	위구르 제국 멸망	843	베르덩 조약(프랑크 왕국 분할)
853	중국에서 최초로 서적 인쇄		
858	일본, 섭관 정치 시작		
875	황소의 난		
890경	일본, 국풍 문화 발달		
907	당나라 멸망(5대 10국 시대 시작)	910	클뤼니 수도원 성립
916	몽골, 대거란국 성립	919~1024	독일 작센 왕조
918	한반도에 고려 왕조 성립		
936	거란, 요나라로 개명		
939	베트남, 중국의 속국으로 편입됨		
967	후지와라 가문의 일본 지배 시작	962	신성 로마 제국 성립
979	송나라의 중국 통일	987~1328	프랑스 카페 왕조
1004	전연의 맹약		

동 양	서 양
1018　가즈니 공국, 인도 침공(인도의 이슬람화)	
	1021~85　교황 그레고리우스 7세 서임권 투쟁
1045경　중국에서 최초의 활자 인쇄	1054　동서 교회의 분열
1087　왕안석의 신법 개혁 시작	1066　노르만 인의 영국 정복
1115　여진족의 금나라 건국	1096　제1차 십자군
1125　요 멸망(송, 금의 지배를 받기 시작)	
1127　정강의 변, 북송 멸망하고 남송 시작	
1150경　캄보디아 힌두 사원 앙코르와트 건설	1154~1399 영국 플랜태저넷 왕조
1175　인도 최초의 이슬람 제국 수립	
1185　일본 최초의 바쿠후(가마쿠라 바쿠후)와 쇼군 시대 개막	1202　제4차 십자군
1206　칭기즈 칸의 몽골 통일. 인도, 델리 술탄 왕조 시작	1215　영국, 마그나 카르타(대헌장)
1232　가마쿠라 바쿠후, 정영식목(바쿠후가 제정한 헌법) 제정	1230　튜튼 기사단 프로이센 정복
1234　몽골의 금나라 정복	
1251　몽골 제국 분열	1265　영국 의회 탄생
1271　몽골의 쿠빌라이 칸, 원나라로 국호 변경(중국화 시작)	1270　제7차 십자군
1274　원나라, 일본 원정 실패	
1275　마르코 폴로, 중국 도착	
1279　원나라의 남송 정복	
	1299　오스만 투르크 건국
	1302　프랑스 삼부회 소집
1333　가마쿠라 바쿠후 몰락, 내전 재개	1305~1417 교황의 아비뇽 유수와 대분열
1336　무로마치 바쿠후 시작	1337~1453 백년 전쟁
1349　싱가포르에 중국인 이주	1348~49　페스트 유행
1350　자바, 마자파히트 제국의 황금시대	1358　쟈크리 봉기
1368　명나라 건국	
1370　비자야나가르의 남인도 지배, 티무르의 정복 활동 개시	
1392　한반도, 조선 왕조 시작	1381　영국, 와트 타일러의 난
1398　티무르의 인도 침략	
1401　일본 쇼군, 명나라로부터 일본왕 책봉 받음	
1405~33　정화, 영락제의 명으로 남해 원정	

동 양	서 양
1428 베트남, 중국을 몰아냄	
1436 명나라, 은납제 실시	
	1453 동로마 제국 멸망
	1455 장미 전쟁
	르네상스의 전성기
1467~78 일본, 응인의 난(일본 전국 시대 시작)	1479 에스파냐 왕국 성립
1471 베트남 전국 통일	1492 콜럼버스의 신대륙 발견
1512 명나라, 장거정의 개혁 시작	
1513 명나라, 일조편법 실시	1517 루터의 종교 개혁 시작
1526 바부르, 무굴 제국 수립	1524~25 독일 농민 전쟁
	1533 피사로, 잉카 제국 정복
	1534 영국 국교회 성립
1557 포르투갈, 마카오 점령	1541 칼뱅의 종교 개혁
1565 무굴의 악바르, 데칸까지 영토 확장	1562~98 프랑스, 위그노 전쟁
1590 도요토미 히데요시, 일본 통일	1581 네덜란드 연방 공화국 수립
1592 임진왜란 시작	
1600 도쿠가와 이에야스, 1인자로 부상	1598 낭트 칙령
1603 에도 바쿠후 시대 개막(일본 최후의	1600 영국 동인도 회사 설립
내전)	
1614 이에야스, 히데요리 제거	1618~48 독일, 30년 전쟁
1644 청나라의 입관, 화북 일대 장악	1642~49 청교도 혁명
1653 샤 자한, 타지 마할 건설	
1674 인도의 마라타 왕국 성립	
1681 청나라, 전 중국 지배	
1689 네르친스크 조약 체결(중국과 러시아	1688 영국, 명예 혁명
의 국경 확정)	
1707 아우랑제브 사망(무굴 쇠퇴 시작)	1701~13 에스파냐 왕위 계승 전쟁
1711 강희제, 성세자생인정 선포	
1720년대 옹정제, 전국적으로 지정은제 시행	
1725 중국 최초의 백과사전 「고금도서집	
성」 완성	
1744~64 영국-프랑스, 카르나티크 전쟁	1740~48 오스트리아 왕위 계승 전쟁
	1756~63 7년 전쟁
1757 플라시 전투에서 영국의 벵골 점령	1757 플라시 전투
1759 청나라, 신장과 시짱 영토화(중국	산업혁명
역대 최대의 강역 형성)	1763 파리 조약

동 양		
1773	영국, 노스 규제법 통과(인도의 본격 적인 식민지 지배 시작)	
1796	영국, 실론 점령	
1817	영국, 마라타 연합 대파. 전인도 지배	
1819	영국, 싱가포르에 자유무역항 설치	
1825~30	자바전쟁	
1835	벤팅크 총독, 인도에서 영어 교육 시작	
1842	아편 전쟁 발발	
1850~64	태평천국의 반란	
1853	인도에 최초로 철도와 전신 설비	
1854	미국 페리 제독, 일본 강제 개항	
1857	인도, 세포이의 반란	
1858	2차 아편 전쟁. 중국, 톈진 조약 체결	
1863	프랑스, 인도차이나 일대를 보호령 으로 획득	
1868	일본, 메이지 유신 시작	
1876	영국 빅토리아 여왕, 인도 황제 겸임	
1880	일본 자유주의자들, 국회 개설 요구	
1885	인도 국민회의 발족	
1889	일본, 제국헌법 선포	
1891	시베리아 횡단철도 건설 시작	
1894~5	청일 전쟁(시모노세키 조약 체결)	
1899	의화단 사건 발발	
1903	영국, 뱅골 분리 계획 추진	
1904~5	러일 전쟁(일본, 동양의 제국주의 국가 로 부상)	

서 양		
1772	제1차 폴란드 분할	
1773	푸가초프의 농민 반란(러시아)	
1783	미국 독립	
1789	프랑스 혁명	
1798	나폴레옹의 이집트 원정	
1804	나폴레옹, 황제 즉위	
1806	신성 로마 제국 해체	
1814~15	빈 회의	
1823	미국, 먼로 선언	
1829	그리스 독립	
1830	프랑스, 7월 혁명	
1833	독일 관세 동맹	
1837~48	영국 차티스트 운동	
1848	2월 혁명(프랑스), 3월 혁명(독일, 오스트리아)	
1852~70	프랑스, 제2제정	
1853~56	크림 전쟁	
1861	이탈리아 왕국 성립, 미국 남북 전쟁	
1869	수에즈 운하 개통	
1870	프랑스, 제3공화정	
1871	파리 코뮌, 독일 제국 성립	
1882	3국 동맹(독일, 오스트리아, 이탈리아)	
1887	프랑스 인도차이나를 보호령으로 획득	
1890	비스마르크 퇴진	
1894	러불 동맹. 드레퓌스 사건(프랑스)	
1898	미국 에스파냐 전쟁, 파쇼다 사건	
1902	영일 동맹	
1904	러일 전쟁	
1905	피의 일요일 사건, 러시아 제1차 혁명, 제1차 모로코 사건	

동 양	
1910	일본, 조선 합병
1911	중국, 신해 혁명(2000년 제국사 종식)
1914	일본, 호주, 뉴질랜드, 아시아의 독일 식민지 병합에 나섬
1919	5·4운동(중국 민족주의 태동)
1920	인도의 간디, 불복종 운동 시작
1921	중국공산당 발족
1924	중국, 제1차 국공 합작
1927	장제스, 중국 재통일
1931	만주사변 발발
1934	대장정(홍군의 주력 보호)
1936	시안 사건(제2차 국공 합작)
1937	중일 전쟁 발발
1940	일본, 난징 괴뢰정부 수립
1941	일본, 하와이 진주만 기습(태평양 전쟁 발발)
1942	일본군, 동남아시아 침공 개시
1945	미국, 일본에 원자폭탄 투하. 제2차 세계 대전 종전
1946	중국, 내전 재개. 베트남, 대프랑스 독립전쟁 개시
1947	인도, 독립과 동시에 인도와 파키스탄으로 분립

서 양	
1907	3국 협상(영국, 프랑스, 러시아)
1911	멕시코 혁명, 제2차 모로코 사건
1912	제1차 발칸 전쟁
1913	제2차 발칸 전쟁, 파나마 운하 완성
1914	제1차 세계 대전 발발
1917	러시아의 2월 혁명, 10월 혁명
1918	독일 혁명
1919	바이마르 공화국(독일), 베르사유 조약
1920	국제 연맹 발족
1921	워싱턴 회의
1922	무솔리니 내각(이탈리아), 소비에트 사회주의 공화국 연방 성립, 이집트 왕국 독립
1925	로카르노 조약
1928	부전(不戰) 조약, 소련 5개년 계획 시작
1929	세계 공황 시작. 소련, 스탈린 독재 확립
1930	런던 해군 군축 회의
1931	에스파냐 공화 혁명
1933	뉴딜 정책(미국), 히틀러 정권(독일)
1936	에스파냐 내전
1938	뮌헨 회담
1939	독소 불가침 조약, 제2차 세계 대전 발발
1940	3국 동맹(독일, 이탈리아, 일본)
1943	이탈리아 항복
1945	독일 항복, 얄타 회담, 국제 연합(UN) 발족
1946	이탈리아 공화제
1947	마셜 플랜, 관세무역에 관한 일반 협정(GATT) 발족
1948	베를린 봉쇄, 제1차 중동 전쟁

동 양		서 양	
1949	중화인민공화국 수립	1949	북대서양 조약 기구(NATO) 성립
		1955	바르샤바 조약 성립
		1956	스탈린 사망. 이집트, 수에즈 운하 국유화 선언, 제2차 중동 전쟁
		1958	유럽 경제 공동체(EEC) 발족
		1959	쿠바 혁명
		1960	아프리카 17개국 독립(아프리카의 해)
		1962	쿠바 위기, 알제리 독립
		1963	부분적 핵실험 정지 조약
		1964~75	베트남 전쟁
		1967	유럽 공동체(EC) 발족, 제3차 중동 전쟁
		1973	석유 파동. 확대 EC 발족
		1979	소련, 아프가니스탄 침공.
		1980	이란 – 이라크 전쟁 발발
		1982	영국 – 아르헨티나 포클랜드 분쟁
		1987	중거리 핵전력(INF) 폐기 조약 조인
		1989	동구 혁명
		1990	동서독 통일, 페르시아 만 전쟁
		1991	소련 해체

▪ 이가은

1963년 서울에서 태어나 서울대학교 서양사학과를 졸업했다. 지금은 역사 관련 연구와 번역, 집필
활동을 하고 있다. 지은 책으로는 『한눈에 보는 세계사 5000년』(웅진, 1998)이 있고, 번역한 책으로는
『LET'S GO EUROPE』(그린비, 1992) 『현대 사상의 파노라마 101』(새길, 1996) 등이 있다.

▪ 세계사 5000년 · 서양편

초판 1쇄 발행 _ 1998년 7월 30일
초판 8쇄 발행 _ 2008년 3월 20일

지은이 _ 이가은

펴낸이 _ 유재건
주 간 _ 김현경
편 집 _ 박순기, 주승일, 박재은, 홍원기, 강혜진, 임유진, 진승우
마케팅 _ 이경훈, 이은정, 정승연
영업관리 _ 노수준
유통지원 _ 고균석
경영지원 _ 양수연

펴낸곳 _ 도서출판 그린비
등록번호 제10-425호(등록일 1990년 9월 27일)
주소/서울시 마포구 동교동 201-18 달리빌딩 2층
전화/702-2717 · 702-4791
팩스/703-0272

그린비 출판사 나를 바꾸는 책, 세상을 바꾸는 책
홈페이지 www.greenbee.co.kr
전자우편 editor@greenbee.co.kr